幼儿自主游戏・自主学习・自主生活丛书

自主生活

为幼儿一生幸福奠基

董旭花　阎　莉　张海豫　韩冰川　著

中国轻工业出版社

图书在版编目(CIP)数据

自主生活：为幼儿一生幸福奠基 / 董旭花等著.
北京：中国轻工业出版社, 2025.1. -- ISBN 978-7
-5184-5088-6

I. G613
中国国家版本馆CIP数据核字第20247RR113号

保留所有权利。非经中国轻工业出版社"万千教育"书面授权，任何人不得以任何方式（包括但不限于电子、机械、手工或其他尚未被发明或应用的技术手段）复印、拍照、扫描、录音、朗读、存储、发表本书中任何部分或本书全部内容（包括但不限于光盘、音频、视频等）。中国轻工业出版社"万千教育"未授权任何机构提供源自本书内容的电子文件阅览、收听或下载服务。如有此类非法行为，查实必究。

责任编辑：张天怡　　　责任终审：高惠京
策划编辑：高　君　　　责任校对：刘志颖　　　责任监印：吴维斌

出版发行：中国轻工业出版社（北京鲁谷东街5号，邮编：100040）
印　　刷：中国电影出版社印刷厂
经　　销：各地新华书店
版　　次：2025年1月第1版第2次印刷
开　　本：787×1092　1/16　印张：20
字　　数：280千字
印　　数：6001—16000
书　　号：ISBN 978-7-5184-5088-6　　定价：88.00元
读者热线：010-65181109
发行电话：010-85119832　　010-85119912
网　　址：http://www.chlip.com.cn　　http://www.wqedu.com
电子信箱：1012305542@qq.com
版权所有　侵权必究
如发现图书残缺请拨打读者热线联系调换
242424Y1C102ZBW

前　言

2021年3月，由我们团队创作的《自主游戏——成就幼儿快乐而有意义的童年》出版，并入选"中国教育报2021年度教师喜爱的100本书"；2023年4月，《自主学习——支持幼儿成为热情主动的终身学习者》出版，并入选"中国教育新闻网2023年度影响教师的100本书"。应该说，这些荣誉和来自一线幼儿教师的积极反馈给了我们莫大的鼓励，成为我们持续努力的动力，我们对此心怀无限感恩。

《自主生活——为幼儿一生幸福奠基》是"幼儿自主游戏·自主学习·自主生活丛书"的最后一本，也是我们自己最为期待的一本。2023年，我经常被幼教界的好友追问，什么时候才能看到《自主生活——为幼儿一生幸福奠基》？——被期待，真的是让我们感到非常幸福的事情。

2024年"五一"假期在家的我，一遍又一遍地审视刚刚完成的书稿：沉甸甸的20多万字，承载着我们对幼儿教育的诸多美好愿望、理想和期待。我们原本想写得简单一点，但是简单有时候意味着流于表面，为了让本书内容真正地链接幼儿教师的实践工作，我们进行了充分且详尽的阐述。希望你能耐心地读下去，如我们所期待的那样有所收获。

一、这套丛书的写作意义

在《自主游戏——成就幼儿快乐而有意义的童年》前言中，我谈了撰写这套丛书的起因和渊源。自2019年至今，表面上看我们用了将近6年的时间撰写这套丛书，实际上我们是把自己三四十年的教育理念编织出来和大家分享。写作的过程很艰辛，但也令人感动和幸福。我们团队的四位伙伴持续不断地在一起讨论，这既是一个交换观点的过程，也是一个针对教育实践难题不断反思和验证的过程。这个过程让我们更加坚定了一种认识：说到底，教育是人的自我教育和自我成长，任何外力的影响都需要通过内因起作用，所以强调幼儿的自主游戏、自主学习、自主生活是非常必要的。

自主游戏、自主学习、自主生活是幼儿教育的基本目标和内容，也是当下幼儿教育改革的基本方向。未来社会所需要的创新型人才必然是具有自主性、能动性和创造性的人，所以，尊重幼儿的发展特点和需要，放手与支持幼儿的自主性发展，让幼儿在游戏、学习和生活过程中，在独立自主的体验和经历中增强自我成长的力量具有非常重要的意义。

二、自主游戏、自主学习与自主生活的含义和关系

自主游戏强调教师要信任幼儿，放手让幼儿自由选择、自主把握游戏内容和游戏进程，玩自己的游戏。在自主游戏开展的过程中，教师不仅要关心幼儿玩得是否开心，还要关注幼儿的主体性发展。评判一所幼儿园游戏水平的最直接标准就是幼儿的自主性和创造性水平的高低。所以，开展自主游戏，不仅仅是教师放手那么简单。

自主学习就是幼儿按照自己的意愿，带着自己的问题，在自己的探索中，按照自己的方式学习和解决问题，并获得发展的过程。这样的学习不是死记硬背知识的浅表学习，而是更多地基于幼儿自身兴趣和真实问题的有意义学习。它让幼儿有更多的机会调动自己的已有经验，在面对和解决问题的过程中发挥自己的能动性和创造性，重组、改造旧经验和习得新经验，从而获得有意义的发展。

自主生活所说的"生活"，不仅仅指向幼儿的吃喝拉撒睡等与身体健康和安全有关的活动，还包含情绪情感调控、个性、社会性发展等与幼儿的心理健康及文化生活有关的活动。因为年龄小，幼儿的生活经常依赖成人的关照，而长期的关照过多和过度保护，极易导致幼儿的依赖心理和低能状态出现。因此，自主生活教育就是强调教师要转变儿童观和教育观，把幼儿看成独立的、有能力的个体，鼓励幼儿独立管理自己的生活，支持幼儿参与与自身幸福生活有关的社群活动和文化活动，让幼儿在自主的生活中实现自我意识和自我能力的发展，学会负责任地关照好自己的身体和心理健康，感受到自己的力量和贡献以及幼儿园群体生活的美好。

自主游戏、自主学习、自主生活虽然各有其含义，但本质是相同的，都以幼儿是独立发展的人为出发点，目标都指向幼儿的主体意识和自主性发展，以帮助幼儿成长为对自己和社会有贡献、负责任、有能力、敢担当的个体。

另外，我们必须强调自主游戏、自主学习与自主生活在幼儿阶段是相互交融、相辅相成的。幼儿在任何一种活动中获得的自主意识和能力，都会自然地迁移到其他活动中。另外，游戏、学习和生活只是一种教育学意义上的相对划分，在教育实践中，游戏与学习、游戏与生活、学习与生活很难完全割裂开来。广义的生活涵盖所有的活动，包括游戏和学习；广义的学习自然离不开幼儿的游戏和生活，或者说幼儿最典型的学习就是通过游戏和生活进行的；广义的游戏不仅指自由自主的游戏活动，还指带有游戏精神的学习活动和生活活动。如此说来，自主游戏、自主学习与自主生活是你中有我、我中有你的关系，我们很难把它们严格分开。相对地界定自主游戏、自主学习和自主生活的外延，只是为了更好地设计和安排幼儿园一日活动内容，帮助教师更好地把握幼儿园课程不同组成部分的结构和特点，以便更好地面对和解决幼儿教育实践中方方面面的问题。

幼儿的自主性发展不是一句简单的口号，只有落实到幼儿园一日生活的各个环节中，落实到每一位教师、每一个幼儿的具体行动中，才能产生实效。

三、本书的结构和主要内容

幼儿园教育质量说到底是幼儿在园一日生活的质量，它的高低不仅取决于幼儿的学习和发展状况，还取决于幼儿在其中的感受和体验。本书尝试从这样一个基点出发，阐述我们对生活与自主生活教育的理解。本书包括以下七章内容。

第一章　生活与自主生活教育　首先，本章阐述了生活与教育是一体两面的关系；其次，分析了自主生活与幼儿幸福人生的关系；最后，帮助幼儿教师梳理了国家政策性文件对幼儿自主生活教育的要求，并基于问卷调查和笔者自己的观察，阐述了当下幼儿园自主生活教育的实践问题与困境。

第二章　来自优秀教育思想的启示　本章主要介绍了约翰·杜威（John Dewey）的实用主义教育理论、陶行知的生活教育理论、陈鹤琴的"活教育"思想、张雪门的行为主义课程理论、玛利亚·蒙台梭利（Maria Montessori）的教育思想、鲁道夫·斯坦纳（Rudolf Steiner）的教育思想与华德福教育实践等带来的启示。国内外有很多先进的教育思想值得我们好好学习，有助于我们回归教育的原点思考并突破当下的教育困境。

第三章　来自优秀教育实践的启示　本章主要介绍了国内在自主生活教育方面颇有影响力的优秀幼儿园，包括中华女子学院附属实验幼儿园（又叫"花草园"）、江苏省丹阳市正则幼儿园、四川省成都市锦江区润心善育幼儿园（原成都市华德福幼儿园）、山东省淄博市汇英幼儿园。它们用自己持续不断的实践研究，为我们探索出一条切实可行的自主生活教育的路径。

第四章　我们的主张：自主生活教育的理念和原则　本章阐述了我们团队一直以来关于自主生活教育的基本理念和原则，包括：好的生活就是好的教育；有选择权和掌控感的生活是安定的、幸福的；教师与儿童应共享生活、共同成长；自主创造美好生活的能力非常重要；生活是最好的练习场；游戏是幼儿幸福的童年生活最重要的组成部分；好的生活教育不应割裂与自然和社会的链接；父母的影响至关重要，家园协调一致更有实效。

第五章　生活环节：寻常时刻里的自主成长　本章主要阐述幼儿园一日生活中寻常时刻的特殊意义，指出教师如何通过营造自由、平等、宽松的精神氛围以及建立让幼儿自由呼吸的生活节律、创设支持幼儿自主生活的物质环境、抓住关键契机，培养幼儿独立自主生活的意识和能力，助推幼儿寻常时刻中的自主成长。此外，本章还阐述了当下幼儿教师比较关切的安全教育和劳动教育等热点和焦点问题。

第六章 自主创造美好生活 "美好生活"包含"美的生活"和"好的生活",是有"质量"的生活,也是富有童趣和审美韵味的生活。节庆活动和艺术活动可以为平凡的生活加点"蜜",可以点亮每一个普通的日子。本章从这两个方面入手阐述了美好生活的样态,以及引导幼儿自主创造美好生活的具体实施路径。

第七章 从园内到园外:在大自然和大社会中体验更丰富的生活 高质量的幼儿教育不是在幼儿园内部建造一个华丽的"鸟笼",而是应该支持幼儿走向更广阔的大自然、大社会。本章主要阐述了如何让幼儿与自然和社会链接,引导幼儿成长为一个视野更开阔、思维更灵活、内心更开放,具有幸福生活的内在力量的人。此外,本章还阐述了幼儿园如何与家庭密切联系,以帮助幼儿构建幸福完整的生活。

四、致谢

这套丛书得以顺利出版,首先感谢我的团队中的三位亲密伙伴,她们是:山东省商务厅幼儿园阎莉园长、山东省潍坊市奎文区学前教育研究院张海豫副院长、山东省淄博市汇英幼儿园韩冰川老师。6年来的高频次交流和相互鼓励,成就了我们之间独特的友谊,我们都很感恩这种遇见,并将其视为自己宝贵的学习和成长历程。

在本书中,我们选用了应彩云老师的两个案例,它们带给我们很多启发,在此感谢应彩云老师的智慧分享。在写作本书的过程中,我们也得到了全国各地许多优秀的幼儿园园长和老师们的支持,在此一并表达我们的感恩和谢意,他们是:中华女子学院附属实验幼儿园的胡华园长和老师们,江苏省丹阳市正则幼儿园的吴益斐园长、邹素花副园长及老师们,四川省成都市锦江区润心善育幼儿园的创办人张俐老师、现任园长汤晓丹及老师们,广东省广州市华南农业大学幼儿园的洪黛珊园长及老师们,山东科技大学幼儿园的梁荣芹园长、于雷平副园长及老师们,山东省淄博市汇英幼儿园的刘芳园长及老师们,山东省商务厅幼儿园的园长和老师们,山东省青岛西海岸新区第一幼儿园的邵瑜园长及老师们,云南省机关事务管理局圆通幼儿园的兰元青园长及老师们,山东省济南市槐荫区教育教学研究中心的景萍老师,山东省济南市槐荫区泉景嘉园幼儿园的刘媛媛园长及老师们,山东省济南市童林堡幼儿园的董贤霞园长、李洪春园长及老师们,广东省深圳市龙岗区龙城街道公园大地第一幼儿园的陈瑶园长及老师们,广东省深圳市宝安区兴华幼儿园的焦艳园长及老师们,四川省绵阳市花园实验幼儿园的何云竹园长、李敏副园长及老师们,四川省乐山市实验幼儿园的涂蓉园长、蔡敏艳副园长及老师们,浙江省宁波市第一幼儿园的娄丹娜园长及老师们,江苏省无锡市滨湖区水秀实验金色江南幼儿园的徐君园长及老师们,山东省淄博市齐丰幼儿园的胡丽华园长及老师们,四川省成都市第十六幼儿园的余琳园长和张玲老师,浙江省杭州市西湖区留下幼儿园的郑秀凤园长和王海霞老师。

另外，还要感谢以下幼儿园为我们提供了精彩的案例、照片或视频，它们是：江苏省无锡市梅村中心幼儿园、山东省潍坊市奎文区第二实验幼儿园、山东省潍坊市奎文区樱园幼儿园、山东省潍坊新华幼儿园、山东省潍坊市奎文区直机关幼儿园、山东省潍坊市奎文区实验幼儿园、山东省潍坊市寿光世纪幼儿园、山东省潍坊市寿光市市直机关幼儿园、山东省淄博市博山区实验幼儿园、山东省滨州市惠民县何坊街道中心幼儿园、新疆乌鲁木齐市水磨沟区巴学园幼儿园。

我们尤其要感谢中国轻工业出版社"万千教育"编辑部的高君老师，这是我们的第15次合作。每一本书稿的顺利交付，都与高君老师的智慧相助有着密不可分的关系。遇到专业上的问题，我已经习惯于和高君老师交换意见，并寻求她的帮助。正是因为我们前期无数次地就书稿的整体思路和细节进行推敲与沟通，才成就了这套丛书的出版。另外，还要感谢"万千教育"编辑部的王慧超老师，她始终以极大的热情鼓励我们，把全国各地幼教同人的积极反馈提供给我们，从而赋予了我们创作的无限信心和力量。

最后，我们要感谢所有打开本书阅读的读者朋友，希望本书阐述的观点和分享的案例能够给你带来一些思考，助力你解决自己的教育实践问题。当然，因为学识水平有限，书中难免存在疏漏和不当之处，敬请批评指正！

董旭花
2024年6月于泉城济南

目 录

第一章 生活与自主生活教育 ……………………………………… 1

一、生活与教育 ……………………………………………………… 2
（一）生活及其意义的追寻 ……………………………………… 3
（二）生活与教育是一体两面的关系 …………………………… 9

二、自主生活与幼儿的幸福人生 ………………………………… 19
（一）自主生活与自主生活教育 ………………………………… 19
（二）自主的生活带来安定感、掌控感、幸福感和归属感 …… 22

三、国家政策性文件对自主生活教育的要求 …………………… 23
（一）愈加关注幼儿的身心健康，强调遵循规律科学保教 …… 23
（二）愈加重视幼儿自主性与自主生活能力的培养 …………… 24
（三）愈加重视幼儿通过亲身感知、体验和操作提升自身能力 … 26
（四）愈加关注良好的师幼关系和班级氛围的营造 …………… 27

四、当下幼儿园自主生活教育的实践问题与困境 ……………… 28
（一）现状与问题 ………………………………………………… 28
（二）面对的挑战 ………………………………………………… 34

第二章 来自优秀教育思想的启示 ………………………………… 39

一、杜威实用主义教育理论的启示 ……………………………… 40
（一）主要观点 …………………………………………………… 40
（二）对自主生活教育的启示 …………………………………… 48

二、陶行知生活教育理论的启示 ·· 50
  （一）主要观点 ·· 51
  （二）对自主生活教育的启示 ··· 58

三、陈鹤琴"活教育"思想的启示 ·· 60
  （一）主要观点 ·· 61
  （二）对自主生活教育的启示 ··· 67

四、张雪门行为主义课程理论的启示 ······································· 70
  （一）主要观点 ·· 70
  （二）对自主生活教育的启示 ··· 73

五、蒙台梭利教育思想的启示 ··· 76
  （一）主要观点 ·· 77
  （二）对自主生活教育的启示 ··· 84

六、斯坦纳与华德福教育思想的启示 ······································· 87
  （一）斯坦纳关于人智学理论的主要观点 ··· 88
  （二）华德福幼儿教育的主要观点 ·· 92
  （三）对自主生活教育的启示 ··· 100

第三章 来自优秀教育实践的启示 ··· 107

一、花草园：建造一所师幼"共同生活"的幼儿园 ······················ 108
  （一）拓展对时空概念的认识，给幼儿更多自由的时间与空间 ················· 109
  （二）共建一种全新的师幼关系：共同生活 ··· 111
  （三）借助"生活化课程"，让儿童成为生活的"享用者" ····················· 111

二、正则幼儿园："游戏部落"里的一日生活样态 ······················· 113
  （一）环境重创——有呼吸感的空间 ·· 115
  （二）时间重塑——有自由感的时间 ·· 115
  （三）材料重研——有自然感的材料 ·· 116
  （四）方式重转——有体验感的探究 ·· 117
  （五）关系重建——有陪伴感的互动 ·· 118

三、润心善育幼儿园：生活在家园、花园、乐园和学园之间 ········· 120

  （一）教育理念 ··· 120
  （二）活动设置 ··· 121

 四、汇英幼儿园：与孩子一起创造美好生活 ··· 127
  （一）营造充满尊重、接纳、关爱、温暖的精神氛围 ······················· 127
  （二）创设支持幼儿自主生活、游戏、学习的物质环境 ···················· 128
  （三）不断优化幼儿的一日生活 ·· 128
  （四）让自然融入幼儿的生活 ··· 129
  （五）开展难忘童年系列活动，让幼儿的童年拥有闪亮的日子 ·········· 130
  （六）做有根的教育，在生活中传承文化 ····································· 130
  （七）创建一间幸福教室，让好生活落地 ····································· 130

第四章 我们的主张：自主生活教育的理念和原则 ························ 133

 一、好的生活就是好的教育 ··· 134
  （一）生活决定教育，过什么样的生活便是受什么样的教育 ············ 135
  （二）对"好生活"的思考是教师儿童观、教育观、生活观的重塑 ········· 136
  （三）审视儿童当下的生活，与儿童一起创造更好的生活 ··············· 136

 二、有选择权和掌控感的生活是安定的、幸福的 ······································· 138
  （一）自主的生活需要选择权和掌控感 ·· 139
  （二）自主生活意识和能力的培养越早越好 ·································· 141

 三、教师与儿童应共享生活、共同成长 ·· 142
  （一）树立生活意识，关注自己的生命成长 ·································· 142
  （二）在与幼儿共同生活的过程中成为更好的自己 ························ 145

 四、自主创造美好生活的能力非常重要 ·· 147
  （一）教育的核心价值之一是发展幼儿自主创造美好生活的能力 ······ 147
  （二）感知和体验美好生活，才能让幼儿拥有蓬勃的生命力 ············ 149
  （三）成人的生活样貌会成为幼儿模仿的榜样 ······························ 150

 五、生活是最好的练习场 ·· 151
  （一）好的教育是在生活中并通过生活展开的 ······························ 151
  （二）热爱生活的态度和自主生活的能力需要在生活中培养 ··········· 152

六、游戏是幼儿幸福的童年生活最重要的组成部分 ········ 154
（一）游戏是幼儿享有幸福童年的重要保障 ········ 155
（二）游戏是促进幼儿自主意识和自主能力发展的最好途径 ········ 155
（三）游戏能有效促进幼儿身心健康、全面和谐地发展 ········ 156

七、好的生活教育不应割裂与自然和社会的链接 ········ 157
（一）好的幼儿教育应该是基于自然的 ········ 158
（二）好的幼儿教育应该紧密联系社会生活 ········ 160

八、父母的影响至关重要，家园协调一致更有实效 ········ 163
（一）父母是帮助幼儿与生活链接的重要他人 ········ 163
（二）家园协作是实现幼儿自主生活、快乐成长的关键 ········ 165

第五章 生活环节：寻常时刻里的自主成长 ········ 169

一、营造自由、平等、宽松的精神氛围 ········ 171
（一）教师自身的准备 ········ 171
（二）师幼关系 ········ 173
（三）班级文化 ········ 174

二、建立让幼儿自由呼吸的生活节律 ········ 175
（一）什么是自由呼吸的节律 ········ 176
（二）生活节律与自主生活 ········ 177
（三）怎样建立可以自由呼吸的生活节律 ········ 178

三、创设支持幼儿自主生活的物质环境 ········ 183
（一）空间规划与设施设备 ········ 184
（二）让环境具有提示功能 ········ 186

四、培养独立生活能力：为自主生活做准备 ········ 186
（一）培养幼儿独立自主的意识 ········ 187
（二）培养幼儿基本的生活能力 ········ 188

五、开展安全教育：为幼儿自主生活护航 ········ 195
（一）现阶段幼儿园安全教育存在的问题 ········ 196

（二）基于自主生活理念的安全教育路径与方法 ································· 197

　六、实施劳动教育：幼儿自主生活的重要部分 ································· 200

　　（一）从自主生活的角度看幼儿劳动教育的意义 ····························· 201
　　（二）让劳动教育助力幼儿的自主生活 ····································· 203

第六章　自主创造美好生活 ································· 211

　一、节庆活动：给平凡生活加点"蜜" ······································· 212

　　（一）节庆活动与幼儿的自主生活 ··· 215
　　（二）当下幼儿园节庆活动存在的问题 ····································· 216
　　（三）让节日成为幼儿生活中闪亮的日子 ··································· 221
　　（四）关注传统节日：在体验中传承 ······································· 235

　二、用艺术点亮生活 ··· 240

　　（一）艺术与生活的关系 ··· 240
　　（二）让艺术融入幼儿的自主生活 ··· 244
　　（三）在专门的艺术活动中感受与体验、表达与创造 ························· 252

第七章　从园内到园外：在大自然和大社会中体验更丰富的生活 ············ 265

　一、与自然链接：积蓄幸福生活的内在力量 ··································· 267

　　（一）唤醒和点燃教师对自然的热爱 ······································· 267
　　（二）园内的环境尽可能保持自然 ··· 269
　　（三）让幼儿有更多的机会走进自然 ······································· 278
　　（四）和自然一起游戏比学习自然知识更重要 ······························· 281

　二、与社会链接：成为开放的社会人 ··· 286

　　（一）挖掘社会资源，打造没有"围墙"的幼儿园 ··························· 286
　　（二）开展丰富多彩的社会实践活动 ······································· 291

　三、与家庭相融：构建幸福完整的生活 ······································· 299

　　（一）家园理念一致，教育相融 ··· 299
　　（二）在家庭中引导幼儿自主生活的策略与方法 ····························· 300

第一章

生活与自主生活教育

我们的开学周

经历了漫长的假期，终于开学了。我们计划用一周的时间与孩子们一起自在从容地开启新学期的生活。

两个月不见，孩子们对幼儿园有了一些陌生感。我们首先给了每个孩子一个大大的拥抱，然后和他们一起聊一聊假期的生活，回忆上学期的趣事，说说新学期的愿望，一起去看望幼儿园的大朋友们……课程慢慢展开，情感再次链接。

我们的开学周

之后，就是"幼儿园半日游"活动了，孩子们快乐地到幼儿园各处走走、看看、玩玩，去发现幼儿园的变化。他们把小菜园里的胡萝卜拔出来，去喂"哈白白"和"哈灰灰"（幼儿园的两只兔子）。他们还去寻找老师们藏好的小惊喜（因为今年是兔年，所以老师们提前在幼儿园的各个角落里画了很多小兔子）。

我们和孩子们一起动手在树枝上挂上气球和心愿卡；一起欣赏上学期的互动墙，回顾之前的生活和学习，然后把这些美好的记忆收集起来留作纪念，为新学期的互动墙面搭好框架；一起讨论新学期活动室的布置方案，用鲜花装点活动室，并为春季桌染一块新的桌布，替换掉冬季桌；一起把室内外的玩具材料擦拭得干干净净；一起讨论新的班级规则和新学期的作息安排，商量值日生的工作要怎样开展。

我们发现，在经历了这样一个漫长的假期后，孩子们明显成长了很多。很多孩

子个子长高了，更有礼貌了，懂得了很多新知识，拥有了新本领……但也有一些孩子性格变得退缩，规则意识减弱，自理能力也有些退步。面对孩子们出现的问题，我们不着急、不焦虑，接纳现状，认同规律，与他们一起解决问题。我们给予孩子们更多的鼓励和信任，与他们一起重新讨论规则的意义，一起练习那些需要他们自己完成的事情。

新的学期，新的开始，我们每个人都给自己制定了一个小目标，并为此而努力，这应该是新学期最积极的打开方式。

我们接纳孩子的状态，倾听孩子的心愿，引领他们思考和讨论，鼓励他们积极主动地参与到开学的准备活动中。我们与孩子一起找到属于自己的节奏，用一周的时间不急、不卷、从容、有序地开启新学期的生活。

——山东省淄博市汇英幼儿园　任云丽

因为对幼儿的深深理解和爱，也因为对生活意义的感悟和觉知，上述案例中的老师们用心设计开学周的活动，和孩子们一起以最积极的方式启动新学期的新生活。"不急、不卷、从容、有序"——这样的生活应该是我们所有教师期盼的生活，同时，我们也期待孩子们在自主的生活中成长为乐观、开朗、自信、独立、有爱心、有责任感的人。这不仅关系到幼儿一生的幸福，也关系到我们民族的未来走向。

一、生活与教育

当我们决定把幼儿教师作为自己的职业时，这既是一种职业选择，也是一种生活选择。因为职业的缘故，我们必然会对生活及其意义、生活与教育、儿童与社会进行更多的思考。生活与教育从未分开过哪怕一丝一毫，只有拥有生活的智慧，才能掌握教育的智慧，因为生活是教育之源、智慧之源和幼儿园课程之源。高质量的幼儿园教育，不仅取决于幼儿获得良好的学习和发展，还取决于幼儿的在园生活是安全的、喜悦的、幸福的、美好的、安定的、有秩序的、有成就感的、丰富的和彼此尊重的。这样的幼儿园教育更贴近人性的本真和我们的教育理想，不仅深受孩子们喜欢，也是教师们迫切需要的。

（一）生活及其意义的追寻

生活，广义上是指生物（这里主要是指人类）为了生存和发展而进行的各种活动，比如人类的日常生活行为、学习、工作、休闲、社交、娱乐等。狭义的生活，则指向人们的衣食住行，比如，幼儿园的生活环节主要是指幼儿入园、离园、盥洗、餐点、午睡等。不过，本书所谈及的是广义上的幼儿园生活，涵盖影响幼儿的感受、体验和发展的所有活动。

对生活意义的追寻，人类自诞生以来就从未停歇。无论是伟大的先贤还是普通百姓都会追问生活的意义。有人说，生活的意义是存在；有人说，生活的意义是追求真理或真善美；有人说，生活无意义，所以要创造属于自己的意义……

教育生活以育人为目的，所以有其特殊性，对教育者也必然有更高的要求。

1. 追求生长与自我更新的生活

杜威认为，"生活的本性就是力图使自己继续生存。因为只有通过不断地更新，才能达到这种连续性，所以生活乃是一个自我更新的过程"[①]。不仅如此，他还强调"教育即生活""教育即生长"。受杜威的观点启发，我们知道，生活不仅意味着生存，或者为生存而忙碌和拼搏，更重要的意义在于"生长"，并通过生长达到"自我更新"，而个人的生长和自我更新必然带来民族和社会的进步。因此，无论是教师还是幼儿都需要在适宜的环境中、在丰富的生活中获得生长，进而带来经验的自我更新和认知境界的不断提升。

实践链接：经常有教师抱怨幼儿园生活单一，每天就是照顾幼儿的吃喝拉撒睡玩，日复一日看不到自己的生长，缺乏价值感与发展动力。请你和同事一起聊一聊幼儿教师的"生长"从何而来。

2. 追求健康、有文化的现代生活

陶行知对杜威的"生活"概念做了内涵丰富的解读。他指出，这种"生活"是康健的、劳动的、科学的、艺术的和改造社会的生活，即现代人过的现代生活[②]。当然，时代在变迁，人们对"现代生活"的理解也在不断地发生变化。但是无论怎样变化，我们

[①] 杜威. 民主主义与教育[M]. 王承绪, 译. 北京：人民教育出版社, 2001.
[②] 涂诗万. 行行重行行：杜威教育思想研究在中国[J]. 华东师范大学学报（教育科学版）, 2014（2）.

都在追求高品质的生活,这种高品质既是物质的,也是精神的。高品质的教育生活更追求精神的价值,教育也是对文化的传承、守正与创新,所以,教育生活应与文化紧密相连。

追求有文化的生活,不仅仅是读书、听音乐,因为"文化是凝结在物质之中又游离于物质之外的,能够被传承和传播的国家或民族的思维方式、价值观念、生活方式、行为规范、艺术文化、科学技术等"。因此,了解一个民族的文化,也就是了解该民族的历史、风土人情、传统习俗、生活方式、宗教信仰、文学艺术、伦理道德、法律制度、价值观念、审美情趣等。

当下社会物质产品非常丰富,移动互联网正极大地占据人们的空闲时间,这尤其需要我们思考如何过健康、有文化的生活,利用移动互联网而不是被移动互联网控制。

山东省济南市槐荫区泉景嘉园幼儿园

龙年做彩龙,龙年龙精神

实践链接:每年的"六一"国际儿童节,很多幼儿园都会努力创造自己的特色活动。比如,有的幼儿园模仿民间(主要是某些地方的农村)"吃大席"活动,邀请幼儿参加幼儿园准备的宴席:幼儿需要先递交"红包",由教师现场记录。之后,幼儿10人一桌围坐在一起,由幼儿园厨师、教师们轮流上菜,幼儿则"杯觥交错"、大吃特吃。幼儿园将此举称为"继承传统文化"。也有人说幼儿喜欢这样的活动，儿童节的活动就应该让幼儿喜欢。请问，你如何看待这样的活动？这种所谓的"传统文化"是否应该在幼儿园传承？

3. 追求美的、积极向上的生活

美好的生活首先应该是美的生活，比如：环境是美的、整洁的、有序的；餐具、玩具、寝具等人们使用的物品是美的；周围的建筑、公共设施是美的；人们的装扮、举止是美的……美的环境和事物使人感到心情愉悦和舒服。因此，无论是城市幼儿园还是农村幼儿园都应尽己所能为幼儿打造一个美丽的环境，给予幼儿更多审美的体验和美的熏陶。

我们如何对待生活，也就是如何对待教育。追求积极向上的生活意味着教师对生

广东省深圳市龙岗区龙城街道公园大地第一幼儿园

自然的、有美感的材料不仅支持幼儿的探索和创造，还会滋养他们的心灵

山东省淄博市汇英幼儿园

和谐、整洁、有序的班级环境让幼儿感受到秩序和美

山东科技大学幼儿园

美丽的鲜花为活动室带来勃勃生机

活具有无限的热情，教师积极向上的生活态度和生活方式必然带来幼儿积极向上的生活面貌。

追求积极向上的生活意味着教师是这样生活和工作的：

※ 心怀爱、感恩和喜悦；
※ 接纳自己，也悦纳别人；
※ 乐于学习与分享；
※ 乐于助人与交往；
※ 乐于钻研与反思；
※ 乐于尝试新事物；
※ 乐于创造平凡生活中的"闪亮时刻"；
※ 能在平凡的一日生活中感受到意义和快乐。

园长妈妈抱着我一起摘柚子

四川省绵阳市花园实验幼儿园

和幼儿一起享受玩水的快乐

四川省绵阳市花园实验幼儿园

> **案例　新学期，一起过平凡而美好的生活**①
>
> 　　在新学期，我要发现美好。我要关注生活教育，由内而外打开感官，用积极的心态走近孩子和老师，去观察他们的行为，去倾听他们的想法与愿望，去分享工作中的点滴趣事。
>
> 　　在新学期，我要记录美好。我要过积极向上的日子，用心、用脑、用手记录每一个美好的瞬间，为孩子和老师留下独特而美好的印记。
>
> 　　在新学期，我要成就美好。我要参与到每一个生命的成长历程中，成为那个能够成就他人的人。我要用创新思维与大家一起设计、规划生活，享受过程中的快乐与感动。我要毫无保留地支持年轻教师的成长，直言不讳地给予建议，传递好

---

① 节选自"董旭花教授工作室"微信公众号 2024 年 3 月 6 日发表的文章《新学期，我们这样做幼儿教师》。

接力棒。

——山东省潍坊市奎文区第二实验幼儿园　林丽燕

实践链接：请你盘点自己这半年来的生活和工作，看看自己是否还保持着刚入职时的初心，对待自己的学习和专业发展、对待幼儿和家长是否仍有饱满的热情。拥有积极向上的生活态度和生活方式不仅是为了幼儿，也是为了你自己。

4. 追求不断内省的、自觉的生活

人之所以为人，很重要的一点是具有思维和情感。幼儿教师是创造性开展幼儿园教育教学工作的专业人员，其专业性就体现在他们对自己的生活和教育实践的不断反思，而只有基于反思的专业实践才有灵性和创造性。"教育，说到底乃是以自觉而觉人。教师的生命意义也就是在对自我生活的体悟与反省过程中，不断地获得新的自觉，然后以此来引导学生的自觉。"[①]"以自觉而觉人"——这就是幼儿教师追求的教育生活境界。

5. 追求内心富足、安定、不"内卷"的生活

忙碌已经成为现代人普遍的生存状态，"内卷"是各行各业都存在的现实，比如，孩子们被分数"卷"着，成人们被各种业绩考核"卷"着。幼儿教师疲于应付各种检查、评估、考核、比赛、现场展示、家长开放日、节日庆典等活动，被迫卷入各种竞争当中，难免会产生生活的无意义感和身心交瘁的感觉。

作为个体的幼儿教师往往力量微薄，既无法左右上级部门的检查、评估、比赛等活动是否进行，也无法决定其评估标准和评估方式。幼儿教师唯一能做的就是稳住自己的内心，不浮躁、不抱怨，和幼儿过好每一天的生活，热情、努力而又淡定地完成案头工作，写出有意义的游戏故事、课程案例和教育笔记，同时对评估或比赛的结果保持一颗平常心。幼儿教师要相信必然中有偶然，偶然中也有必然，不执着于表面的东西，只执着于内心的富足和安定。"其实，老师不必强求孩子们多出众，也不需要为自己的职业负重前行，只要你和孩子之间彼此热爱，待在一起满心欢喜就好。"[②]

如何做内心富足、安定的幼儿教师呢？

* 有稳定的自我认知和接纳自己的心态
* 善于从生活中捕捉"小确幸"来滋养自己
* 有敏锐的觉察力和适度的钝感力
* 有对理想教育和美好生活的追求

---

① 张俊列. 懂了生活便是教育［J］. 今日教育，2016（8）.
② 摘自"董旭花教授工作室"微信公众号 2024 年 3 月 6 日发表的文章《新学期，我们这样做幼儿教师》。

* 容易从与儿童的相处中获得职业的幸福感和满足感
* 善于学习,并用文学、艺术和专业知识"富养"自己
* 善于沟通,擅长建立温暖的人际关系
* 经常沉浸于当下,收获"心流"体验
* 有职业之外的兴趣爱好

……

山东科技大学幼儿园和孩子一起享受每一寸时光里的喜悦和幸福

山东省淄博市汇英幼儿园

停下来,和孩子们一起看看白云,过怡然自得的生活

山东省淄博市汇英幼儿园

生活中的有些美好就在每一次与孩子们交往的瞬间

实践链接:"日敦社幼师学园"微信公众号2024年2月21日发表了一篇文章——《为了发布"美图"的"开学仪式感"请适可而止!》,该文章批评了当下一些幼儿园跟风搞各种所谓"仪式感"的活动,并引用了一位幼儿教师的话:"一开学又要被所谓的'开学仪式感'折腾好几天,不仅要创设环境、搞游园活动、布置门厅、设计游戏、拍照、录像、写微信公

众号文章、写周计划……还要被学期初家长会包围，真的非常可怕。"从中我们可以看到，当下幼儿园的"内卷"有时和管理者的观念、认知有着直接关系，导致"内卷"直接变成"内耗"，教师的教育热情因这些缺乏深入思考的活动而被消耗掉。请你结合自己幼儿园的实际情况，谈一谈如何消除或减少"内卷"和"内耗"，从而还幼儿和教师安定、自然、舒缓、美好的生活。

（二）生活与教育是一体两面的关系

教育原本一直与生活相伴而行，但自从人类文明发展到出现独立的学校之后，在很长一段历史时期内，教育变成了"教书"，与生活的距离也越来越远，这种情况直到20世纪初才有所改善。有人说，20世纪教育取得的最大进步是发现了儿童。无论是蒙台梭利还是杜威都推崇"儿童中心论"，强调教育应回归儿童本身。20世纪教育还发生了一个重要变革，就是重新认定了生活和教育的关系。杜威提出的"教育即生活""学校即社会"观点成为20世纪各国教育改革的理论基础之一。当下，我们面临"教育4.0时代"[①]的种种挑战，这就要求我们必须重新审视教育与生活的关系，突破"教书"的种种局限，为了生活并基于生活重构幼儿园课程新样态。

1. 过美好而有意义的生活即是最好的教育

杜威强调"教育即生活"，陶行知则认为"生活即教育"，这种表达上的反转传递了陶行知的生活教育理念——"生活教育是给生活以教育，用生活来教育，为生活的向前向上的需要而教育，其实质是生活决定教育，教育改造生活"[②]。这种生活教育理念至今仍带给我们极大的理念冲击，引发我们对当下幼儿园教育实践的反思。

幼儿时代是人生的一个重要阶段，自有其本身的价值，绝对不是小学教育的预备期。杜威非常重视儿童期的"未成熟状态"，认为"未成熟状态"蕴含着生长的无限可能性。陶行知在20世纪二三十年代也呼吁"我们必须唤醒国人明白幼年的生活是最重要的生活，幼年的教育是最重要的教育"[③]。他说中国的小孩是在苦海中成长的，我们有责任把儿童苦海创造成一个儿童乐园。这个创造的过程，就是成人加入小孩子的队伍，陪着小孩子一起去创造、去生活。在100年后的今天，我们国家的小孩其实也并未从"苦海"中解脱出来，这种"苦"不是来自物质的匮乏，也不是来自劳作的辛苦，而是来自"鸟笼"一

---

① Leapfrog将农业社会时代的教育命名为"教育1.0"，工业社会时代的教育命名为"教育2.0"，全球化时代的教育命名为"教育3.0"，创新社会时代的教育命名为"教育4.0"。2020年1月，世界经济论坛发布了一份题为《未来学校：为第四次工业革命定义新的教育模式》的报告，提出了"教育4.0"的全球框架。
② 李曦. 陶行知生活教育理论中的生命教育思想简析[J]. 教育探索，2013（2）.
③ 陶行知. 生活即教育[M]. 武汉：长江文艺出版社，2021.

样的幼儿园或学校里成人的控制，儿童因而缺乏生活的安适自在和对生活的自主性，很小的年纪就陷入"苦哈哈"读书的状态。

我们希望孩子成为怎样的人、过怎样的人生，就需要为那样的目标而努力。如果我们希望孩子未来拥有健康的身体和心理、良好的生活习惯、对生命的珍视、对美好事物和美好生活的感知、良好的合作意识和合作能力、创新的思想等，那么我们就需要从现在开始，让教育与幼儿的需求、幼儿的生活紧密相连。

我们应关注幼儿的生活，保障每一个幼儿都能生活在当下，并享受生活的趣味和意义，包括：拥有自由的时间和儿童文化，游戏得到应有的尊重，能够基于自己的思考和兴趣生活，能够在不被催促和否定的状态下安心生活……这些是幼儿之所求，也应该成为所有父母和幼教工作者的共识与责任。

生活在当下，享受与好朋友在一起的快乐、有趣、亲密和满足

山东省济南市童林堡幼儿园

童年的价值就是做自己喜欢的事，时刻感觉到自在、从容和喜悦

山东省济南市槐荫区泉景嘉园幼儿园

实践链接： 陶行知强调"生活即教育"，请你结合生活的外延和教育的内涵思考"生活是否等于教育"。

幼儿园教育是有目的、有计划、有步骤地对幼儿施加影响的过程。本书一直强调"好的生活就是好的教育"，并不是让教师放弃教学计划和教学设计，也不是否认教师对幼儿的引导，而是说教师需要真正理解幼儿期"未成熟状态"的意义，真正关注幼儿当下生活的意义，关注幼儿的情绪和需求，而不仅仅热衷于为幼儿入小学做准备。

2. 为了生活并基于生活构建幼儿园课程

有人可能会发出疑问，为什么要在这里提幼儿园课程？我们并非只在谈及幼儿的学习时才强调课程，因为课程不等于教材，也不等于教师的教学活动，幼儿园课程是能带给幼儿发展经验的所有活动。我国"幼儿教育之父"陈鹤琴先生强调"活教育"，而在开展"活教育"的幼儿园中，儿童是"活"的，教师是"活"的，课程是"活"的，"活"的课程是围绕儿童的生活以大自然、大社会为中心构建起来的。我国另一位学前教育家张雪门先生倡导"行为课程",他认为,五六岁的孩子们在幼稚园生活的实践就是行为课程,尽管这个课程也包含工作、游戏、音乐、故事等常规活动,但它完全是根据幼儿的生活创建的,"它从生活而来,从生活而开展,也从生活而结束"。

案例　幼儿园施工啦

为了让幼儿拥有真实且丰富的户外游戏体验,我园从10月底到11月底进行了长达一个月的户外游戏场地改造工作。在场地的规划与设计过程中,我们征求了幼儿的意见,他们纷纷表达了自己的愿望:希望沙池变得更大一些;想要一个大大的滑梯;希望幼儿园栽满果树,小朋友可以一起摘果子……幼儿对幼儿园户外游戏场的改造充满了期待。

幼儿用图画表征自己对幼儿园户外游戏场地改造的愿望:大大的滑梯和栽满果树的果园

我们认为,可以目睹整个环境改造的过程,对幼儿来说是一个非常难得的机会。为了让幼儿更好地进行观察,在施工过程中我们尽可能地撤除围栏、纱布等遮挡物,让施工现场呈现半开放状态。与此同时,我们非但没有取消幼儿的户外游戏活动,反而鼓励他们自主合作把游戏器材搬到幼儿园的其他场地继续游戏。在保证幼儿安全的前提下,我

幼儿兴致勃勃地观察施工情况

们做到了最大限度地支持、引导幼儿随时随地对施工现场进行观察与记录。

在幼儿园户外游戏场地改造的过程中,出现了很多平日生活中不常见的施工器械和设备:大到不同种类的工程车(如挖掘机、压路机、大吊车等),小到不同用途的农用工具(如钉耙、石磙等)。这充分激发了幼儿的好奇心,他们不仅提出了各种问题,而且在教师的引导下通过各种路径主动查找答案。比如,幼儿发现了钉耙后

提出问题:"这是猪八戒使用的钉耙吗?"通过请教工人叔叔,他们得知这是七齿钉耙,而猪八戒使用的是九齿钉耙。因为孩子们的兴趣和热议,家长们也越来越多地关注幼儿园的变化和参与幼儿园的各种活动,由此生发了很多优秀的课程案例。

幼儿在施工现场观察积累的经验也会自然地迁移到其他活动中。比如,班里有一次开展有关"测量长度"的集体教学活动,教师问幼儿:"你们有什么好方法可以测量活动室的长度?"有的幼儿联想到施工过程中工人叔叔拉线测量场地长度的情景,就说:"可以用长吸管测量活动室的长度。"由此可见,幼儿的经验会自然地迁移,幼儿的生活和课程是自然相融的。

鲜活的生活经历也为幼儿的游戏注入了源头活水。因为幼儿在户外观看了各种工程车的施工过程,所以建构游戏区出现了与往日不一样的场景:幼儿热衷于分工协作搭建工程车,而且他们搭建的工程车不仅外形模仿得很像,在细节部分也体现得淋漓尽致,比如,挖掘机依靠履带行走,车身可以转动等。

在幼儿园户外游戏场地改造的一个月里,"施工"成为幼儿生活中的重要话题。他们交流的内容涉及"工程车""我喜欢的车""农用工具""安全帽""轮胎印记"等,广泛、丰富且有趣。它不仅潜移默化地影响着幼儿的日常生活,也让幼儿与同伴、幼儿与教师、幼儿与家长之间的连接更加紧密,因为对幼儿园户外环境改造的美好期待成为我们共同翘首以盼的事情。

——山东省济南市槐荫区泉景嘉园幼儿园　刘媛媛、姜秋燕

在以上案例中,我们既看到了幼儿园对游戏场地和游戏质量的追求,也看到了教师对游戏、生活与课程之间关系的认识,教师理念的革新带来了幼儿生活和课程的巨大转变。案例中,原本暑假应该完成的户外游戏场地改造工作因故推迟到开学后,为了满足幼儿游戏的迫切需要,该幼儿园没有再将改造工作延后到寒假,而是即刻进行。那么,如何把施工带来的干扰降到最低,利用这样一个生活事件给予幼儿每天观察和体验的机会?如何追踪幼儿的兴趣以引发更多的幼儿参与观察、比较、调查、表征与交流等拓展性活动?这些就成为教师们思考和教研的核心话题,由此生发的课程必然成为幼儿喜欢的、有意义的"活课程"。

生活课程就是要回归生活,但不是简单地、日复一日地重复各个环节的活动,更重要的使命是引领生活,让所有人过上更美好的生活。所以,教育不仅要关注幼儿当下的生活,还要关注幼儿未来可能的生活,正如本书书名一样,为幼儿一生幸福奠基。

实践链接: 2024年上半年,某幼儿园的孩子们做饭的视频在网络上引发了广泛关注,请你观看相关视频并和同事认真讨论、分析:这是你心目中理想的幼儿园的样貌吗?该园的做法是否在贯彻落实"生活即教育"的理念?

我们强调教育要回归生活,这个"生活"是孩子的生活,而不是成人世界的生活技能展

示，幼儿园不应该变成"技术学校"。试问：刮鱼鳞、卤肉之类的活儿，是否适合幼儿园的孩子专门花时间去学、去做？我们不应该打着"生活即教育"、劳动教育的旗号去做违背幼儿发展规律和教育常识的事情，这其实是另一种形式的功利主义表现。

幼儿的生活能力，要在一天天的生活中循序渐进、自然而然地提高。生活能力不仅包括做饭，还包括社会交往、时间管理、情绪管理、环境适应能力等。试问：把生活能力仅仅局限于做饭，是否过于狭隘，不利于幼儿的全面发展？此外，所有的孩子真的都喜欢天天做饭吗？孩子的自主意识是否得到了尊重和保护？如果不是出自孩子们的意愿和兴趣，不是孩子们自主的生活，那么孩子们只不过是任由成人摆布的宣传"工具"罢了。

该园的管理者认为，这不仅是生活课程的体现，还是"课程游戏化"的体现。试问：在幼儿园里设置与成人世界相似的"理发店""编织缝纫区""茶艺区""医院"等，让幼儿模仿成人的工作流程进行所谓的"游戏"，是幼儿真实的游戏活动吗？反映了他们的游戏意愿与经验吗？是课程游戏化的体现吗？……一系列的问题追问下来，我们自然会得到答案。

高质量的幼儿园教育必须回归儿童本身去思考问题。"以游戏为基本活动"一直是我国幼儿教育最基本的原则，童年期的孩子应该享有丰富的、充满趣味和审美意味的生活，应该享有充足的自由游戏的机会和发呆的权利。教育是生活的过程，而不是生活的预备。请看下面这个案例。

案例　森林野炊——番茄炒蛋

班级角色区的美食制作活动深受孩子们的喜爱，在一次户外活动时间，他们也对"魔法森林"（泥巴厨房）产生了兴趣，并萌生了一个新话题——"我们能不能在户外真的做一道菜呢？能不能一起野炊？"

这是一次全新的体验和挑战，孩子们由此展开了一系列讨论："如何打造一场户外美食盛宴？我们有哪些经验？想知道什么？需要准备哪些工具与材料？怎么分工？如何去做？"

在这个过程中，孩子们还遇到了一些问题，例如，把灶台搭在哪里？搭建灶台需要什么工具和材料？灶台不牢固怎么办？通过前期调查、实地考察等方式，他们选择将灶台搭建在泥巴厨房的一块空地上。他们精心设计了图纸，并收集了石头、砖块等作为搭建的材料。第一次，他们选择将石头垒成一个圈圈，但是因为石头太小，灶台没有搭建成功。第二次，他们吸取了教训，将砖头垒高，不过最初搭建的是实心正方形，后来调整成圆形，发现没有烧火的位置时，又调整成中间镂空有烧火位置的半圆形。为了使灶台更加牢固，他们还用泥巴将砖头黏合在一起。就这样，经过多次尝试和改进，他们终于将灶台搭建成功啦！

精心设计的图纸

用泥巴将砖头黏合上

灶台组的成功搭建,让孩子们信心倍增。烧火组与厨师组分工行动,厨师组首先调查了小朋友们最喜欢哪道美食,结果"番茄炒蛋"高票当选。小厨师们为了学习制作这道菜,不仅查阅了相关资料,还请教了妈妈们,精心制作了流程图,把家里干净的灶具带到幼儿园。

烧火组在幼儿园、小区、公园里捡落叶、树皮和枯枝,他们还尝试解决生火的问题。在多番努力后,他们终于掌握了生火方法:先用打火机点燃蜡烛,再用蜡烛点燃报纸,最后再往上面放树叶等易燃的材料。生好火后,小厨师们清洗番茄、切番茄、打蛋液、炒番茄和鸡蛋。不一会儿,一盘营养又美味的番茄炒鸡蛋就出锅了,扑鼻的香味阵阵袭来!

切番茄和打蛋液

炒番茄和鸡蛋

在本次野炊活动中,孩子们亲身参与了各个环节,不但体会到劳动的快乐,而且在真实的活动情景中,面对真实的材料,使用真实的工具解决真实的问题,从而获得了真实的生活经验。此外,他们还培养了相互帮助、团结协作的美好品质。

作为教师,我们要善于发现和保护孩子的好奇心,激发他们的学习兴趣和主人翁意识;善于提开放式问题,引导他们学习发现、分析和解决问题,并给予他们自主探究的机会,帮助他们不断积累和迁移经验,形成终身受益的学习态度和能力。

> 幼儿是在生活中学习，在活动中成长的。他们在亲身体验和反复试错的过程中，习得了经验、知识和技能。
>
> ——广东省深圳市龙岗区龙城街道公园大地第一幼儿园　李雪、邹翠连

3. 保育与教育同等重要

保教结合是幼儿园教育的一项基本原则，是幼儿园各项工作开展的基础。我们国家颁布的学前教育纲领性文件，几乎无一例外地都在强调幼儿教育应注重"保教合一"。然而，"保教关系的现状不容乐观，存在教师对保育工作不愿分担或犹豫、对保育工作的价值缺乏应有重视以及保与教地位失衡、隐性分离等问题"[①]。这些问题之所以存在，可能与保育工作的内容有关系，因为在很多幼儿园里，保育员的工作内容主要是打扫卫生和照顾幼儿的吃喝拉撒睡；也可能与保育员的工资待遇普遍低于教师有关系，这会让人们不自觉地看低保育工作；还可能与当下幼儿教育过于追求幼儿的学习有关，比如，"深度学习"是当前幼儿教育领域的一个热门词语，它无意中促使教师重视所有活动中幼儿的学习以及学习的持续和深入，而忽略了保育工作蕴含的重要意义。

华东师范大学黄瑾教授在谈到幼儿园质量提升时强调："早期儿童的学习与发展是学前教育的重要内容，不是全部内容，培养健康和幸福的儿童才是学前教育的真谛。"[②]所以，我国幼儿教育首先要"重视儿童保育和儿童教育的平等地位和统一……要超越单向度的早期儿童学习与发展，重视早期儿童生活与学习、教育与幸福的统一，培养儿童的强健体魄、良好的生活习惯和自理能力、积极的情绪情感和精神态度以及基于儿童兴趣、愿望和生活的自主学习能力，促进儿童全面协调的身心发展，以保障儿童的健康和幸福生活"[③]，这也正是"幼儿自主游戏·自主学习·自主生活丛书"一以贯之的理念追求。

从幼儿园的分工与管理角度来说，幼儿园保育工作主要指向对幼儿身心的保护和养育，与幼儿的生活能力、身心健康发展相关；幼儿园教育工作主要指向健康、社会、科学、语言、艺术五大领域，与幼儿的心智发展和社会性发展相关。但在实际的幼儿园一日生活中，保育与教育很难分开，比如，幼儿学习穿脱衣服，不仅是在学习一种生活技能，也促进了精细动作、手眼协调能力的发展，以及专注、坚持等良好学习品质的发展，还与幼儿的心智发展直接相关。对类似的生活技能的掌握不仅影响幼儿的生活质量，还可能影响幼儿的情绪情感，以及独立、自尊、自信等人格特征。

[①] 邓诚恩. 幼儿园保教关系新论［J］. 陕西学前师范学院学报，2017（4）.
[②] 黄瑾，熊灿灿. 我国"有质量"的学前教育发展内涵与实现进路［J］. 华东师范大学学报（教育科学版），2021（3）.
[③] 同②.

案例 "卷袖子"这件小事

小班幼儿在洗手时遇到的最大难题就是卷袖子。为了解决这个难题，我们在班级开展了一场学习卷袖子的活动。用力把自己的袖子往上拉，两只手交互按住袖口往上推，用手提起袖口一层一层往外卷……这些都是幼儿们探索出来的方法。在一次卷袖子时，我也加入进来，并有节奏地念起了儿歌："小袖子，爬高山，拉住袖子往上翻。翻呀翻呀，露手腕，洗洗小手真干净。"我边念儿歌边挽袖子，当我念到"翻呀翻呀"时，时而快翻，时而慢翻，夸张的动作一下子把幼儿的注意力吸引过来，他们兴致勃勃地跟着我一边念儿歌，一边卷袖子。

孩子们在卷袖子的过程中也发生了一些小插曲。有的幼儿抱怨自己的袖子挽上去很容易掉下来，于是我抛出问题："怎样让宽松的袖子与手臂牢牢地固定在一起呢？"乐乐和雯雯立刻跑到美工区，找来夹子尝试把袖子固定住。其他小朋友看见了也纷纷行动起来，找来皮筋、扭扭棒等进行尝试。孩子们的探索行为让我感到非常惊喜，他们竟然想到利

用夹子固定住袖子

用身边的材料作为辅助工具来解决问题。遇到有纽扣的袖子，孩子们还会尝试两两合作，先互相帮助解开纽扣，再挽袖子。

生活中处处蕴含着教育契机，看似简单的卷袖子其实蕴含着不简单的学习。孩子们通过自我服务、利用工具、同伴互助的方式解决遇到的问题，这个过程不仅提高了孩子们的生活自理能力，帮助他们养成良好的生活习惯，还有助于增强他们的同伴合作意识，习得解决问题的多元策略。

——四川省绵阳市花园实验幼儿园　胡又旋

案例 重视户外自主游戏中的保育工作[①]

《3—6岁儿童学习与发展指南》健康领域中提及："保证幼儿的户外活动时间，提高幼儿适应季节变化的能力。幼儿每天的户外活动时间一般不少于两小时，其中

---

① 节选自"董旭花教授工作室"微信公众号2023年12月7日发表的文章《北方冬季幼儿园的户外自主游戏应如何调整？》，略有删减。

体育活动时间不少于1小时,季节交替时要坚持。"游戏是幼儿园一日生活中很重要的一部分,它在带给幼儿快乐的同时,也蕴含了大量的教育契机。参加户外自主游戏,是幼儿适应室内外环境变化的良好时机,同时幼儿可以接受阳光的照射、呼吸新鲜空气、加强机体的新陈代谢和促进生长发育。

为了保障幼儿一年四季都可以在户外游戏,围绕户外游戏中的保育工作,幼儿园做了很多探索。

1. 自主游戏时间随季节调整

不同的季节,户外自主游戏开始的时间也不一样,比如:春季和秋季,气候温暖适宜、阳光充足,幼儿开始游戏的时间是8:30左右;夏季,天气炎热、温度较高,幼儿开始游戏的时间是8:10左右;冬季,天气寒冷、温度较低,幼儿开始游戏的时间是9:30左右或更晚一些。教师也会根据不同年龄班每日活动的具体情况,遵照幼儿的生活节奏,灵活调整游戏的时间。

另外,教师还会根据各年龄班幼儿的特点与游戏场地、游戏内容的不同调整户外游戏的时长,比如,冬季,中、大班幼儿的一次户外游戏时长大约为1小时,小班幼儿的一次户外游戏时长为40分钟左右。不同的游戏区,幼儿活动的密度、强度也存在差异,比如:在玩沙区、玩水区、泥潭区,幼儿更多开展的是探究性游戏和角色游戏,教师会适当缩短游戏时间;在综合区、山坡上、草地上或树林区游戏时,幼儿的大肢体运动相对较多,教师会适当延长游戏时间。同时,带班教师也会根据当天的温度、风力、幼儿的游戏状态等,灵活把控游戏时长。

游戏中欢乐的孩子们

2. 户外游戏空间相对固定而不死板

为了让幼儿的游戏具有持续性,在上午的户外自主游戏时间,一般每个班都有固定的区域,持续3~4周(下午的户外游戏时间,则每日一换)。尽管上午游戏的班级地点相对固定,但是教师会和幼儿一起寻找更舒适的游戏空间,"夏天找阴凉,冬天找太阳"——这是我园幼儿开展自主游戏时已经形成的共识。

3. 提供不同的游戏装备，为幼儿的游戏保驾护航

不同时节，幼儿的游戏装备也不相同，比如：在水渠游戏区，夏天时幼儿可以穿着自己的衣服或泳衣在里面恣意玩耍；随着秋天到来，温度降低，幼儿的着装从泳衣变成背带式半身防水服；初冬时节，就变成紧口长袖防水服；进入深冬后，幼儿则在水渠边借助各种材料进行游戏，不再入水。幼儿穿脱防水服的地点也会随之变化，比如：春秋季节，幼儿提着游戏桶（装自己的防水服）在游戏场地周围穿脱衣服；初冬时，幼儿在室内穿脱防水服，以确保在更换服装时不会着凉。

夏天在水渠中游戏

秋天在水渠中游戏

4. 注意活动前的热身

天气寒冷的时候，人体肌肉、韧带的黏滞性增加，肌肉的弹性及伸展性降低，各关节会变得比较僵硬。因此，教师在冬季开展户外自主游戏前会组织幼儿进行充分的热身活动，使其肌肉、关节的性能达到良好状态。一般情况下，户外游戏前的热身活动时长为10～15分钟，而在寒冷天气时，热身活动的时长则延长至15～20分钟。冬季时，幼儿园的厨房还经常提供姜汤来帮助幼儿驱除寒气、预防感冒、增强抵抗力，做好幼儿的日常生活照料工作，促进幼儿的健康发展。

冬天在水渠边游戏

此外，教师还在户外游戏区提供了饮水装备，便于幼儿在游戏活动中根据需要自主饮水。

——山东科技大学幼儿园　张玲、乔西晶、李玉

实践链接： 请你举例说明如何在幼儿园一日生活的各个环节贯彻落实"保教合一"的基本原则。

二、自主生活与幼儿的幸福人生

自教育部 2012 年颁布《3—6 岁儿童学习与发展指南》以来，幼教工作者越来越注重幼儿的主体地位，自主游戏的热潮伴随安吉游戏的推广慢慢向全国铺展开来。自主游戏强调教师放手，给予幼儿更多自由选择和自主游戏的机会，这让我们看到幼儿真的是有能力的学习者。更可喜的一点是，自主游戏倡导的"自由、自主、平等、创造"的理念不仅体现在游戏活动中，而且渗透在幼儿园一日生活的各个环节，贯穿始终。自主生活与自主游戏、自主学习同等重要，它是幼儿园生活教育的关键，直接关系到我们培养什么样的人的核心问题，也直接关系到幼儿童年的幸福和一生的发展。

（一）自主生活与自主生活教育

强调自主生活教育的意义，还需要我们回归原点，理解自主性的含义以及童年期自主性发展对人一生发展的重要意义，由此把握自主生活与幼儿园自主生活教育的重点。

1. 如何理解自主性

"自主性"一词的心理学含义，是指个体成为自己行动的主体，不依赖他人（有时排除他人的干预），自由地做出自己的判断、拥有自己的主张和采取自己的行动。邹晓燕和曲可佳博士倾向于将自主性界定为"个体依靠自身做出符合社会规范的决定，并能自我调节而达到目标的行为倾向"[①]。自主性是自我依靠、自我控制和自我主张的有机统一。自我依靠，是指依靠自己的力量，不经常寻求别人的帮助，与此相反的是依赖；自我控制，是指能够主动克制自己的不合理愿望，调节自己的行为，与此相反的是任性；自我主张，是指能够相对地自己做主，不受他人影响和支配，与此相反的是从众。

现代教育倡导"以儿童为本"的人性化教育理念，认为每一个儿童都是独一无二的、奔向未来的个体，所以应该追求儿童的终身可持续发展。从可持续发展的目标来看，独立性、自主性、创造性必然会成为一个人颇为重要的精神特质，并影响其一生的自我成长和自我完善。

2. 童年期自主性发展的重要意义

《3—6 岁儿童学习与发展指南》健康领域开篇就强调："幼儿身心发育尚未成熟，需要成人的精心呵护和照顾，但不宜过度保护和包办代替，以免剥夺幼儿自主学习的机会，

---

① 邹晓燕，曲可佳. 学前儿童自主性的发展与促进［M］. 合肥：安徽教育出版社，2015.

养成过于依赖的不良习惯，影响其主动性、独立性的发展。"回归幼儿和幼儿的生活，并关注幼儿的自主性发展是当下幼儿教育改革的重点。

童年期的自主性发展为幼儿进入小学乃至终身学习与发展奠定了基础。

* 自主的幼儿拥有积极主动的为人处世态度。
* 自主的幼儿具有对世界的强烈好奇心和求知欲。
* 自主的幼儿具有清晰明确的目的性和计划性。
* 自主的幼儿对人和事拥有自己的独立认识，并敢于表达观点。
* 自主的幼儿独立做出选择，不盲目、不迎合。
* 自主的幼儿遇到问题和困难时可能会求助，但更多的时候会坚持不懈、专注投入地寻找解决问题的策略。
* 自主的幼儿在游戏、学习、探究与交流中慢慢地学会质疑和反思。
* 自主的幼儿约束自己的行为，不任性、不妄为。
* 自主的幼儿对自己的选择和行为结果负责。

广东省广州市华南农业大学幼儿园

基于好奇心的自主探究是幼儿每天生活中自然出现的行为

广东省广州市华南农业大学幼儿园

自主地参与幼儿园劳动就是自主地创造自己的美好生活

实践链接： 请你抽时间阅读《自主游戏——成就幼儿快乐而有意义的童年》一书的导言部分对于自主性的详细阐述，了解幼儿期自主性发展的特点和深刻意义，理解"自主游戏""自主学习""自主生活"倡导的基本理念，并结合自己班级的一日生活谈谈你是如何做的。

3. 自主生活与幼儿园自主生活教育

自主生活是作为独立的、具有能动性的个体的必然选择。尽管幼儿年龄小，在生活中更多地依赖成人的照料，也尽管幼儿园保教一体的教育原则让教师认为自己应该照顾幼儿的生活，但这并不意味着关照过多、过细就等于爱孩子，真正的爱指向人未来的可持续发展。

自主性是自我依靠、自我控制和自我主张的有机统一。自主生活教育的核心目标指向幼儿独立性和自主性的发展,所以,幼儿教师需要转变教育理念,认可幼儿是独立、平等、有能力、有巨大潜力的个体,在一日生活中的每个环节都鼓励幼儿自由选择、制订计划和采取行动,在活动中慢慢引导幼儿做到自我管理和自我约束。教师应该认真倾听幼儿的心声,了解幼儿的愿望和兴趣,结合幼儿的发展特点和发展水平,支持幼儿参与与自身幸福生活有关系的各种活动,让幼儿在自主的生活中实现自我意识和自我能力的发展,学会负责任地关照好自己的身心健康,感受到自己存在的力量和贡献。

日本幼儿教育家仓桥物三曾说:"就像出于内心的需要而行动一样,因为是作为生活来进行的,所以应该使幼儿在生活中自发地产生行动,而不是对其进行他律性的驯化。只有这样,才能够发挥幼儿自身的主体性。"① 是的,减少"他律性的驯化",促使幼儿自发地产生行动,并在这样的行动中逐渐发展幼儿的主体性,成就幼儿自身成长的力量,才是真正"以人为本"的温暖的幼儿教育。

华东师范大学李季湄教授在谈到幼儿教育实践中存在的问题时强调,应"提高幼儿园整体生活质量,培育主动型人格;引导幼儿看到'可能的我',不断体验'生活向前向上'的快乐;重视'原体验',培育阳光、进取的生命底色;发挥德育的'享用功能'"②。她批评过去幼儿园在培养接受命令和服从管教的孩子上有点根深蒂固,现在的课程改革倡导的是引导性教育,给予儿童一个快乐的童年。

在幼儿园,幼儿必然是一个受教育者的身份,其活动必然在教育的范畴之内,教育性与其自主性同时存在、相辅相成。我们倡导自主生活教育,并不是不要教师的引导,而是希望教师能够更多地认同和接纳幼儿是有能力的个体,更多地信任幼儿,放手并支

广东省广州市华南农业大学幼儿园

学会独立、负责任地关照自己的生活就是自主生活

---

① 高杉自子. 与孩子们共同生活:幼儿教育的原点[M]. 王小英,译. 上海:华东师范大学出版社,2009.
② 节选自"人文幼学"微信公众号2021年12月13日发表的文章《李季湄谈教育实践中的6大问题》。

持幼儿自由选择、自主参与活动，在行动过程中引导幼儿养成良好的生活习惯和生活态度，提升他们的生活自理能力和创造美好生活的能力。

实践链接： 李季湄教授谈到"培育主动型人格"与提高幼儿园的整体生活质量息息相关，请你对照这一理念检视自己的教育理念和行为，谈谈自己做了哪些尝试以促进幼儿"主动型人格"的形成。

（二）自主的生活带来安定感、掌控感、幸福感和归属感

当前，教育界备受批判的一种现象就是"内卷"：教师被各种评比和检查"卷"着，顾不上静心观察孩子，感受与孩子在一起的松弛，更顾不上体验教育生活向上、向前的力量感；孩子们被各种展示和成绩"卷"着，顾不上享受游戏和闲暇时光带来的安定感，更难产生对自己生活的掌控感和对幼儿园生活的归属感、幸福感。

德国文学家赫尔曼·黑塞（Hermann Hesse）曾经写道："人生的义务，并无其他，仅有的义务就是幸福，我们都是为幸福而来。"是的，教育应教会每个个体追求幸福，追求更美好的生活，而不仅仅是追求优秀。

山东省淄博市齐丰幼儿园

给幼儿带来安定感、舒适感、幸福感的环境和生活

本书书名为"自主生活——为幼儿一生幸福奠基"，其核心就是期待幼教人能更多地关注幼儿自身的生活体验，把幼儿的幸福提升到与幼儿的学习同等重要或更重要的位置。正如华东师范大学黄瑾教授所言，我们要超越单向度的追求儿童学习与发展，把教育引向幼儿的幸福生活上来，充分体现教育的人文特质。

自主生活强调为幼儿创设美好、适宜的环境，允许幼儿以自己的节奏度过丰富多彩的一日生活，有充分的机会享受游戏的快乐，与自然和社会建立链接，能体验到生活的"高光时刻"和甜蜜，与同伴和周围的成人有良好的关系与互动，同时每一个幼儿都能

被关注，并能时刻感受到自我的力量——这样的生活必然会给幼儿带来安定感、掌控感、幸福感和归属感。

实践链接：幼儿教师的理念与行为经常存在脱节的情况，比如，在理念层面上，普遍认可幼儿的主体地位，推崇幼儿自主的重要性，但在实践中时常压制幼儿。老师们往往喜欢听话、顺从的幼儿，无法忍受自作主张、擅自行动的幼儿，会给这样的幼儿贴上"任性""捣乱""不守纪律"的标签。请你反思自己的带班经历中是否也存在这样的情况。

三、国家政策性文件对自主生活教育的要求

有人说，20世纪是儿童的世纪，因为教育逐渐从层层重压中重新发现儿童的存在和儿童的主体地位，这是文明和进步的表现。对于6岁以下的幼儿来说，教育不仅应该给予其充分的保护、照料和关爱，还应该尊重其作为主体的人的存在意义，认识到幼儿期的独特价值，认可幼儿是独立的、有能力的、有贡献的社会人，培养幼儿独立自主地参与幼儿园各项活动的意识和能力。

从我国2000年后颁布的一系列文件中，我们可以清晰地看到保教理念的稳定性，突出了以幼儿为中心和保教一体的基本理念，并且越来越强调尊重幼儿的身心发展规律，鼓励幼儿独立自主地面对生活，提高其生活自理和安全自护的能力。这些理念也正逐渐成为我国幼教人的共识，并在具体的教育实践中得到体现。

（一）愈加关注幼儿的身心健康，强调遵循规律科学保教

幼儿园必须把保护幼儿的生命和促进幼儿的健康放在工作的首位。树立正确的健康观念，在重视幼儿身体健康的同时，要高度重视幼儿的心理健康。

——2001年《幼儿园教育指导纲要（试行）》健康领域指导要点

发育良好的身体、愉快的情绪、强健的体质、协调的动作、良好的生活习惯和基本生活能力是幼儿身心健康的重要标志，也是其它领域学习与发展的基础。

——2012年《3—6岁儿童学习与发展指南》健康领域

坚持儿童为本。尊重幼儿年龄特点和成长规律，注重幼儿发展的整体性和连续性，坚持保教结合，以游戏为基本活动，有效促进幼儿身心健康发展。

——2022年《幼儿园保育教育质量评估指南》

从以上条文的表述中，我们可以看到我国幼教人一脉相承的对幼儿身心健康的关注，尤其是对幼儿的身体、心理、生活习惯、生活能力、情绪情感等多方面发展的关注，对

幼儿的年龄特点、发展规律的尊重，以及对幼儿园保教质量和生活质量提升的持续关注。

四川省成都市锦江区润心善育幼儿园

身心健康、无限喜悦的孩子的模样就是美好童年的模样

实践链接：请你从幼儿的身体健康、心理健康、智能发展、社会性发展等多个维度思考幼儿的学习与发展，并谈一谈当下幼儿园教育普遍存在哪些问题。你的幼儿园是否存在这些问题？如何做才能真正培养幼儿具备"发育良好的身体、愉快的情绪、强健的体质、协调的动作、良好的生活习惯和基本生活能力"？

（二）愈加重视幼儿自主性与自主生活能力的培养

《幼儿园教育指导纲要（试行）》《3—6岁儿童学习与发展指南》《幼儿园保育教育质量评估指南》和《幼儿园督导评估办法》中的多个条文都与自主和自主生活教育有关。

既要高度重视和满足幼儿受保护、受照顾的需要，又要尊重和满足他们不断增长的独立要求，避免过度保护和包办代替，鼓励并指导幼儿自理、自立的尝试。（健康领域指导要点）

教师直接指导的活动和间接指导的活动相结合，保证幼儿每天有适当的自主选择和自由活动时间。（第三部分　组织与实施第九条）

——2001年《幼儿园教育指导纲要（试行）》

要充分尊重和保护幼儿的好奇心和学习兴趣，帮助幼儿逐步养成积极主动、认真专注、不怕困难、敢于探究和尝试、乐于想象和创造等良好学习品质。（说明部分）

幼儿身心发育尚未成熟，需要成人的精心呵护和照顾，但不宜过度保护和包办代替，以免剥夺幼儿自主学习的机会，养成过于依赖的不良习惯，影响其主动性、独立性的发展。（健康领域开头部分）

幼儿自己的事情尽量放手让他自己做，即使做得不够好，也应鼓励并给予一定的指导，让他在做事中树立自尊和自信。鼓励幼儿尝试有一定难度的任务，并注意调整难度，

让他感受经过努力获得的成就感。(社会领域"教育建议"部分)

——2012年《3—6岁儿童学习与发展指南》

帮助幼儿建立合理生活常规,引导幼儿根据需要自主饮水、盥洗、如厕、增减衣物等,养成良好的生活卫生习惯。(B5.生活照料)

指导幼儿进行餐前准备、餐后清洁、图画书与玩具整理等自我服务,引导幼儿养成劳动习惯,增强环保意识、集体责任感。(B5.生活照料)

——2022年《幼儿园保育教育质量评估指南》

教师尊重幼儿主体地位,支持幼儿参与一日生活中与自己有关的决策,自主选择游戏材料、玩法和同伴,能抓住幼儿感兴趣或有意义的话题和情境,采用小组或集体形式开展讨论,鼓励幼儿表达观点、提出问题、分析解决问题,拓展提升日常生活和游戏中的经验。(C16.活动内容和形式)

——2023年《幼儿园督导评估办法》

仔细阅读不难发现,关于幼儿自主性发展的理念和要求不仅体现在生活照料环节——由过去注重成人对幼儿细致的看护和照顾转变为更注重幼儿自主意识和能力的发展,更贯穿于幼儿一日活动的始终。幼儿自主探究、自主表达、自主创造、自我保护、自主劳动、自主交往……我们在上述文件中处处可以看到这样的表达,这也是世界范围内具有普适性的教育价值观的转变,是时代发展对幼儿教育提出的挑战。

山东省潍坊市奎文区第二实验幼儿园

自主照料自己的生活,参与幼儿园各项活动,沉淀自我成长的力量

实践链接:以幼儿园午睡环节为例,请你回顾一下班级中幼儿的自主性表现。当幼儿需要帮助时,你是如何做的?你的帮助是否有助于幼儿提升自己的能力、减少对成人的依赖?

第一章　生活与自主生活教育　·　25

（三）愈加重视幼儿通过亲身感知、体验和操作提升自身能力

为幼儿的探究活动创造宽松的环境，让每个幼儿都有机会参与尝试，支持、鼓励他们大胆提出问题，发表不同意见，学会尊重别人的观点和经验。（科学领域内容与要求）

——2001 年《幼儿园教育指导纲要（试行）》

理解幼儿的学习方式和特点。幼儿的学习是以直接经验为基础，在游戏和日常生活中进行的。要珍视游戏和生活的独特价值，创设丰富的教育环境，合理安排一日生活，最大限度地支持和满足幼儿通过直接感知、实际操作和亲身体验获取经验的需要，严禁"拔苗助长"式的超前教育和强化训练。（说明部分）

——2012 年《3—6 岁儿童学习与发展指南》

以游戏为基本活动，确保幼儿每天有充分的自主游戏时间，因地制宜为幼儿创设游戏环境，提供丰富适宜的游戏材料，支持幼儿探究、试错、重复等行为，与幼儿一起分享游戏经验。（第 21 个考查要点）

——2022 年《幼儿园保育教育质量评估指南》

从以上文件中不难发现，当下幼儿教育更强调教师应尊重幼儿的学习特点和规律，创造充分的条件，让幼儿通过亲身感知、体验和操作学习，重视幼儿的直接经验和体验而非书本知识的价值。幼儿园自主生活教育同样应该关注幼儿的自我感知和体验，给予幼儿动手操作的机会，在参与实际生活的过程中，提升他们的自主生活能力，鼓励他们创造属于自己的幸福生活。

直接感知、实际操作和亲身体验是幼儿最主要的学习特点

实践链接：幼儿园自主生活教育离不开幼儿的亲身参与和体验，请你谈谈自己班级的安全教育是如何开展的，是否给予了幼儿充分的机会去亲身体验和操作。

（四）愈加关注良好的师幼关系和班级氛围的营造

要创设一个能使幼儿感受到接纳、关爱和支持的良好环境。（社会领域指导要点）

教师的态度和管理方式应有助于形成安全、温馨的心理环境；言行举止应成为幼儿学习的良好榜样。（第三部分　组织与实施第八条）

教师应成为幼儿学习活动的支持者、合作者、引导者。（第三部分　组织与实施第十条）

——2001 年《幼儿园教育指导纲要（试行）》

家庭、幼儿园和社会应共同努力，为幼儿创设温暖、关爱、平等的家庭和集体生活氛围，建立良好的亲子关系、师生关系和同伴关系，让幼儿在积极健康的人际关系中获得安全感和信任感，发展自信和自尊，在良好的社会环境及文化的熏陶中学会遵守规则，形成基本的认同感和归属感。（社会领域）

——2012 年《3—6 岁儿童学习与发展指南》

教师保持积极乐观愉快的情绪状态，以亲切和蔼、支持性的态度和行为与幼儿互动，平等对待每一名幼儿。幼儿在一日活动中是自信、从容的，能放心大胆地表达真实情绪和不同观点。（第 25 个考查要点）

——2022 年《幼儿园保育教育质量评估指南》

保教人员保持积极乐观的情绪状态，对待幼儿态度亲切，平等对待每一位幼儿。教师积极营造尊重、接纳和关爱的氛围，引导幼儿形成良好的同伴关系，幼儿自信从容、情绪稳定，班级氛围良好。教师关注幼儿心理健康，注重幼儿的情绪状态和变化，及时安抚并帮助幼儿调节不良情绪。（C17.情感氛围）

——2023 年《幼儿园督导评估办法》

无论是幼儿的身心健康还是幼儿各领域的学习与发展，包括幼儿自主生活意识和能力的提升，都与教师的儿童观、教育观、课程观尤其是师幼互动情况和由此营造的班级氛围有很大的关系。所以，国家的纲领性文件非常关注师幼互动，并视之为幼儿园教育过程性质量的最重要组成部分，这也是教师专业水平的重要体现。

温暖、有爱而又同频的师幼互动

实践链接：请你与同事彼此交错跨班进行半日观察，记录班级教师与幼儿互动的情况，分析师幼互动的频次、必要性与适宜性，或者选取某一个环节中的师幼互动进行研讨，寻找自己班级存在的问题，共同探讨师幼互动的适宜策略。

四、当下幼儿园自主生活教育的实践问题与困境

幼儿园生活教育并不是一个新鲜的话题，只要创办一所幼儿园就需要思考对幼儿的保教问题，保教一体的基本原则也促使我们思考如何做好一日生活中每个环节的保教工作。只有向每个环节要质量，才有幼儿园教育的高质量。但在实践中仍然存在各种各样的问题，需要我们加强学习、转变理念，从全面育人和幼儿自主性发展的视角创设良好的教育环境、设计科学合理的一日生活。

（一）现状与问题

伴随《3—6岁儿童学习与发展指南》《幼儿园保育教育质量评估指南》的落地实施，我国幼儿教师的儿童观、教育观、课程观等发生了很大的改变。2023年7月，我们在网络上进行了"幼儿园自主生活教育的现状调查"，回收有效问卷5021份，涉及全国25个省和自治区。

1. 可喜的变化

根据笔者长期在幼儿园的观察和调研，结合本次回收的问卷结果，我们看到了很多令人欣喜的变化。

（1）**绝大多数幼儿教师已经认识到自主生活教育的必要性**

在本次问卷调查中，对于"幼儿园开展自主生活教育有无必要？"这一问题，

97.45%的教师认为有必要;对于"生活环节的活动(如餐点、盥洗、穿脱衣物等)可以放手让幼儿自己做吗?"这一问题,60.84%的教师认为可以放手让幼儿自己做,38.84%的教师认为小班幼儿不行,中、大班幼儿可以。实际上,在笔者走访过的很多幼儿园里,从小班幼儿入园第一天开始,教师就会根据每一个幼儿的具体情况采用陪伴、示范、讲解、同伴互助等方法引导他们自己取餐、进餐、盥洗、午睡和整理玩具。幼儿自主生活意识和能力的培养是一个漫长的过程。

(2)幼儿园自主生活教育的实践有了很大的改变

得益于自主游戏在全国范围内的推广,越来越多的幼儿教师看到了真实的、有能力的、有主见的儿童,"自由、自主、愉悦、创造"的理念也在幼儿园一日活动中渗透开来,促使幼儿园自主生活教育的面貌有了很大的改善。

在本次问卷调查中,78%的教师认为自己的班级能在平常的生活环节(如饮水、餐点、盥洗、穿脱衣物、午睡等)让幼儿自主,88%的教师认为自己班级的幼儿能做到自主整理个人物品与玩具。由此可见,幼儿园自主生活教育的实践确实发生了很大的变化。当然,这个美好的数据需要我们客观地看待:第一,参与问卷调查的人数毕竟有限,有可能无法准确地反映真实的现状,比如,西藏自治区只有1份问卷,内蒙古自治区和海南省也只有4份问卷,这说明这些问卷的结果不具有典型性和代表性;第二,教师们所做的选择是否反映了他们真实的教育现场,我们很难把握;第三,教师们对"自主"的理解可能存在差异,也许有些教师认为幼儿自己洗手了就是幼儿自主了,而忽略了幼儿在这个过程中的自我选择、自我管理、自我调控、自我约束的意识和能力。

2. 存在的问题

从本次问卷调查的结果来看,当下幼儿园的自主生活教育仍然存在诸多问题,需要

山东省潍坊市寿光市市直机关幼儿园

每周一是幼儿园的"洒扫日",老师和孩子们齐上阵,大到清扫户外游戏场地,小到擦拭、整理班级的桌椅板凳、区域材料和个人物品;在这样的共同参与中,形成了班级合力,培养了孩子们爱劳动的好习惯和责任感

引起我们足够的重视和反思。

（1）自主生活教育从理念到实践仍然存在巨大差距

在本次问卷调查中，有一个问题是关于"六一"国际儿童节的，有33%的教师反映刚刚过去的儿童节庆祝活动是教师组织的全园文艺表演。试问：教师绞尽脑汁设计、幼儿疲于排练的一台节目，虽然最终看起来华丽又热闹，但是到底娱乐了谁呢？在这样一台节目中，幼儿在哪里？他们的快乐在哪里？幼儿的自主性、学习与发展又体现在哪里？……问卷调查中的这个问题表面上是在了解幼儿园的儿童节怎么过，其实反映的是教师如何看待儿童和儿童的主体性。

孙云晓在《把儿童节交还给儿童吧》一文中强烈呼吁让儿童过一个快乐的儿童节——"儿童究竟需要什么样的儿童节？据对中小学生的多项调查发现，儿童对活动最主要的要求，一是快乐，二是自主。快乐与自主是相辅相成的关系。儿童的活动就要充分体现出儿童的自主性""把儿童节还给儿童，就是把快乐和自由放在儿童的手心"。尽管孙云晓谈的是中小学生的儿童节，但他的观点同样适用于幼儿园的孩子。如何过"六一"国际儿童节，检验的是我们所有人的儿童观和教育观，给予幼儿自主选择、自主参与的权利就是对幼儿主体性的认可。那些打着"培养幼儿自信心""展示每个幼儿的才艺"的口号而设计的节目，往往把幼儿当成了宣传幼儿园、装扮幼儿园的"工具人"。

尽管97.45%的幼儿教师认为有必要开展自主生活教育，但是33%这一数据让我们看到了理念与实践之间的巨大差距，这值得我们好好反思。幼儿教育改革之路需要我们所有幼教人脚踏实地，只有这样才能真正实现幼儿自主而美好的生活。

（2）幼儿生活的圈子很小，幼儿园像陶行知所批判的"鸟笼"

当我们谈自主生活和自主生活教育的时候，它们涵盖与幼儿的美好生活有关的所有活动，包括游戏与学习，也包括走出幼儿园，走进更广阔的自然与社会。幼儿园教育不应该把幼儿关在幼儿园里进行教育，应该让幼儿有更多的机会与周围的自然、社区、机

我们不应把幼儿关进"鸟笼"进行教育，大自然、大社会会给予孩子们童年最好的滋养

构、场馆等接触，以丰富幼儿的生活，成就一个有良知、有担当的社会人。

在本次问卷调查中，当被问到"你的幼儿园（班级）上学期是否外出游玩过（如春游、逛公园、去果园采摘等）？"时，38.96%的教师回答说"一次也没有"；同样地，面对"你的幼儿园（班级）上学期是否外出参观过（如参观博物馆、美术馆、科技馆、商店、蛋糕店、图书馆、老人院等）？"这一问题，回答"一次也没有"的教师占比为59.37%。

20世纪，陶行知曾批评当时的学校关起门来办学，就像是封闭的"鸟笼"，所以他倡导"生活即教育""社会即学校"。陈鹤琴也强调幼儿教育应该是"活"的，应该以大自然和大社会为中心建构"活课程"。可是，在近一个世纪后的今天，我们的很多幼儿园仍然封闭起来只管教孩子"念书"，老师们变成了"教书匠"，孩子们变成了"读书郎"，幼儿园变成了"鸟笼"——越来越豪华的"鸟笼"。

（3）**看重教学，忽略生活的意义，生活并没有进入幼儿园课程之中**

在我国幼儿园教育实践中，长期存在一种比较偏狭的课程思想，即只把教学和教材当成课程。教师的教研活动也聚焦于研课，无论是哪一层级的评比都落脚在评教师的教学活动上面，如"优质课""示范课""评比课"等。虽然伴随自主游戏的开展，"以游戏为基本活动""游戏是幼儿园重要的课程组成部分"等理念越来越深入人心，但是，教师们对于幼儿园生活和生活的意义仍然缺乏足够的认识，对于幼儿园自主生活教育也缺乏足够的重视和研究。

（4）**在生活技能学习中注重"训练""整齐划一"，忽略了幼儿的自主性**

毋庸置疑，自主生活需要幼儿掌握一些基本的生活技能，例如，穿脱衣服，系鞋带，使用筷子、勺子进餐，排队时不拥挤、不争抢，使用玩具或器械时保护自己又不伤害别人，游戏结束后整理玩具和材料等。但是，如何引导幼儿学习并掌握这些技能，就需要教师运用一定的智慧了。在当下的幼儿园教育实践中，存在教师机械训练孩子或运用简单粗暴的比赛训练孩子掌握生活技能的现象。这些训练缺乏温情和智慧，教师只追求整齐划一的结果，忽略了幼儿是独立、有主见、有情感、需要呵护的个体，并且幼儿的发展存在巨大的个体差异。更甚者，有些教师会运用显性的强硬手段（如朝幼儿喊叫、威胁幼儿、剥夺幼儿的游戏机会等），或隐性的控制手段（如选择性做出反应、表扬听话的幼儿、不理睬或孤立不听话的幼儿等）让幼儿听话，不给老师增添麻烦……所有这些现象都值得我们反思。幼儿教师的工作不易，用心、用情、用智慧才能真正做好幼儿教育。

> **案例　赶紧吃！赶紧吃！**[①]
>
> 笔者曾在一所幼儿园设计了一个情境活动。午餐时间，园长通知全园教师带饭到会议室集合。大家以为要聚餐，欢声笑语，一片热闹。园长一句话让会议室瞬间

[①] 节选自"中国教育报学前教育周刊"微信公众号2021年1月25日发表的文章《生活活动知易行难，这些错你犯过吗？》，案例题目为本书作者添加。

安静下来："别说话，赶紧吃！"大家面面相觑，有两位教师窃窃私语："园长要干什么？"没想到马上被批评："你俩不要说话！"很快，有人吃完了，园长说："吃完的老师到这里来，没吃完的老师快点儿。"大家赶紧将饭扒到嘴里。

上面的场景和很多幼儿园的进餐环节是不是很相似？随后，园长又问了一连串问题："刚才的饭吃得舒服吗？吃饭时听到催促是什么感受？你在组织幼儿进餐时也用类似的语言吗？幼儿会有什么感受？还有哪些生活环节存在类似问题？"大家恍然大悟。

上述案例中描述的情境几乎在每所幼儿园都多多少少存在。因为吃完饭还有其他的事情要做，所以教师会不断地催促幼儿。对于这样一些习以为常的现象，教师们经常进行反思是非常有必要的。

仓桥物三在《幼儿园真谛》一书中写道："当教育对象是幼儿时，是以成人的目的为主将幼儿的生活套入其中，还是以幼儿的生活为主，慢慢地、谨慎地向目标的方向循循善诱，这一区别是十分重要的问题。"① 是的，当我们仅仅关注成人的目的和"整齐划一"、看起来很"美好"的结果时，就很容易不自觉地采用胁迫、利诱（如奖励小贴纸等）等不适宜的手段给幼儿施加压力。教育的目的是帮助幼儿自我成长，而不是把他们圈在教育的框架里训练他们成为"工具人"。

（5）以爱和效率为名的包办和控制在一日活动中随处可见

幼儿园一日生活内容丰富，通常包含游戏、生活、教学和运动四个模块，而每一个模块又有很多细致的分类，比如，生活模块包括入园、离园、盥洗、饮水、餐点、午睡、整理等很多活动内容。教师包办代替和高控占比最高的部分，往往是生活环节的活动，原因如下。

第一，很多教师仍然认为爱幼儿就是帮助幼儿做事，要对幼儿细致、周到、体贴，比如帮助幼儿穿脱衣服、整理玩具、在离园前收拾个人物品等。第二，在某些幼儿园，保育员承担了所有的保育工作，教师只负责组织幼儿在室内上课、在户外进行体育锻炼，

山东省潍坊市寿光世纪幼儿园　　　山东省潍坊市寿光世纪幼儿园

伴随年龄的增长，幼儿可以独立做很多事，教师只有信任幼儿有能力做到，才会放手、欣赏、等待而不催促

---

① 仓桥物三. 幼儿园真谛［M］. 李季湄，译. 上海：华东师范大学出版社，2014.

保教分离,导致了保育员的更多包办代替。第三,追求效率,赶时间。有些幼儿园的一日生活环节细碎又繁多,甚至有的幼儿园一天有20多个环节,且每个环节都有具体的时间限定,管理人员会根据日程表进行巡班和考核,由此导致教师催促幼儿或者直接代替幼儿做事,而忽略了幼儿在其中的主体性体验和主体性发展。

案例　穿雨鞋

在一次小班户外野趣活动中,因为下雨需要孩子们穿雨衣雨鞋,所以主班老师负责整理队伍并和孩子们讲解注意事项,保育员则去材料区把雨鞋拿出来,然后对身边的孩子说:"你们排队坐好,我来帮你们穿鞋。"她一边给孩子穿雨鞋,一边时不时地看着其他孩子说:"你们坐在那里等我,我一会儿就会帮你们穿好。"说完,她用袖子擦了擦额头的汗水加快了手里的速度,继续帮孩子们穿雨鞋。主班老师和配班老师则在给孩子们演示怎么穿雨鞋和雨衣。

班级保育老师积极热心的工作态度虽然值得肯定,但是她的"周到热心"已经无形中剥夺了孩子们学习、锻炼的机会。"穿雨鞋"事件也让我们发现班级三位老师存在教育理念不统一、活动中不协商不交流的问题。"一日生活皆教育",如果前期三位老师能做好沟通,或许她们在处理一些突发问题时就会不盲目、不慌乱、不简单粗暴,也不会包办代替。

受此事件的启发,三位老师通过教研活动协商、制定了班组活动规则(见图1.1),即:事前3分钟,共同协商和计划;事发慢30秒,停一下,不着急,观察后多思考;事后3分钟,主动反思与反馈,以总结经验和教训,提高教育实践智慧。

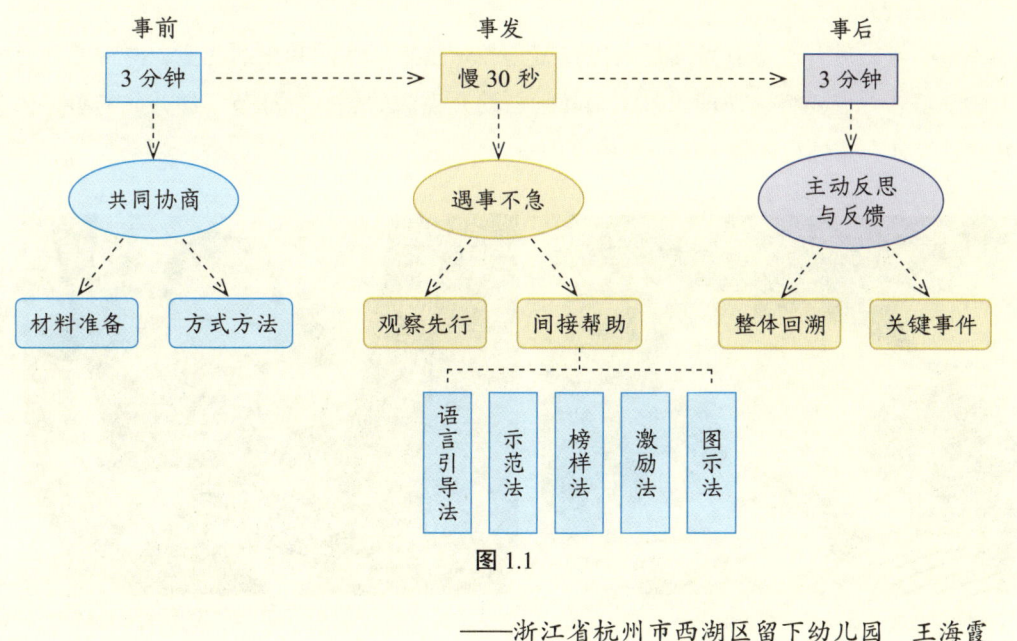

图1.1

——浙江省杭州市西湖区留下幼儿园　王海霞

实践链接：对照前面谈到的五方面问题，请幼儿园管理者组织老师们反思自己的生活教育实践是否存在这些问题、原因是什么以及突破的对策有哪些。

（二）面对的挑战

除了以上问题外，在幼儿园实施自主生活教育，我们还将面临诸多挑战。

1. 不同地域、不同年龄的教师对"好生活"的理解存在差异

幼儿园自主生活教育的最终目的不是仅仅教会幼儿穿脱衣服，提高其生活自理能力，而是期待在自主理念的引领下，教师可以重新看到生活的意义，和孩子们一起追求美好的生活，让每一个幼儿都终生拥有向上、向前、向美好生活靠近的意识和能力。但是，在当下的幼儿园里，因为教师的年龄和个体经验不同，对于生活和教育的觉知不同，所以必然会在很长一段时期内对自主生活教育有不同的认识，甚至是认识误区。就拿"六一"国际儿童节组织幼儿"吃大席"来说，在笔者看来，教师并不是故意要制造什么戏剧效果，而是真的认为这就是幼儿园节日的最好样子。

2. 在幼儿园的集体生活中保障每个幼儿的独立自主是一个不易逾越的难题

多年来，在公办幼儿园中，两名教师（在一部分乡镇幼儿园班级中仅有一名教师）往往要面对班级 30 多个幼儿，对他们来说，最轻松的管理方式就是让幼儿听话，严格执行教师的指令，统一行动。所以，在过去的很多年里，某些幼儿园的所谓"好老师"就是能管住孩子的老师。

近些年，教育改革取得的最大进步就是教师越来越认同和接纳儿童，并视之为有能力的学习者。但要将这种理念落实到教师与幼儿生活的每一个环节，却并非易事，因为教师始终处在兼顾集体与个体的矛盾之中。

山东省潍坊市寿光市直机关幼儿园

山东省潍坊市寿光市直机关幼儿园

在幼儿园的集体生活中尊重每一个幼儿自主的需求并非易事，需要教师放下对"教"的执着和权威，真正走近每一个幼儿，学会倾听和欣赏他们

3. 家长对幼儿学习的单向度追求给教师带来了压力

家长对幼儿学习的单向度追求一直是幼儿教育面临的压力，这导致我国幼儿教育在很长一段时间内存在"小学化"现象。幼儿教育不可能存在于真空之中，幼儿园的办园目标、培养目标、课程设置、教师的教育教学行为等都受到社会观念和家长育儿理念的影响。所以，在幼儿园自主生活教育中追求什么样的目标、教师以什么样的态度与幼儿互动、如何把生活融入幼儿园课程等问题，仍需要各幼儿园的管理者与教师深入思考。

4. 上级各部门的评估和指导具有加压与解压的两面性

幼儿园是个小单位，却要承担众多的责任。当下幼儿园负担重、教师事务性工作繁多，已经是全社会热议的话题。对于这个问题，我们需要辩证地看待：一方面，幼儿园的办园行为必须规范，幼儿园保教质量和幼儿生活质量的提升也需要得到各方面的指导和引领；另一方面，太多的行政干预可能会带来一些负面结果。比如，幼儿园疲于迎接检查、评估和展示，不仅无法静下心来进行课程研究和园本教研，也忽略了幼儿的主体体验和生活质量，甚至有些幼儿园把幼儿当成"工具人"来演戏。另外，来指导的领导和专家太多，观点不一致，也会导致幼儿园教师无所适从。

为促进高质量幼儿园建设，教育部和各省市教育厅、教育局都出台过一系列文件，这是非常必要的规范和引导。为使这些好的理念转化为幼儿园的教育实践，各地市教育局也会组织各种项目的指导、督查、展示活动，这也是有必要的，只是需要适宜和科学。

本 章 小 结

本章核心内容如下。
- 广义的生活是指生物（这里主要是指人类）为了生存和发展而进行的各种活动。本书我们所谈的生活是指影响幼儿感受、体验和发展的园内外所有活动。生活与教育是一体两面的关系，教育来自生活，也是为了儿童能过向前、向上更美好的生活。所以，过美好而有意义的生活即是最好的教育，我们应该为了生活、基于生活构建幼儿园课程，同时应重视保教合一的教育原则，保障每个幼儿享受童年的美好生活。
- 童年期的自主性发展对每个人而言都具有重要意义，所以，幼儿教师应该把自主的理念落实到幼儿的一日生活中。自主生活与自主游戏、自主学习同等重要，自主的生活会带来安定感、掌控感、幸福感和归属感，它是幼儿园生活教育的关键，直接关系到我们培养什么样的人的核心问题，也直接关系到幼儿童年的幸福和一生的发展。

- 从我国近 20 年来颁布的一系列政策性文件可以看到教育改革的基本趋势，看到幼教界已经形成的教育共识，从幼儿自主性发展和自主生活教育的视角来看，主要表现在以下几个方面：愈加关注幼儿的身心健康，强调遵循规律科学保教；愈加重视幼儿自主性与自主生活能力的培养；愈加重视幼儿通过亲身感知、体验和操作提升自身能力；愈加关注良好的师幼关系和班级氛围的营造。
- 伴随基础教育改革的推进，我国幼儿园的自主生活教育实践出现了很多可喜的变化，比如，绝大多数幼儿教师已经认识到自主生活教育的必要性，幼儿园自主生活教育的实践也有了极大的改变。但存在的问题也很多，比如：自主生活教育从理念到实践仍然存在巨大的差距；幼儿生活的圈子很小，幼儿园像陶行知先生批评过的"鸟笼"一样；看重教学，忽略生活的意义，生活并没有进入幼儿园课程之中；在生活技能学习中注重"训练""整齐划一"，而忽略了幼儿的自主性；以爱和效率为名的包办和控制在一日活动中随处可见。

山东省济南市童林堡幼儿园

第二章

来自优秀教育思想的启示

和平学园的故事

1930年，全国乡村教师讨论会在南京晓庄学校举行，陶行知先生在演讲中讲了一个和平学园的故事。因为干旱没水吃，和平学园自己挖掘了一眼井，也贡献给全村共享。但不久就出现了两个问题：（1）水井每天出水200担，不够全村用，大家只好起早去取水，结果一个比一个早，到天亮时已经没水可取了；（2）大家都急迫地想取水，围着的人多，争先恐后，有时甚至会用武力解决，出现打斗事件。

按照一般做法，学校会赶紧出个告示，用学校的权力来解决纷争问题，陶行知先生说如果这样做，那就是"学校即社会"的观点体现，而和平学园秉承的是"社会即学校"的生活教育理念，他们觉得这件事与全村人有关系，就应该让全村人来解决。于是，他们召集了一个村民大会，一共有六七十人参与，既有年龄很大的老婆婆，也有很多小学生、师范生。大家公推一名十几岁的小学生当主席，陶行知先生和许多师范生组成一个智囊团辅助他、指导他。

经过几轮商讨，大家共同议定了几件事。

（1）水井每天休息10小时，下午7时至次日早晨5时不许取水。违者罚大洋一元，充修井之用。

（2）每天取水，先到先取，后到后取。违者罚小洋六角，充修井之用。

（3）公推刘君世厚为监察员，负执行处分之责。

（4）公推雷老先生为开井委员长，筹款加开一井，茶馆、豆腐店应多出款，富户劝其多出，于最短期内由村民团结的力量，将井开成。

——改编自陶行知的《生活即教育》[①]一文

现在看来这个故事很简单，但它发生在20世纪20年代中国的农村和学校，却让人震撼。在这个故事中，我们既能看到陶行知对于杜威倡导的"教育即生活""学校即社会""从做中学"理论的感悟与思考，也能看到他倡导的生活教育理念——"生活即教育""社会即学校""教法学法做法合一"的生动而具体的展现，让我们每一个教育工作者感动的同时深刻反思。在教育内卷日益严重、学生日益被困在学校里读死书的当下，回眸看，国内外有

[①] 陶行知. 生活即教育[M]. 武汉：长江文艺出版社，2021.

很多先进的教育思想值得我们好好学习，回归教育的原点思考如何突破当前教育的困境。

本章中，我们基于幼儿园自主生活教育的需要，结合幼儿教师的专业特点，重点选取杜威、陶行知、陈鹤琴、张雪门、蒙台梭利、斯坦纳和华德福的教育思想进行介绍，希望大家可以从中汲取精华，开拓自己的思路，反思自己的教育实践，从而确立和践行自主生活教育的理念，引导每一个儿童成长为幸福快乐、有自信心、有掌控感、有责任感、有能力的人。

一、杜威实用主义教育理论的启示

约翰·杜威（1859—1952）是美国著名的哲学家、教育家、心理学家，实用主义集大成者。杜威一生推崇民主制度，强调科学和民主的互补性。杜威的教育思想深受实用主义哲学的影响，强调教育必须面向社会需求，培养学生的社会适应能力。

1894—1904 年，杜威在芝加哥大学任教，他认为当时的教育方法与儿童的心理不协调，决定将自己的哲学和教育理论付诸实践。1896—1903 年，杜威创办了芝加哥大学附属实验学校（也被称为"杜威学校"），将其作为自己的教育理论的实验基地，践行教育革新的思想。

1904 年，杜威转到哥伦比亚大学任教，一直到 1930 年退休。在哥伦比亚大学任教期间，他曾先后赴日本、中国、土耳其和墨西哥等国访问讲学，考察教育状况，宣传其实用主义教育思想。1919 年，杜威夫妇来到中国，他们在中国旅居两年多，并在 11 省市做演讲 200 多次，系统阐述了他的实用主义哲学思想、教育思想和政治、道德观念等。杜威关于平民主义教育的思想以及他反对传统教育对青少年的束缚、禁锢，主张儿童个性的自由发展、教学的民主、受教育权的扩大、学校的民主管理等，正适应当时中国知识分子对社会革新、文化革新的追求，推动了近代中国新教育运动。

杜威最具影响力的著作包括《我的教育信条》(*My Pedagogic Creed*)、《儿童与课程》(*The Child and the Curriculum*)、《我们怎样思维》(*How We Think*)、《学校与社会》(*The School and Society*)、《民主主义与教育》(*Democracy and Education*)、《经验与教育》(*Experience and Education*) 等。

（一）主要观点

杜威的实用主义教育思想主要是针对美国因工业革命和南北战争而加剧的个人与社会之间的矛盾、精神文化衰落的现实，以及进而出现的教育与儿童相脱离、教育与社会相脱节等一系列问题提出来的。实用主义哲学是杜威教育思想的理论基础，杜威的哲学与教育思想作为一个庞大的理论体系，涉及个体与教育、民主与社会、民主与教育、个人与社会等多方面的内容，本书仅介绍其与幼儿园生活教育有关的教育思想。

1. 教育即"生活""生长""经验改造"，教育能传递人类积累的经验

"教育即生活""教育即生长""教育即经验改造"，是杜威的"教育本质论"涉及的主要观点。

广义地讲，个人在社会生活中与人接触、相互影响，逐步丰富和拓展经验，广泛习得知识和技能，养成道德品质的过程就是教育。杜威认为，经验的提升和改造能促使个人成长，但必须紧密地和生活融为一体，因而将教育概括为"教育即生活""教育即生长""教育即经验改造"。

（1）教育即生活

"教育即生活"强调教育是生活的过程，而不仅仅是为将来生活做准备的知识和技能学习。杜威在《我的教育信条》中写道："学校必须呈现现在的生活，即对于儿童来说是真实而生机勃勃的生活，像他们在家庭里、邻里间、运动场上所经历的生活那样。"①无论是在家庭中的生活，还是与自然界、与人接触的生活，儿童都可以从中学习各种知识、思想、习惯，这些都是广义上的教育。所以，杜威说最吸引人的是让学校成为儿童真正生活的地方，以帮助他们获得最喜欢的生活经验，并发现经验本身的意义。学校教育要与儿童的学校生活、社会生活及儿童本身的生活相联系，要以现实世界中的儿童为中心，以此为基准对儿童进行智育和德育。另外，杜威将学校教育看作一种生活方式，他提出："教育应该被视为达到并延续美好生活的手段。这种美好的生活对于个人来说是充分的、优雅的、丰富的，对于由个人组成的社会来说，也是美好的。"②

山东科技大学幼儿园
幼儿园教育应该让幼儿享受在园的美好生活

---

① 杜威. 杜威教育论著选［M］. 赵祥麟，王承绪，译. 上海：华东师范大学出版社，1981.
② 郭元祥，胡修银. 论教育的生活意义和生活的教育意义［J］. 西北师范大学学报（社会科学版），2000（6）.

实践链接：按照杜威的观点，教育是生活的过程，而不仅仅是为未来生活做的准备，请你对照杜威的观点反思我们在幼小衔接教育方面存在的焦虑心态。当我们放弃当下生活的价值，一味地追求入学准备够不够的时候，各种"鸡娃"现象就出现了。

（2）教育即生长

"教育即生长"的观点与杜威的教育目的观紧密相关。在《民主主义与教育》一书中，杜威提出："教育的目的在于使个人能够继续他们的教育，或者说，学习的目的与酬报，是继续不断的生长能力。"[①] "儿童期的真正含义就是，它是生长和发展的时期"[②]，而且生长是一个永不停息的过程，与年龄无关；一个人离开学校之后，其学习和生长仍在更广阔的社会生活中继续。

《民主主义与教育》一书中专门有一章就是"教育即生长"，论述了生长的条件、表现及生长与教育的关系。杜威强调，"因为生长是生活的特征，所以教育就是不断生长；在它自身以外，没有别的目的。学校教育的价值和标准，就看它创造继续生长的愿望到什么程度，看它为实现这种愿望而提供方法到什么程度"[③]。虽然生长离不开社会环境，但是生长的首要条件是儿童的"未成熟状态"，这种"未成熟状态"具有无限生长的可能性和发展的意义，而不是以往很多成年人认为的"一无所有"。

在杜威看来，生长体现在身体、知识、能力、道德等多个方面。"儿童是一个有机的整体，包括智力方面、社会方面和道德方面，同样也包括体育方面。"[④] 教育可以使人各方面的能力得到更快的发展，杜威主张所有的教育应该从儿童出发，要遵从儿童的心理结构和特点，充分考虑儿童的需要、兴趣、愿望，但又不能完全放任儿童，要将社会需要和社会利益贯彻到整个教育过程之中，培养儿童的民主观念，使他们成为民主社会前进的推动者。

"教育即生长"的观点是杜威根据当时教育严重脱离儿童的天性这一现实提出来的，他认为当时的教育一味地以社会的、成人的标准去要求儿童，非但无助于儿童的生长，反而会严重损害儿童。生长需要内在和外在两个条件，一定是由内而发的，从儿童的兴趣和需要出发的教育才能真正促进儿童身心的健康发展。

实践链接：杜威强调生长的首要条件是儿童的"未成熟状态"，而这种"未成熟状态"具有无限生长的可能性和发展的意义。请反思，在日常教育过程中你是否经常把幼儿的"未成熟状态"视为缺点而竭力消灭它？期待幼儿尽快成为懂事的"小大人"是对幼儿"未成熟状态"的不尊重。我们要学会"接纳儿童"，接纳他们的"未成熟状态"。

杜威提出的"教育即生长"观点强调生长伴随人的一生，这个观点带给你什么启示？你

---

① 杜威. 民主主义与教育[M]. 王承绪，译. 北京：人民教育出版社，2001.
② 杜威. 学校与社会·明日之学校[M]. 赵祥麟，任钟印，吴志宏，译. 北京：人民教育出版社，2005.
③ 同①.
④ 杜威. 杜威教育论著选[M]. 赵祥麟，王承绪，译. 上海：华东师范大学出版社，1981.

自身生长的意愿与持续生长的能力表现在哪里？

山东科技大学幼儿园
幼儿的生长体现在身体、情感、意志、品德等方方面面

（3）教育即经验改造

杜威认为，教育是改造和重构儿童的经验的过程。在学习中，儿童原有的经验会被改造和重组，形成新的经验结构。教育应该以儿童的经验为基础，教学内容和方法应建立在儿童现有经验的基础上，通过改造和重构经验的过程，培养儿童不断获取新经验和应对新情况的能力。

杜威在阐述新教育实践的教育哲学时，曾明确主张儿童"通过经验学习，反对从教材和教师那里学习"[1]。这个观点并不意味着杜威反对学校中的教师给予儿童任何指导，相反地，他认为"基于个人经验的教育可能意味着成年人和儿童之间更多样化和更亲密的接触，结果是儿童会得到别人更多的而不是更少的指导"[2]。不难理解，杜威反对的是旧教育中普遍存在的外部灌输现象，他认为"教育者不必采用强迫灌输的方式就可以对年轻人的经验给予指导。教育者的主要职责是，不仅要了解通过塑造环境条件来形成实际经验的一般原则，而且要具体地认识到哪些环境有利于儿童获得引起生长的经验。总的来说，他们应该知道如何利用现存的自然和社会环境，并从中获取一切必需且有利于构建有价值的经验的东西"[3]。

经验应具有连续性。杜威认为教育的目的就在于使儿童获得这种连续性的经验，正所谓发展不是儿童头脑中生长出某种东西，而是经验的发展与优质经验的获得。"从某种

---

[1] 杜威. 经验与教育［M］. 盛群力，译. 北京：中国轻工业出版社，2016.
[2][3] 同[1].

意义上讲，每种经验都应提供某些借鉴，使人能做好准备去获取之后更深刻、更广泛的经验。这就是经验的生长、经验的连续性和经验的改造的含义。但是，如果认为，仅仅因为可能在未来的某个时候有用，就去教授或学习一些算术、地理、历史方面的知识，那么这种理解就是错误的；如果认为，在某种情况下获得的一些阅读技能和计算技能，在相当不同的情况下，也将会自然而然地做好正确而有效地运用它们的准备，那么这种理解也是错误的。"[1]

交互作用是经验的另一个特征。"经验总是个体与形成他的环境之间发生交互作用的产物"，通过塑造环境条件来形成实际经验是杜威一直强调的，这个环境是指与个人的需要、愿望、目的及能力等发生作用以产生经验的所有条件。

连续性与交互作用这两个特征是密不可分的，它们纵横交错、环环相扣，也可以说，它们是构成经验的纵横两个方面，也是衡量经验的教育意义和价值的重要标准。

山东科技大学幼儿园　　　　　　　　　　　　　　　　　　　　山东省淄博市齐丰幼儿园

教育者的职责之一就是创设有利的环境来帮助幼儿习得各种各样的经验

实践链接：杜威强调经验的连续性与交互性，从连续性来看，幼儿园教育应该注重课程的建设，以利于幼儿经验的持续扩展与深化；从交互性来看，幼儿园教育应该注重环境的创设，以利于幼儿自主地从环境中汲取经验。请你对照这两点反思自己近一个月来的教育教学是否关注了幼儿经验的连续性，自己班级的环境是否有助于幼儿与环境的交互作用以获取经验。

2. 学校即社会

人与动物不同，人的生存环境从一开始就具有社会性，儿童只有不断地认识社会、接受社会规范、融入社会生活才能得到更好的发展。人类社会的延续和发展离不开种族经验的传递与更新，这就意味着要让年轻一代掌握、保存并发展社会文明的成果，最终促进社会的进步与发展。杜威认为人类文明成果太过复杂，不能被儿童全部吸收，所以

---

[1] 杜威. 经验与教育[M]. 盛群力，译. 北京：中国轻工业出版社，2016.

学校需要提供一个简化的环境，尽可能地排除现存环境中的不利因素。另外，"学校环境的职责就是使社会环境中的各种成分保持平衡，使每个人都有机会免受其所属社会群体的限制，并和更为广泛的环境建立生机盎然的联系"①。

在杜威看来，人们在社会中参加真实的生活，才是身心成长和经验改造的正当途径。所以，教师要把教授知识的课堂变成儿童活动的乐园，引导儿童积极自愿地投入活动，从活动中不知不觉地获得知识、习得品德，实现生活、生长和经验改造的目的。杜威认为，学校是一个小型社会，在这个小社会中，儿童通过实践学会如何促进自己的生长、别人的生长和整个社会的生长。儿童只有在学校中学会了适应社会的本领，走上社会后才能更好地适应社会、服务于社会。

简单地讲，杜威的"学校即社会"理论强调以下几点。

* 学校应承担传递社会文明的职责。
* 学校应根据儿童的发展需要，净化和简化社会环境，创造一个更加广阔、更加平衡的学校环境，使其更有利于未成年人的成长。
* 学校就是一个小社会，应该遵循民主运作原则，尊重每个成员，采取参与式管理方法，像一个民主社会。
* 学校不应与社会隔绝，学校应反映社会生活，教育内容应具有社会性。
* 在社会中参加真实的活动是儿童身心成长和经验改造的必由之路。
* 学校的集体生活所采用的协同形式更有利于儿童实现生活、生长和经验改造的目的。

四川省绵阳市花园实验幼儿园
体验真实的生活是幼儿获得经验的重要路径

---

① 杜威. 民主主义与教育[M]. 陶志琼，译. 北京：中国轻工业出版社，2014.

实践链接：杜威的"学校即社会"观点强调学校不能脱离社会而存在，应该承担传递社会文明的责任，并引导儿童参与实际的社会生活。从这个意义上讲，幼儿园开展国学教育教学活动是应该的，但教师还需要辩证地思考如何处理尊重传统文化与尊重儿童发展特点和个性等问题。

3. 儿童中心论

杜威所有的教育理想就是创建一个民主主义社会，但是理想的民主主义社会的创建需要破除旧教育的桎梏，解放儿童，培养一代新人才能实现。

杜威认为，传统的美国教育把学校的重心放在教师和教科书上面，与儿童的发展需要和兴趣脱节，"它把原本适用于成人的标准、教材和方法强加到那些正慢慢长大的孩子身上。成人和孩子之间的差别如此之大，因此那些教材、学习方法和行为规范对于孩子已有的能力来说都是很陌生的，其所要求的远远超出了学习者已经掌握的经验。因此，教师只能通过灌输的方式来进行教学，即使是优秀的教师也会使用艺术的手段来掩盖这种灌输，以此减轻它本身明显的残酷性"[1]。

新教育首先要把儿童从"训练""控制"以及"残暴的专制压制"中解救出来，使教育实现重心的转移。"我们的教育中将引起的改变是重心的转移，这是一种变革，这是一种革命，这是和哥白尼把天文学的中心从地球转到太阳一样的革命。这里，儿童变成了太阳，而教育的一切措施围绕着他们转动；儿童是中心，教育措施便围绕着他们组织起来。"[2] 把教育的重心从教师、教材那里转移到儿童身上，这就是杜威倡导的"新教育"或"进步教育"，也就是"以儿童为中心"的教育。

杜威在《经验与教育》一书的第一章《传统教育与进步教育》中明确表达了这种新教育所具有的共同原则[3]：

* 主张学习者个性的表达与培养，反对根据当权者强加的意愿来培养；
* 主张自由活动，反对受学校外部纪律的制约；
* 主张通过经验学习，反对从教师和教材那里学习；
* 主张从切身的重大需求出发来获得技能和技巧，而不是通过机械训练获得孤立的技能和技巧；
* 主张利用当前生活中存在的大部分机会，反对为或多或少有些遥远的未来做准备；
* 主张所学的是一个不断变化的世界，反对固定不变的教学目的和内容。

当然，我们也不能仅从字面上理解杜威的新教育主张：批判传统教育，并非要割裂

---

[1] 杜威. 经验与教育 [M]. 盛群力, 译. 北京：中国轻工业出版社, 2016.
[2] 杜威. 我们如何思维 [M]. 杨绍刚, 刘建金, 译. 北京：中国轻工业出版社, 2017.
[3] 同①.

山东科技大学幼儿园

幼儿教育的中心应该从教材转向儿童和儿童的生活

与过去的一切关系；主张自由，并非不要纪律约束；反对教师和教材对儿童的强加，也只是反对把过去的知识当成教育的终点，一味地灌输给儿童。教师应该学会思考"过去、现在与未来""经验与教育""教师与儿童"这些永恒存在的辩证关系。

实践链接： 杜威的"儿童中心论"提示我们教育的出发点和教育的落脚点都应该是儿童，幼儿园的课程应该以儿童当下的生活、游戏为中心来建构。请你记录自己近期基于班级幼儿真实的生活生成的课程案例，并和其他老师交流，说一说自己的新发现、新感悟。

4. 教材教法：从做中学

基于自己提出的"教育即生活、教育即生长、教育即经验改造"主张，结合芝加哥大学附属实验学校的教育实践，杜威对于中小学教材教法提出了与传统学校截然不同的观点。

首先，在教材的选择上，杜威反对传统教育以系统的文化科学知识的传授为核心，反对把成人和专家事先编写好的教材作为教育的重要内容，认为学校教学科目的真正中心是儿童本身的社会活动，应该把人类社会生活中的各种基本活动或事物引入学校，把儿童的直接经验作为教育的起点。"教育必须以学习者的经验为起点；这种经验和在学习过程中发展起来的能力为所有未来的学习提供了起点。"[1]

其次，在教学方法上，杜威主张"从做中学"，他认为儿童从听课和读书而非活动中

---

[1]《当代教育家》编辑部. 杜威：教育家，更是哲学家［J］. 当代教育家，2022（8）.

广东省广州市华南农业大学幼儿园

儿童的直接经验是教育的起点

获得的知识是虚无缥缈的。杜威提出,儿童在进入学校以前就用手、眼和耳来学习,他们是从做事中理解意义的。比如,一个放风筝的男孩,一定会注意放风筝时线对手部施加的不同压力。所以,知识不应该远离行动,学校教育必须重视让儿童"从做中学"。"从做中学"体现了杜威重视实践的教育思想,也奠定了现代教育改革的基本方向。

实践链接:对照杜威关于教材教法的观点反思:你所在的幼儿园是否还仅仅注重某一种教材的学习而忽略了幼儿实际生活的价值?在你的教学活动中是不是还以教师"讲"、幼儿"听"为主?《3—6岁儿童学习与发展指南》"说明部分"强调应"最大限度地支持和满足幼儿通过直接感知、实际操作和亲身体验获取经验的需要",这既吻合了"从做中学"的基本理念,也体现了当代教育科学对于幼儿学习的基本特点的科学认知。

(二)对自主生活教育的启示

杜威的实用主义教育理论在世界范围内产生了很大的影响。从20世纪二三十年代起,陶行知、陈鹤琴、张雪门、张宗麟等我国教育家从杜威的教育理论中获得启发,伴随新文化运动的兴起,开启了我国现代教育改革的浪潮。回顾杜威的实用主义教育理论,我们不难发现，它对于我国当下幼儿园教育和课程改革，包括自主生活教育仍有诸多启迪。

1. 幼儿园教育必须关注幼儿当下生活的意义，而不仅仅着眼于为未来做准备

对儿童来说，接受教育是一个漫长的过程，持续终生。如果我们仅仅考虑幼儿园如何为儿童进入小学做好准备，为他们以后取得优异的学业成绩做好准备，那么我们就很容易忽视他们当下生活的意义。我们应该努力把幼儿园变成吸引儿童真正生活的地方——这就是杜威的"教育即生活"带给我们的重要启示。

2. 尊重幼儿的"未成熟状态"，关注幼儿个体的生长是幼儿园教育的关键

如果我们认可教育是生活的过程，而生活的主要特征是生长，那么幼儿园教育的核心价值就是支持和引导幼儿生长，为幼儿的健康生长提供条件。杜威认为生长的首要条件是"未成熟状态"，这种"未成熟状态"具有无限生长的可能性和发展的意义，不是"一无所有"，更不是需要成人扭转的弊端。成人在潜意识里普遍感觉自己比幼儿懂得多，因此很容易产生"改造幼儿"的想法，一味地让幼儿"听话"就是这种心态和认知的反映。"尊重幼儿"不应该是一个口号，而应该是实实在在对幼儿"未成熟状态"的接纳和尊重。

3. 摈弃说教，支持幼儿从做中学，从经验中学习和成长

自主生活教育是日积月累的生活过程，需要幼儿亲身经历和体验，正如杜威所说"通过经验学习，反对从教材和教师那里学习"。在过去很长一段时间里，我们的教育对教师和教材过度依赖，说教成为教育的常态，忽略了幼儿是主动的学习者，他们会通过

山东科技大学幼儿园
儿童期的"未成熟状态"具有重要意义

环境、互动、体验和操作持续地获得经验和成长。所以，幼儿园自主生活教育应该创设适宜的环境，提供充分的条件，支持和引导幼儿通过自己的感知、体验、操作获得并拓展经验。

4. 参加真实的社会生活是幼儿园自主生活教育的重要环节

杜威"教育即生活""学校即社会"的观点启发我们思考幼儿园教育与社会的关系。无论是良好品德与习惯的养成，知识、经验的丰富与拓展，还是生活技能的提升，幼儿都不可能通过单纯的书本学习来实现。所以，我们需要改变对教育的狭隘观念，引导幼儿关注和参与实际的社会生活，让学习过程转变为积极的生活体验和愉快充实的生活过程，达成生活、生长和经验改造的目的。

木工体验活动

山东省济南市槐荫区泉景嘉园幼儿园

制作桂花冻活动

山东省济南市槐荫区泉景嘉园幼儿园

二、陶行知生活教育理论的启示

陶行知（1891—1946）原名陶文濬，因认为"行是知之始，知是行之成"改名为陶行知。1914 年，陶行知以总分第一名的成绩毕业于金陵大学，随即赴美国伊利诺伊大学攻读政治学硕士学位，1915 年硕士毕业后赴美国哥伦比亚大学师范学院研究教育，师从杜威、孟禄（Monroe）、克伯屈（Kilpatrick）等进步主义教育大师，这段学习经历为其日后形成自己的教育理论打下了扎实的基础。

1917 年，陶行知回国后，任南京高等师范学校教授、教务主任等职，在"五四运动"后从事平民教育运动，之后创办晓庄试验乡村师范（南京晓庄学院前身），开创中国乡村师范教育之先河。1939 年，他在重庆开办育才学校，践行生活教育的理念。陶行知的教育理论成果丰厚，为世人留下 500 余万字的各类文字成果，包括《中国教育改造》《中国大众教育问题》等多部著作。

陶行知被誉为中国现代伟大的人民教育家、杰出的民主战士和优秀的大众诗人。陶行知的一生是在生灵涂炭、国家多难、民族危机中度过的，但他始终以坚强的意志站在民族独立、民主运动的最前列，以"捧着一颗心来，不带半根草去"的赤子之心，与劳苦大众休戚与共，为人民教育事业、为中国的民族解放和民主斗争鞠躬尽瘁、奋斗终生。

（一）主要观点

生活教育理论是陶行知教育思想的核心。简单地讲，生活教育就是给生活以教育，用生活来教育，为更美好生活的需要而教育。生活与教育的关系可以解释为：生活决定教育，教育要通过生活才能发生效力进而成为真正的教育。陶行知生活教育的主张主要包括三点：生活即教育、社会即学校和教学做合一。

陶行知生活教育理论的形成受到了杜威实用主义哲学和教育思想的深刻影响，同时，陶行知又立足于中华民族土壤（王阳明等思想家对陶行知思想的塑造也有着奠基性的意义），基于中国社会现实和教育发展的实际问题，取杜威思想之精华，创生了本土的生活教育理论。也正是由于当时中国的羸弱和内忧外患，使得陶行知决心改革旧教育，用普及教育和科学的方法来解决社会问题。生活教育理论既是其教育实践的理论升华，也在很大程度上指导着生活教育实践，二者形成了双向滋养和相互生成的关系。

1. 生活教育三大原理

生活即教育、社会即学校和教学做合一是陶行知的生活教育三大原理。

（1）生活即教育

陶行知把杜威的"教育即生活"观点翻了个筋斗，成为"生活即教育"。这当然不是在玩文字游戏，而是陶行知出于对改造旧中国教育和解放人民的使命感与科学认知提出来的。他认为，"传统教育，是吃人的教育；生活教育，是打倒吃人的教育"[1]。传统教育让学生不动脑、不动手、读死书、死读书，消灭了学生的生活力和创造力，这就是"教学生自己吃自己"[2]；传统教育还教人劳心而不劳力，甚至宣扬"劳心者治人，劳力者治于人"，这不就是明晃晃的"教学生吃别人"[3]吗？

1926年11月21日，陶行知在中华教育改进社特约乡村学校召开的第一次研究会暨乡村教育研究会成立大会上发表了《我们的信条》演讲，初次提出了他的生活教育观点。他说的教育信条共有以下十八项[4]。

一、我们深信教育是国家万年根本大计

---

[1] 陶行知. 生活即教育[M]. 武汉：长江文艺出版社，2021.
[2][3] 同[1].
[4] 董宝良. 陶行知教育论著选[M]. 北京：人民教育出版社，1991.

二、我们深信生活是教育的中心

三、我们深信健康是生活的出发点，也就是教育的出发点

四、我们深信教育应当培植生活力，使学生向上长

五、我们深信教育应当把环境的阻力化为助力

六、我们深信教法学法做法合一

七、我们深信，师生共生活、共甘苦为最好的教育

八、我们深信教师应当以身作则

九、我们深信教师应当学而不厌，才能诲人不倦

十、我们深信教师应当运用困难，以发展思想及奋斗精神

十一、我们深信教师应当做人民的朋友

十二、我们深信乡村学校应当做改造乡村生活的中心

十三、我们深信乡村教师应当做乡村生活的灵魂

十四、我们深信乡村教师必须有农夫的身手、科学的头脑、改造社会的精神

十五、我们深信乡村教师应当用科学的方法去征服自然，用美术的观念去改造社会

十六、我们深信乡村教师要用最少的经费办最好的教育

十七、我们深信最高尚的精神是人生无价之宝，非金钱所能买得来，就不必靠金钱而后振作，尤不可因钱少而推诿

十八、我们深信如果全国教师对于儿童教育都有"鞠躬尽瘁，死而后已"的决心，必能为我们民族创造一个伟大的新生命

从《我们的信条》中，我们可以比较明确地看到陶行知的生活是教育的中心、教学做合一、教育应当培植生活力以及乡村教育和乡村教师应当承担改造乡村社会的责任等观点。

1930年1月16日，在全国乡村教师讨论会上，陶行知做了《生活即教育》的演讲。他首先指出了如何理解"生活"——"有生命的东西，在一个环境里生生不已的就是生活"[①]。他提到了自己的第一套和第二套"生活即教育"的观点。

第一套"生活即教育"观点：

是生活就是教育；

是好生活就是好教育，是坏生活就是坏教育；

是认真的生活，就是认真的教育，是马虎的生活，就是马虎的教育；

是合理的生活，就是合理的教育，是不合理的生活，就是不合理的教育；

不是生活就不是教育；

---

① 陶行知. 生活即教育 [M]. 武汉：长江文艺出版社，2021.

所谓之"生活",未必是生活,就未必是教育。①

第二套"生活即教育"观点:
是康健的生活,就是康健的教育,是不康健的生活,就是不康健的教育;
是劳动的生活,就是劳动的教育,是不劳动的生活,就是不劳动的教育;
是科学的生活,就是科学的教育,是不科学的生活,就是不科学的教育;
是艺术的生活,就是艺术的教育,是不艺术的生活,就是不艺术的教育;
是改造社会的生活,就是改造社会的教育,是不改造社会的生活,就是不改造社会的教育;
是有计划的生活,就是有计划的教育,是没有计划的生活,就是没有计划的教育。②

从第一套观点中,我们可以看到陶行知对生活的教育意义的理解。他认为,离开生活的教育是无意义的,并倡导大家过好的、认真的、合理的生活。在第二套观点中,他的生活教育理论发生了革命性的改变。他认为,教育不应当被动地适应生活,而应该主动地改造和创造生活,要变不康健、不劳动、不科学、不艺术、没有计划的生活为康健的、劳动的、科学的、艺术的、有计划的生活,要通过改造生活来实现改造教育、改造社会的宏大目标。陶行知也的的确确在南京晓庄学校(1928年8月,晓庄试验乡村师范更名为南京晓庄学校)开展了一系列改造教育、改造社会的活动,结果学校被国民政府查封,他也被通缉,不得不流亡海外。

广东省深圳市龙岗区龙城街道公园大地第一幼儿园

在任何时代,游戏都是幼儿最重要的生活内容,是幼儿园好生活的典型代表

---

① 陶行知. 生活即教育[M]. 武汉:长江文艺出版社,2021.
② 同①.

实践链接："好生活就是好教育，坏生活就是坏教育"——来自陶行知的生活教育观点在当今幼儿园里作为一种口号被呼喊，可是要把这样的口号转化为教育实践却是非常艰难的一件事情。在我国幼儿园教育走过的120多年历史中，有经验，也有很多教训。请你跟同事在教研时相互交流一下自己对"幼儿园好生活"的理解，说一说如何做才能过上理想中的好生活。

（2）社会即学校

"社会即学校"与"生活即教育"的理念是相同的。陶行知认为杜威提出的"学校即社会"观点是狭隘的、有弊端的，他打了一个比方："学校即社会，就好像把一只活泼泼的小鸟从天空中捉来关在笼里一样，他要以一个小的学校去把社会上所有的东西都吸收进来，所以容易弄假。社会即学校则不然，他是要把笼中的小鸟放到天空中去，使它能任意翱翔，是要把学校的一切伸张到大自然里去。"① 由此可见，陶行知主张应消除学校与社会、教育与生活相脱节的弊病，既发挥学校推动社会发展的作用，也发挥社会丰富学校教育的作用，把学校办成社会的中心，让师生都能有机会参与社会生活，并在其中学习和成长。

陶行知用"鸟笼"这一形象的比喻说明了"社会即学校"与杜威倡导的"学校即社会"观点的不同。本章开篇的案例描述的就是和平学园秉承"社会即学校"的生活教育理念，让师生与全村人共同协商解决取水纷争，在参与解决社会问题的过程中学习，在学习的过程中改造社会。

实践链接：学前儿童年龄小，不可能完全参与全部社会活动。但从陶行知的"社会即学校"生活教育理念出发，请你跟同事在教研时一起讨论一下小、中、大班幼儿可以参与的社会活动有哪些，以及如何做可以消除家长对于安全的顾虑。

（3）教学做合一

"教学做合一"既是生活教育理论的第三个原理，又是生活教育的教学论，是陶行知针对传统教育中教与学相脱节的现状提出来的。陶行知认为，先生的责任不在于教，而在于教学生学，教的法子必须依据学的法子来。同时，陶行知还批评当时很多教师仅仅是把自己学过的东西拿来教给学生，而不管它们对学生是否适宜。他主张，教师必须不断地研究新学问、求进步，先要学而不厌，才能诲人不倦，达到真正的教学相长。

陶行知在1928年出版的《中国教育改造》一书中，进一步阐述了其"教学做合一"的理论。他这样解释道：

教学做是一件事，不是三件事。我们要在做上教，在做上学。在做上教的是先生，

---

① 董宝良. 陶行知教育论著选［M］. 北京：人民教育出版社，1991.

在做上学的是学生。从先生对学生的关系说，做便是教；从学生对先生的关系说，做便是学。先生拿做来教，乃是真教；学生拿做来学，方是实学。不在做上用功夫，教固不成教，学也不成为学。①

陶行知认为"教学做合一"原理的核心是做，真正意义上的做是指"在劳力上劳心，用心以制力"②，即手脑并用，调动各种感官的参与，努力做到心到、眼到、口到、耳到、手到。同时，他还说："做是发明，是创造，是实验，是建设，是生产，是破坏，是奋斗，是探寻出路。"③如此看来，"教学做合一"契合的就是"生活即教育"的理论，强调的是教育不能脱离社会生活成为教死书的过程，把儿童从死板、严苛的教教材、学教材、考教材的教育中解放出来。

实践链接： 陶行知所倡导的"教学做合一"理论非常贴合幼儿园自主生活教育，因为不论是生活技能的获得，还是生活习惯和品质的养成都需要教师在做上教，需要幼儿在做的过程中学习。以游戏后整理玩具这一良好的生活习惯为例，针对 9 月刚入园的小班幼儿，教师只有和幼儿一起做，才能让他们了解不同玩具的不同整理方法，慢慢养成游戏后立刻整理玩具的好习惯、好品格。正如陶行知所言"教学做是一件事，不是三件事"，教师的教和幼儿的学都需要以"做"为核心才能达成目标。

2. "六大解放"与创造教育

创造教育是生活教育理论发展的一个重要阶段。1941 年 6 月，陶行知在纪念育才学校开办两周年前夕首次提出创造教育的问题，他制定了《育才学校创造年计划大纲》并撰写了《创造年献诗》，拟定了《育才学校创造奖金办法》。他强调，创造教育要注重学生的兴趣，使之"迷"在某种活动中，再根据学生的智力发展，启发引导使之"悟"，还要根据学生愿意帮助别人的倾向，培育其对民族、对人类的"爱"。育才学校的创造教育实践给了陶行知很多启发和鼓励，在刊载于 1951 年 4 月《育才学校》的《创造宣言》中，陶行知提出"处处是创造天地，天天是创造之时，人人是创造之人"④的口号，并强调教育者最大的成功就是创造出值得自己崇拜的人。创造教育理论的提出把生活教育理论推向了高潮，同时也是新中国成立前后一段时间内我国教育理论发展的印证。

陶行知在谈到解放儿童的创造力时提出的"六大解放"思想是创造教育的精华，也是实现创造教育目标的方法，生动形象又具体明确，直击传统教育的要害。

---

① 董宝良. 陶行知教育论著选 [M]. 北京：人民教育出版社，1991.
②③ 同①.
④ 陶行知. 生活即教育 [M]. 武汉：长江文艺出版社，2021.

（1）解放儿童的头脑

陶行知认为，小孩子原本是有创造力的，但是他们的创造力被旧社会固有的迷信、成见、曲解、幻想层层包裹和缠绕起来，所以，要发展儿童的创造力，就得先把这些捆绑儿童的"裹头布"一块块撕下来，把儿童的头脑从迷信、成见、曲解、幻想中解放出来。"如果中华民族不想以三寸金头出现于国际舞台，唱三花脸，就要把裹头布一齐解开，使中华民族的创造力可以突围而出。"①

（2）解放儿童的双手

陶行知认为，人类自从直立行走开始就解放了双手，所以人类能创造工具、武器、文字，并用以进行更高级别的创造。但是中国传统的封建教育对儿童层层施压，"中国对于小孩子一直是不许动手，动手要打手心，往往因此摧残了儿童的创造力"②。他在《手脑相长歌》里这样写道："人生两个宝，双手与大脑。用脑不用手，快要被打倒。用手不用脑，饭也吃不饱。"③ 这首诗形象地呼吁人们要手脑并用，不要让脑力劳动与体力劳动分离，这是培养全面发展儿童、培养儿童创造力的重要路径。

（3）解放儿童的眼睛

传统教育把儿童封闭在书斋里，使其成为"两耳不闻窗外事，一心只读圣贤书"的"书呆子"。陶行知认为，应该让儿童对大自然进行观察，对大社会进行分析，在大自然、大社会的怀抱中学习知识，提升分析问题、解决问题的能力，淬炼意志，陶冶性情，成为改造和建设社会的一代新人。

（4）解放儿童的嘴

中国传统教育一般要求儿童少说话，儿童没有言论自由，成人说什么，儿童就应该听从并照着做，儿童由此养成了盲从的陋习。创造教育则鼓励儿童表达和发问，陶行知在《每事问》中形象地表达了解放儿童的嘴，让其能发问的重要意义，他说："发明千千万，起点是一问。禽兽不如人，过在不会问。智者问得巧，愚者问得笨。人力胜天工，只在每事问。"④ 好奇好问是儿童的天性，也是儿童求知的起点，所以，解放儿童的嘴，鼓励儿童提出问题是创造教育至关重要的一点。

（5）解放儿童的空间

陶行知批评旧中国的学校像个鸟笼，把一群群活泼好动的孩子关进鸟笼里接受教育是一种扭曲，即使改良后的学校比原来大一些，多了棵树，有假山，有猴子陪着玩，也仍然只是一个放大的"模范鸟笼"，不是鸟的家乡，更不是鸟的世界。所以，"我们要解放小孩子的空间，让他们去接触大自然中的花草、树木、青山、绿水、日月、星辰及社会中之士、农、工、商、三教九流，自由地对宇宙发问，与万物为友，并且向中外古今

---

① 周洪宇. 陶行知生活教育导读 [M]. 福州：福建教育出版社，2013.
②③ 同①.
④ 江苏省陶行知研究会，南京晓庄学院. 陶行知文集 [M]. 南京：江苏凤凰教育出版社，2008.

三百六十行学习"①。"扩大了空间，才能各学所需；扩大了空间，才能各教所知；扩大了空间，才能各尽所能。"②

（6）解放儿童的时间

陶行知认为，学校把学生的时间排得太紧是一个很大的弊端，就像一个茶杯，必须有空位方可以盛水。学生白天在学校里由老师督促功课，夜晚回家由家长督促功课，只为考个好分数。陶行知说："考试没有这样重要，更不宜赶，赶考首先赶走了脸上的血色，赶走了健康，赶走了对父母之关怀，赶走了对民族、人类的责任，甚至于连抗战之本身责任都赶走了。最要不得的，还是赶考把时间赶跑了。"③所以，创造教育要为儿童争取时间上的解放，让儿童有时间走出校园到大自然、大社会中去，有时间去观察、发问、思考和生活，只有这样，创造和创造的教育才有实现的可能性。

广东省深圳市龙岗区龙城街道公园大地第一幼儿园

广东省深圳市龙岗区龙城街道公园大地第一幼儿园

解放了儿童，才有儿童的自主生活和儿童的创造

实践链接：请你对照自己的班级实践反思，是否已经实现对幼儿的"六大解放"？是否创设了有助于幼儿创造力发展的物质环境和心理环境？如果没有，请写下自己的行动改变策略。

3. 小先生制

"小先生制"是陶行知为解决当时师资极为缺乏的残酷现实而独创的一种普及教育的方式和方法，是穷社会办教育的一条捷径。1934年，陶行知在上海市宝山县民众教育馆主办的民众教育服务人员训练班开学典礼上做了题为《小先生与民众教育》的演讲，他在演讲中指出："民众教育就是要把教育、知识变成空气一样，弥漫于宇宙，涤荡于乾坤，普及众生。空气是人人需要，人人不可缺少的；教育也是人人需要，人人不可缺少

---

① 周洪宇. 陶行知生活教育导读［M］. 福州：福建教育出版社，2013.
②③ 同①.

的。但要把知识变成空气，最好的办法莫过于小先生制。"[1] "小先生为什么能把知识变得像空气一样普遍呢？因为小先生就是小学生，他早上学了两个字，晚上便可以把这两个字拿去教人，此刻学了一件知识或一种技能，彼时即可以把这一件知识或一种技能拿去教别人，他不像大先生一样要领薪水。所以，我们可以不花经费把教育普及出去。"[2]在陶行知的大力推动下，"小先生制"很快在国内大面积地推广开来，并在新中国成立初期的扫盲运动中起到了很好的作用。

实践链接："小先生制"就是让儿童教儿童。在今天的幼儿园教育教学中，我们仍然可以借鉴"小先生制"，既创设情境让幼儿自发地相互学习，也有意识地引导幼儿相互学习。请你举例说明自己班级中可以借鉴"小先生制"的活动。

（二）对自主生活教育的启示

陶行知的生活教育思想在中国教育史上具有十分重要的地位。它发端于半殖民地半封建的旧中国，酝酿于平民教育运动和民族解放的艰苦历程中。往小里讲，生活教育是要培育一代有灵魂、有思想、有爱国心、有行动力、有生活力和有创造力的公民；往大了说，生活教育是要为半殖民地半封建的旧中国探寻一条解放的道路。

尽管作为一种教育理论，生活教育并不完美，有其历史局限性，但其光芒仍然能照亮今天的我们，对今天的幼儿教育改革有一定的启发作用。

1. 通过提升幼儿园生活质量来提高幼儿园教育质量

陶行知认为生活决定了教育，教育要通过生活才能产生影响力，成为真正的教育。陶行知对于生活与教育关系的阐述让我们清晰地认识到，当下幼儿园教育存在一个很大的弊端就是割裂生活与教育的关系，很多人认为只有教给幼儿知识和技能才叫教育，而忽略了幼儿在园一日生活的质量，忽视了教师与幼儿的共同生活也是很重要的教育，只有提升生活的质量，才能真正提升幼儿园的教育质量。同理，家庭生活质量也决定了家庭教育的质量，提升家庭生活质量不仅涉及吃穿住行等物质生活，更重要的是家庭中温暖、平等、和谐关系的建构和亲子互动的质量。

2. 幼儿园与社会相融，是对教育的解放

一所幼儿园的创办初衷，绝不是把孩子禁锢在幼儿园里代替家长把孩子照顾好，再让孩子学一点东西。这样的幼儿园无异于一个"鸟笼"，只是不同级别的幼儿园，"鸟笼"

---

[1] 朱永新. 生活与教育：朱永新对话陶行知 [M]. 北京：商务印书馆，2021.
[2] 同[1].

的级别不同罢了，或大些或小些，或简陋一点或豪华一点……陶行知倡导"社会即学校"就是要打破"鸟笼"的禁锢，让幼儿园的生活与社会生活相融互通，让幼儿与真实的自然、社会相接触，让学习像自然地生活一样时时刻刻发生。

3. 教育不仅包含教师怎样教，还包含儿童如何学和如何做

当下在谈到教育时，教师依然会很自然地想自己该如何去"教"、如何设计活动，尤其是如何说才能让儿童认真听……陶行知认为，"教学做合一"既是生活法也是教育法。"行是知之始，知是行之成"，这句话教人从源头上追求真理。如此说来，幼儿园自主生活教育的关键是教师的教法应与幼儿的学法相结合以及教法、学法应与做法相结合，在行动中让幼儿手脑并用，调动各种感官参与，做到心到、眼到、口到、耳到、手到，由此达成幼儿身心健康发展和提升生活质量的目标。

广东省深圳市龙岗区龙城街道公园大地第一幼儿园

调动各种感官学习的孩子

4. 信任儿童的力量，让儿童教儿童

虽然陶行知提出的"小先生制"源于国家羸弱、师资匮乏的特殊年代，但是"小先生制"所体现出的对儿童的信任是值得我们学习的。"儿童教儿童"在任何一个时代都一直自然存在着，我们强调的"自主游戏、自主学习、自主生活"的理念就是要信任和保护儿童，让儿童形成自觉的行动力，就像陶行知所言"生活、工作、学习倘使都能自动，则教育之收效定能事半功倍"。

5. 解放儿童才会有创造性教育和自主生活教育

伴随人工智能时代的快速发展，社会对创造性教育的呼声越来越高。陶行知提出的"处处是创造天地，天天是创造之时，人人是创造之人"迄今仍然具有振聋发聩的效力，值得我们好好反思。尊重和保护幼儿的天性，解放幼儿的头脑、双手、眼睛、嘴、空间和时间是幼儿园自主生活教育和创造性教育的行动纲领。创造性教育理念与自主生活教育理念是一致的，创造是儿童的天性之一，是儿童生活和游戏的组成部分，而不是额外的叠加部分。

6. 不盲从和迷信才有教育的创造

陶行知曾在《创设乡村幼稚园宣言书》中批评中国幼儿教育容易害"外国病","我国兴学以来,最初仿效泰西,继而学日本,民国四年取法德国,近年特生美国热,都非健全的趋向。学来学去,总是三不像"。这种"三不像"现象至今在我国的教育中仍然存在。回顾与反思我国120多年的幼儿园教育发展历史,确实在很多时候存在幼儿园盲目崇拜、盲目照搬国外教育思想和课程的现象,甚至在某一时期,幼儿园会因采用某一国外的教育模式或课程而自诩为"高端幼儿园",进而向家长收取更高的学费。

幼儿园教育的改革与发展需要从前人、从国外优秀的教育思想和实践中不断汲取智慧,但不应该是简单的抄袭,否则一定会"水土不服"。时代在改变,环境在改变,教育也必然随之改变。创造性幼儿教育需要每一位幼儿教师扎根于自己的文化土壤和实践土壤,不断地在反思性实践中感悟教育智慧,创造属于自己和孩子的独特生活,这才是真实、有活力、有创造力的园本课程和班本课程。

三、陈鹤琴"活教育"思想的启示

陈鹤琴(1892—1982)是我国著名教育家、儿童心理学家,毕生致力于学前教育研究和实践,是中国现代学前教育的奠基人和开拓者。他于1892年出生在浙江省上虞县,1911年秋考入清华学堂高等科。1914年,他从清华学堂毕业后赴美留学,就读于约翰斯·霍普金斯大学,选择了自己热爱的教育专业。之后,他又进入哥伦比亚大学师范学院学习,获得教育学硕士学位,并转攻心理学博士学位。1919年,他受邀回国任教于南京高等师范学校,从此开始了幼儿教育研究事业并为之奋斗一生。

1903年,湖北武昌蒙养院创建,标志中国真正的幼儿教育开始诞生。但是,一直到20世纪20年代,幼儿教育并不受重视,全国幼稚园数量少,并且普遍存在抄袭日本和西洋、不适合中国国情等问题。陈鹤琴对这种现状痛心不已,他决心探索出一条适合中国国情、符合儿童身心发展规律的中国化、科学化幼儿教育道路。1923年,陈鹤琴任东南大学教授兼教务主任,在南京自己的寓所创办了中国第一所实验幼稚园——鼓楼幼稚园,鼓楼幼稚园的实践探索为他后来的"活教育"思想的形成打下了坚实的基础。

1927年,陈鹤琴与陶行知、张宗麟一同发起成立了我国最早的幼儿教育研究组织——幼稚教育研究会,并创办了《幼稚教育》杂志。1932年,当时的教育部颁发了由陈鹤琴与若干专家共同起草并经过两年试行的《幼稚园课程标准》,这是我国历史上第一个幼儿园教育课程标准,对我国早期幼儿教育质量的提高起到了重要的作用。

1940年,陈鹤琴应江西省教育厅厅长程伯庐之邀来到江西,在江西省泰和县创建了我国第一所公立幼儿师范学校——江西省立实验幼稚师范学校,并任校长,带领师生全面实验"活教育"思想,推进"活教育"实践,传播"活教育"的火种。1941 年,陈鹤琴创办《活教育》杂志。后来,他发表了《活教育要怎样实施的》一文,总结和推广"活教育"的实施经验。

(一)主要观点

陈鹤琴立足于中国社会现状,吸纳现代儿童心理学和教育学的先进理念,扎根于儿童教育实践,探索中国现代幼儿教育的现实之路。他被誉为"中国的福禄贝尔""中国幼教之父",对我国幼儿教育事业的发展贡献巨大。在这里,我们重点介绍陈鹤琴的"活教育"思想。

1. "活教育"的目的论

教育的对象是人,培养什么样的人一直是教育最关注的问题,也是教育核心价值观的体现,它决定了教育的内容和方法。陈鹤琴提出,"活教育"的目的就是"做人,做中国人,做现代中国人"。同时,他还说明做"现代中国人"应该具备以下几个条件。

第一,要有健全的身体

第二,要有建设的能力

第三,要有创造的能力

第四,要能够合作

第五,要有服务的意识和能力

陈鹤琴所说的"现代"是指 20 世纪科学民主的时代,也就是新文化运动之后中国文化和教育改革所追求的新时代,新时代的教育应该培养有民主思想、有科学认知、有时代责任感的新中国人。

实践链接: 培养什么人,是教育的首要问题。我们的教育必须把培养社会主义建设者和接班人作为根本任务,这也是教育现代化的目标。这个目标与 20 世纪陈鹤琴提出的培养"现代中国人"目标有什么异同?作为幼儿园教师,我们应该如何努力才能实现目标呢?

2. "活教育"的课程

传统教育强调"教书"和"读书",陈鹤琴认为书本的教育是"死的教育"。"世间有一种书呆子,不辨菽麦,不分妍媸,这些人并不是因为读了书才变成书呆子,而是因为他们只晓得一味读书,而不去和真正的书——大自然、大社会接触,才变成书呆子的。"[①]

[①] 陈鹤琴. 活教育[M]. 陈秀云,柯小卫,选编. 南京:南京师范大学出版社,2012.

儿童原本是有生命力和生长力的活泼好动的小孩子，所以，"活教育"的课程强调学生应该直接向大自然和大社会学习，"比如讲到鱼，就要让小孩子看到真正的鱼，让他们观察鱼怎样呼吸、怎样转弯、怎样沉浮，让他们自己来解剖鱼体，研究鱼的各部"[①]。陈鹤琴认为，教科书可以有，但应该是与儿童的生活和环境相关联的、活的教科书，"一切的一切都是活的，都是与儿童有密切的关系，有重大价值的"[②]。表2.1对"活教育"和"死教育"进行了对比。

在幼稚园具体实施的"活教育"课程中，陈鹤琴根据幼儿的兴趣和经验将幼稚园开展的常识、游戏、工作、故事、音乐、歌谣等活动统整为科学、安康、社会、艺术、语文五项，它们通常被称为"五指教学法"。五个科目看起来是分开的，但就像人手上的五指一样，其实是血脉相通的。所以，陈鹤琴反对分科教学，倡导整体教学。因为儿童对外界的反应是整个的，儿童的发展是整个的，外界环境的作用也是以整体的方式对儿童产生影响的，所以我们应该将儿童学的东西整个地、系统地教给他们，实施"整个教学法"。在张宗麟等人的协助下，鼓楼幼稚园按时令季节和儿童的实际生活制订课程计划，强调以游戏为主发展儿童的兴趣。陈鹤琴与老师们先后出版了《幼稚园的课程》《幼稚园的设备》等书，发表了《我们的主张》《整个教学法》等文章。1932年，由陈鹤琴主持、根据鼓楼幼稚园课程实验成果制定的全国《幼稚园课程标准》正式颁布实施。

表2.1 "活教育"与"死教育"的详细对照[③]

活教育	死教育
（一）课程	
（1）以大自然、大社会做主要的教材，以课本做参考资料，这是直接的活知识，是直接的经验 活教育：教育实用	（1）以课本做主要的教材，是间接的死知识，是间接的经验 死教育：书本至上
（2）各科混合或互相关联	（2）各科独立而不相联络
（3）不受时间的限制，没有分节的时间表，时间为功课所支配	（3）功课受时间的限制，一节授一课，不管科目的长短，时间一到即需停课
（4）内容丰富	（4）内容简单
（5）生气勃勃	（5）枯燥无味
（6）儿童自己做	（6）现成的，由教师代做
（7）整个的，有目标	（7）片段的，没有系统
（8）有意义	（8）无意义
（9）儿童了解	（9）儿童不了解

---

① 陈鹤琴. 活教育［M］. 陈秀云，柯小卫，选编. 南京：南京师范大学出版社，2012.
②③ 同①.

（续表）

活教育	死教育
（二）教学	
（1）多在户外	（1）整天在室内
（2）领导学生自动研讨	（2）只会照着课本呆讲，学生不懂不问
（3）启发式，诱导式	（3）注入式，填鸭式
（4）自动的	（4）被动的
（5）教儿童	（5）教书
（三）教师	
（1）笑嘻嘻的，和蔼可亲	（1）板着脸孔，威严可怕
（2）声音悦耳	（2）声音粗糙
（3）说话有礼，多鼓励	（3）随便谩骂
（4）低音清晰	（4）大声喊叫
（5）行动轻快	（5）走路拖地
（6）立得笔正，坐得挺直	（6）立起倾斜，坐下驼背
（7）衣履整洁，面目清楚	（7）衣冠不整，头发蓬松
（8）态度从容	（8）脾气暴躁
（9）精神饱满	（9）没精打采
（10）创造能力	（10）模仿
（11）健身	（11）多病
（12）快乐乐观	（12）忧愁悲观
（13）研究精神	（13）苟且因循
（14）乐业	（14）思迁
（15）互助合作	（15）孤独利己
（16）慈爱	（16）冷酷
（17）负责	（17）敷衍
（18）教学有技能	（18）教学呆板
（19）了解儿童心理	（19）不明了儿童心理
（四）儿童	
（1）活泼天真，别出心裁	（1）呆板，不活动的，死读书
（2）自己找材料	（2）模仿
（3）兴趣浓厚	（3）做事、读书毫无兴趣
（4）身体健康	（4）身体软弱
（5）好问好奇	（5）唯唯诺诺
（6）知道求知的方法而活用知识	（6）学了许多死的书本知识而不会应用

实践链接:"教死书,死教书,教书死;读死书,死读书,读书死。"——这是 20 世纪中国旧教育存在的弊端。请你结合自己的教育实践谈一谈当下幼儿园教育中如何避免"教死书"与"读死书"的问题,以及如何结合幼儿生机勃勃的生活建设生机勃勃的幼儿园"活课程"。

3. "活教育"的方法

受杜威"从做中学"思想的影响,陈鹤琴主张"活教育"的方法就是"做中教,做中学,做中求进步"。"活教育"的教学不偏重某一学科的学习,更注重儿童的生活体验,以实物作为研究对象,以书籍作为辅助参考。陈鹤琴尤其强调培养儿童的研究精神,他认为"自动的研究"精神更难能可贵。这种自动研究的精神是儿童原本就有的,成人不应该给予种种限制,而应该给予保护、启发和引导。

陈鹤琴在《活教育要怎样实施的》一文中结合一个研究青蛙的例子对实施"活教育"的四个步骤进行了较为详细的阐述。

"活教育"的教学过程,可以分作四个步骤:一是实验,二是参考,三是发表,四是检讨。每个小朋友都应当有一本他自己的工作簿,在工作簿上编他自己的教材。譬如一个小孩子,他研究一只活的青蛙,这种研究和观察的工作就是第一个步骤"实验"。但是

山东省济南市槐荫区泉景嘉园幼儿园
  儿童具有自动研究的精神

这种实验是不够的，他还需要更多的参考书，什么关于青蛙生活的科学小品呀、故事呀、儿歌呀，他要这一类的书，这是他在做他的"参考"工作，也就是教学过程的第二个步骤。他在参考了这些书之后，可以写一篇关于青蛙生活的报告，或者编一个木偶戏或故事，或者是童话，或者是演一幕自编自导的关于青蛙的小小戏本，这就是教学过程的第三个步骤。在这一步骤之后，老师就和小朋友一起检讨这一个学习过程，这就是第四个步骤了。①

陈鹤琴运用上面的例子向我们形象地解释了"做中教""做中学"的基本方法和过程，"实验—参考—发表—检讨"既是教师教的方法，也是幼儿学的方法。在幼儿园各类活动中，"实验"是幼儿基于自身的兴趣，调动各种感官直接感知物体、获取直接经验的过程。"参考"的媒介过去为书籍，现在既包括各种书籍，也包括各种网络平台。"参考"就是引导幼儿在行动的过程中学习借鉴已有的知识、经验，以丰富自己的头脑，尝试从更多的维度认识和理解物体与现象，探索和解决行动中遇到的难题。我们也可以把这个过程理解为幼儿学习和利用间接经验的过程。"发表"就是鼓励幼儿把获得的经验通过自己个性化的方式表达、表征出来。幼儿可以通过绘画、表演、制作故事书等多种适宜的方式来表达自己的经历和经验，这个过程也有助于幼儿更好地建构自己对世界的认识。"检讨"则是集体的回顾和反思过程，教师和幼儿一起就前面的实验、参考和发表的作品进行讨论、交流。这个过程有助于幼儿质疑与反思意识的形成以及批判性思维的建立，也有助于幼儿通过讨论、交流来学习，并拓展和深化已获得的经验。

实践链接： 陈鹤琴主张的"活教育"方法就是"做中教，做中学，做中求进步"，而"做"的过程一般经历实验—参考—发表—检讨四个步骤，这种理念和方法对于当今幼儿园的教育仍有启示作用。请你结合某个活动案例，谈一谈自己是如何在自主生活教育中创设条件支持幼儿"做中学"的。

4. "活教育"的 17 条教学原则

基于当时最新的儿童心理学研究成果和自己的教育实践，陈鹤琴提出"活教育"应遵循以下 17 条教学原则②，指引教师和家长更好地转变教育理念，践行"活教育"的思想，解放儿童，以教育改革谋求中国社会的变革。

1. 凡是儿童自己能够做的，应当让他自己做
2. 凡是儿童自己能够想的，应当让他自己想
3. 你要儿童怎样做，就应当教儿童怎样学
4. 鼓励儿童去发现他自己的世界

---

① 陈鹤琴. 活教育［M］. 陈秀云，柯小卫，选编，南京：南京师范大学出版社，2012.
② 同①.

广东省深圳市龙岗区龙城街道公园大地第一幼儿园
让儿童自己教自己

5. 积极的鼓励胜于消极的制裁

6. 大自然、大社会是我们的活教材

7. 比较教学法

8. 用比赛的方法来增进学习的效率

9. 积极的暗示胜于消极的命令

10. 替代教学法

11. 注意环境，利用环境

12. 分组学习，共同研究

13. 教学游戏化

14. 教学故事化

15. 教师教教师

16. 儿童教儿童

17. 精密观察

案例　浇水壶不够怎么办？①

播下种子之后，每隔几天我都会带着孩子们一起去给萝卜地浇水，萝卜苗也在

---

① 张俊. 看得见儿童，找得到课程[M]. 南京：江苏凤凰教育出版社，2021.

慢慢地发芽、长大……

一天上午自由锻炼的时候，我像往常一样站在萝卜地旁边的爬网处看护孩子们的安全，看到涵涵拿着水壶来给萝卜地浇水，不一会儿，又来了几个小朋友。

博文："涵涵，能给我用一下水壶吗？我也想浇地。"

蘑菇："我也想。"

涵涵："可我只有一个水壶，你们再去找找，然后我们一起浇水吧。"

没多久，就见蘑菇手里捧着一个锥形的玩沙工具小心翼翼地走过来。原来，蘑菇用玩沙的工具盛了一些水来浇萝卜地。其他小朋友看到蘑菇手里的"水壶"，也都各自找来各种各样能装水的器皿，乐此不疲地接水、浇水。

实践链接："凡是儿童自己能够做的，应当让他自己做"，是陈鹤琴提出的第一条教学原则。请你结合自己的教育实践反思是否践行了这一教学原则，是否仍然存在代替儿童做、代替儿童想的现象。在生活教育中鼓励和支持幼儿自主行动很重要。

（二）对自主生活教育的启示

"活教育"理论是陈鹤琴教育思想的精华，也是他经过长期研究、实践的经验总结。"活教育"理论是一个完整的教育理论体系，既有心理学、教育学、哲学的理论基础，也有具体可行的方法、策略和对教师的指引。虽然"活教育"理论是陈鹤琴针对旧式教育的弊端提出来的，发端于近百年前的旧中国，但对于今天我国的幼儿教育改革仍有重要的启示价值。

1. 培养"现代中国人"的目标与自主生活教育

陈鹤琴提出了培养"现代中国人"的教育目标，而"现代中国人"要有健全的身体、建设的能力、创造的能力、合作的能力以及服务的意识和能力，并非仅仅拥有较高的考试分数就足够。这个目标启发我们去思考当下的幼儿园教育到底要培养什么样的人，才能应对快速发展的科技时代和全球化带来的挑战。要实现中华民族伟大复兴的历史使命，成就十四亿人的"中国梦"，每一个教育人都需要持续思考培养什么人的问题，这既是教育的根本问题，也是教育的出发点和落脚点。

自主生活教育秉承陶行知、陈鹤琴、张雪门等先辈的教育思想，结合我国的教育方针和培养目标，考虑当代社会发展的趋势和历史使命，既要培养具有爱国精神、建设能力、创造能力、合作能力、服务意识与能力的社会公民，也应注重儿童个体的生长力、生活力、自主性、灵动性、完整性的培养，成就"自由而全面发展的人"。

2. 大自然、大社会既是"活教材",也是生机勃勃的生活来源

在《我们的主张》一文中,陈鹤琴提出的两个教育主张是"幼稚园的课程可以用自然、社会为中心""我们主张幼稚生的户外生活要多"①。从课程建设的角度理解,幼儿园应打破封闭的"鸟笼",破除"教死书""读死书"的旧思想,以大自然和大社会为中心建设幼儿园课程,变死的教材(文本)教学为活的儿童的生活。从幼儿生活的角度理解,走进大自然和大社会就是幼儿最有意义和趣味的生活,符合幼儿好奇、活泼、好动的天性。

当下我国很多幼儿园仍然存在注重教材(文本)的教学,忽略幼儿走进自然和社会的现象,割裂了幼儿的学习与生机勃勃的实际生活之间的联系,这值得我们深刻反思。

> **案例　从天而降的影子游戏**②
>
> 早上入园时间小区忽然停电,孩子们大都住在附近的小区,停电意味着住在高层建筑里的孩子们没有电梯可坐,柳柳老师迅速在班级微信群里提醒家长注意安全,不要着急。停电,还意味着多媒体设备和音响都不能使用,教学活动怎么办?班级柳柳老师和小邬老师立刻商量调整课程内容,顺应孩子们的经验、感受和兴趣重新安排。首先是"晨谈活动",老师组织孩子们讨论:早上发生了什么状况?自己是怎样走下楼的?停电的时候,除了不能坐电梯,各种各样的电器会出现什么样的状况?给我们的生活带来哪些影响?……接下来,孩子们又和老师在有点黑的活动室里用手电筒玩起了影子游戏:创意手影、萤火虫游戏(小邬老师用手电筒在奔跑的孩子们的屁股上照出光,孩子们就像萤火虫一样在活动室里"飞来飞去",非常兴奋)。原来停电后的幼儿园生活可以这么好玩啊!

3. "做中教,做中学"是教法和学法,也是知行合一的生活法

无论是陶行知还是陈鹤琴都倡导"教学做合一",并视之为知行合一的路径。陈鹤琴通过研究青蛙的生动案例阐释了"做中教"和"做中学"的基本原理与步骤,值得我们在日常教育教学中借鉴。年龄越小的幼儿,越需要依靠直接感知、亲身体验和实际操作等方式来学习,直接经验的累积有助于幼儿更好地理解和接受间接经验,也有助于他们的学习兴趣和学习品质的培养。自主生活教育更需要教师给予幼儿机会让他们亲自去体验,在自主的感知和操作中获得自主生活的技能和品质。

---

① 柯小卫. "活教育"思想发展的开端:从"陈鹤琴三问"到《我们的主张》[J]. 今日教育(幼教金刊),2022(9).

② 张俊,蔡冬青. 南京鹤琴:一所没有特色的幼儿园[M]. 南京:南京师范大学出版社,2022.

山东省淄博市齐丰幼儿园

动手做，让幼儿在体验和经历中学习

案例　童年里的烟火气[1]

幼儿挑食、厌食引发了老师们的关注，三位老师商量了好几次，决定让孩子们好好感受一下食物是如何"走"上餐桌的，于是开展了"做一顿营养午餐"的主题活动。柳柳老师建议从菜市场开始，孩子们先了解如何买菜，练习买菜时的社交语言，再在家长志愿者和老师的陪伴下自己逛菜市场买菜。逛菜市场买菜的活动让孩子们印象深刻，老师说："这是真正的'满载而归'，他们从菜市场带回幼儿园的，不仅是一袋袋水果、蔬菜，还是一个个体验生活的瞬间。"

4. 鼓励儿童去发现他自己的世界，沉淀自我生长的力量

陈鹤琴始终坚持以儿童为中心，希望在深入了解儿童身心发展变化特点的前提下，尊重儿童的个性发展，使每个儿童都能得到全面发展，这是"活教育"的基石。陈鹤琴批判传统教育把儿童看作"小大人"或不把儿童"当人看"，他认为"儿童不是'小大人'，儿童的心理与成人的心理不同，儿童时期不仅作为成人之预备，也具有它本身的价值，我们应当尊重儿童的人格，爱护他的烂漫天真"[2]。

践行"活教育"就应该培育"活儿童"，成人只有真正懂得尊重儿童、信任儿童，鼓励儿童去发现他自己的世界，儿童才有机会感受到自己的存在，沉淀自我生长的力量，这是自主生活教育的核心。

---

[1] 改编自张俊，蔡冬青. 南京鹤琴：一所没有特色的幼儿园 [M]. 南京：南京师范大学出版社，2022.
[2] 陈秀云，陈一飞. 陈鹤琴全集：第一卷 [M]. 南京：江苏教育出版社，2008.

山东科技大学幼儿园

幼儿教师应当尊重儿童的人格，爱护他们的烂漫天真

四、张雪门行为主义课程理论的启示

张雪门（1891—1973）是我国著名的幼儿教育家、现代中国幼儿园课程理论的主要奠基人之一。他一生潜心研究幼儿教育，借鉴杜威的实用主义教育理论、中国传统的知行合一学说及其他理论，形成了完整的幼稚园行为课程理论，并经过自己长期的教育实践进行验证和推广。张雪门课程思想的精髓是强调生活实践对儿童发展的重要意义，强调儿童经验的获得是课程的目的，强调教师的作用是引发幼儿的行为[①]。

（一）主要观点

张雪门的幼儿教育思想和实践过去曾对中国，尤其是我国北方地区和台湾地区产生过很大的影响。他的教育理论涉及幼儿园管理、幼儿园保育、幼儿园课程、幼稚师范教育等方方面面，在这里，我们重点介绍张雪门的行为主义课程理论与实践。

张雪门认为"生活即教育，行为即课程"，幼稚园的课程就是"给三足岁到六足岁的孩子所能够做而且喜欢做的经验的预备"[②]，是有目的、有计划、有组织地通过活动让儿童获得有益的经验。幼稚园的课程包括儿童在幼稚园的一切经验、活动甚至生活。什

---

① 虞永平. 在生活中行动，在行动中体验[J]. 幼儿100（教师版），2005（12）.
② 张雪门. 张雪门幼儿教育文集[M]. 戴自俺，主编. 北京：北京少年儿童出版社，1994.

么是行为课程？张雪门说："五六岁的孩子们在幼稚园生活的实践就是行为课程……这份课程包括工作、游戏、音乐、故事等材料，也和一般的课程一样。然而，这份课程完全根据于生活；它从生活而来，从生活而开展，也从生活而结束。"① 如此说来，行为课程是以生活为基础，以实际行动为中心，是一种具体的整合性活动，与儿童的生活自然地相融。

1. 行为课程的目标

张雪门早期的行为课程理论深受杜威"儿童中心论"的影响，他批评传统教育以成人为中心、忽视儿童个体发展、压制儿童个性，倡导幼稚教育应满足儿童身心发展的需求，成就儿童在该时期的身心发展并培养其获得经验的根本习惯。"九一八"事变后，国家与民族面临危亡的现实促使他决心要把社会与儿童联系起来，所以，他提出要把社会的需要融入课程："要解决我国的幼稚教育，有必须认清的三点：1. 儿童在幼稚园时候心身发展的情形；2. 我国社会的现状；3. 应如何根据社会现状谋求民族的改造，同时应如何根据儿童的需要谋求社会基础的建设。"② 如此说来，幼稚园行为课程的目标应兼顾社会需要和儿童个体发展需要，促进儿童身心的全面发展。

2. 行为课程的内容

在谈到行为课程的内容时，张雪门使用了"教材"一词。不过，他所指的教材与我们传统的教材不同，他说幼稚园教材是儿童在幼稚园生活的经验。"教材的范围很大，并不限于一首歌曲、一件手工，凡儿童从家到校，又从校到家，在家庭、道路、幼稚园所受的刺激，能够引起儿童生活的要求、扩充儿童生活的经验和潜移儿童生活的意识的都是。"③ 所以，教材不是从生活中抽离出来的死的知识，而是儿童现实的活动，是"行动"。

张雪门把行为课程的内容划分为以下几个方面。

（1）儿童自发的诸般活动，即儿童自身发展中所进行的一些活动。

（2）儿童的自然环境，即儿童周围生活中一切有关自然界的事物与知识，如植物、动物、旅行、儿童对各种自然现象的活动。

（3）儿童的社会环境，即与儿童现在生活与未来生活有关的社会生活知识，如家庭、邻近的地方、各种职业活动等。④

张雪门认为课程内容可以是现成的，也可以是创造的，都应与儿童当下的生活相联系，注重儿童的直接经验，不能把课程内容当成需要装到儿童肚子里去的货品。

---

① 张雪门. 张雪门幼儿教育文集 [M]. 戴自俺，主编. 北京：北京少年儿童出版社，1994.
② 王春燕. 张雪门幼稚园行为课程及其现代意义 [J]. 华东师范大学学报（教育科学版），2008（4）.
③④ 同②.

实践链接：很多幼儿园都注重自己的园本课程（班本课程）建设，这符合张雪门倡导的课程内容就是儿童的现实活动的理念。课程既可以是现成的，也可以是教师与儿童共同创造的。请你记录和分享自己与孩子们共同创造的一个课程故事，并分析它和幼儿的生活实践有何关系。

3. 行为课程的组织

尽管行为课程包括工作、美术、言语、常识、故事、音乐、游戏和算术等科目，但张雪门强调课程应该是整体的，不能孤立地将其隔离成不同的学科。另外，行为课程还应该关注儿童个体的发育，与儿童的直接经验相关。

在《中国幼稚园课程研究》一书中，张雪门进一步阐述了幼稚园课程组织的基本要求："课程须和儿童的生活联络，是有目的、有计划的活动。事前应有准备，应估量环境，应有相当的组织，且须有远大的目标。各种动作和材料，全须合于儿童的经验、能力和兴趣。动作中须使儿童有自由发展创作的机会。各种知识、技能、兴趣、习惯等全由儿童直接的经验中获得。"[①]

实践链接：张雪门的行为课程既强调和幼儿的生活密切联系，又强调有目的、有计划、有组织地进行，请你联系自己所在幼儿园课程组织的经验，反思课程的目的性、计划性、整体性、生活性如何。

4. 行为课程的实施

张雪门强调儿童在幼稚园生活的实践就是行为课程，所谓的经验不是特殊的东西，经验是和环境相接触而来的。张雪门认为，直接经验既不来自言语，也不来自书本，而是来自儿童自己的行为。"我们所提倡的幼稚园课程，首先应注意的是实际行为，凡扫地、抹桌、熬糖、炒米花以及养鸡、养蚕、种玉蜀黍和各种小花，能够实在行动的，都应让儿童实际去行动。"[②] 所以，行动就是行为课程实施的核心，儿童只有在具体的行动中面对的问题才是真问题，只有从行动中获得的认识才是真知识，只有在行动中获得的本领才是真本领。

实践链接：行为课程最关注的就是儿童的行动，也就是儿童在幼儿园的所有实践活动。请你细细罗列近一天或一周自己班上孩子们的主要实践活动内容，分析其价值和适宜性，看看这些实践活动是否让每个幼儿都有动手做的机会。

---

① 张雪门. 张雪门幼儿教育文集 [M]. 戴自俺, 主编. 北京：北京少年儿童出版社, 1994.
② 同①.

（二）对自主生活教育的启示

幼稚园行为课程是张雪门一生研究幼稚教育理论和实践的结晶。诞生于 20 世纪上半叶的行为课程理论，对于当今幼儿教育质量提升和幼儿园课程建设依然有着重要的借鉴价值，对于幼儿园自主生活教育研究也具有启发意义。

1. 幼儿当下的生活最有意义，是幼儿园课程的活水源头

张雪门认为幼儿在幼稚园的全部生活实践就是课程，他十分关注幼儿"现在"的生活，认为儿童成长过程中的每一个时刻都值得重视，因为它们都与儿童的经验积累和成长息息相关。生活是最好的老师，儿童在日常生活中的每一种实践都是行为课程，包括游戏、音乐、故事、劳动等内容。

行为课程对幼儿生活的关注让我们反思当下幼儿园课程的现状：脱离幼儿的实际生活，仅仅把上课当成课程的现象仍然普遍存在。自主生活教育的目的之一就是扭转这种局面，期待每一位教师都能认识到幼儿当下生活的意义，把幼儿的生活真正与幼儿园课程融为一体。追求有品质的生活，也就是追求有意义的课程。

> **案例　小当家活动**
>
> 小当家活动的目的是让幼儿了解幼儿园各个岗位的工作内容，感受老师的辛苦，习得基本生活技能，并通过劳动增进自己作为幼儿园小主人的责任感。老师们在讨论后确定大班年龄段开展这个活动，按照班级值周的方式轮流进行，分别在规定的时间段为大家服务。参与小当家活动的幼儿，通过自愿报名和轮流担当等方式确定，一周一选一评一换。
>
> 围绕幼儿的生活，联系真实任务，老师们确定了小帮厨、送奶员、清洁员等一系列岗位（见表 2.2）。这些岗位的任务相对固定，有助于幼儿在反复劳动中掌握基本劳动技能。幼儿园还充分考虑了幼儿的特点和小当家活动的需要，为幼儿量身定制了适宜的设施与工作服。以小帮厨为例，该岗位的任务是帮助食堂人员进行餐前食物的简单处理工作，当值幼儿需要在早上 8 点前到达厨房，穿戴好工作服，在专用操作台上操作专属工具进行帮厨劳动，充满了仪式感。
>
> 小当家活动为幼儿提供了在一日生活中参与劳动的机会，幼儿逐渐从为自己、为班级服务发展到为幼儿园全体小朋友和老师服务。小当家活动也让幼儿有机会学习解决问题。以送奶员为例，他们的职责是将牛奶从厨房运送到各班。当值幼儿从手捧牛奶来回走路很费时，到用塑料袋装牛奶容易散落，再到使用篮子甚至自制平板车运送牛奶省力省时，在一次次的调整中感受工具给生活带来的便利，同时提高

了解决实际生活问题的能力。

表 2.2 "小当家"活动岗位

岗位名称	主要目标	主要职责
小助手	学习识别快递单信息,知道每间教室的位置和每位老师所在的班级,正确配送快递。 接收、读取任务单,满足老师与幼儿的需求,并做好传达工作。	每天负责给教师配送快递;能完成任务单上的工作。
升旗手	正确演唱国歌,学习升旗的正确礼仪。	每周一负责升旗和唱国歌、园歌等。
小帮厨	能积极主动地帮助食堂人员做简单的餐前工作,并坚持完成。	帮助食堂人员进行餐前食物的简单处理工作,如剥豆子、剥鸡蛋、择菜叶等。
门岗员	使用礼貌用语大胆问候小朋友,并能协助值班老师做好互助工作。	每天早上在幼儿园门口问候小朋友,协助教师做好迎接的工作。
清洁员	了解垃圾分类的种类,会按照标志正确进行垃圾分类。	每天检查各班的垃圾分类情况,并做好记录。
接待员	大方地接待各类来园参观的人员,能积极沟通并介绍幼儿园,感受做小主人的自豪。	有接待任务时,积极参与接待工作,并做好一切准备工作。
送奶员	学会记录和统计,按照各班人数匹配相应数量的牛奶。	每天负责将牛奶从厨房运送到各班。

——浙江省宁波市第一幼儿园 沈清、娄丹娜

2. 行动就是"做",支持幼儿通过自己的行动建构经验

行为课程的核心就是儿童的行动,张雪门认为"一种真实知识的获得应该以直接经验做基础再来扩充间接经验(就是书本知识)才能够融会贯通"[1]。他强调让儿童在亲身活动中获得直接经验,而不是靠别人讲或从书本上得到。所以,张雪门认为,扫地、擦桌子、种花、养鸡等实际行动都是行为课程的范畴。

儿童经验的获得来源于自身感官和环境的相互作用。在这样的互动中,儿童首先获

---

[1] 卢乐山. 张雪门先生走过的路 [J]. 幼儿教育,1994(2).

浙江省宁波市第一幼儿园
幼儿参与做饭活动

得了宝贵的直接经验，这是人生的基本经验，也是儿童价值观和思维形成的基础。所以，在幼儿园一日活动中教师应该给予幼儿更多行动的机会，只有从行动中获得的认识才是真正的知识，只有从行动中遇到的困难才是真实的问题，只有从行动中获得的胜利才是真正驾驭环境的能力。

张雪门建议教师放手让儿童独立行动，不要害怕儿童在行动的过程中犯错。即使知道儿童会犯错，也先不告诉他们，而是允许他们自己体验并找出错误的原因，再改进。

案例　摘菜

幼儿园的饲养园里养了6只小鸡，孩子们在照护小鸡的过程中遇到了断粮问题，他们想到用种植园地的青菜喂小鸡，于是来到种植园地计划摘几棵青菜。

涵涵一来到种植园地就想拔青菜，这时候乐毅说："如果我们都拔出来，青菜就没有了。"

涵涵回应道："对啊，那怎么办呢？"

一一说："我看到爷爷在菜地里摘芹菜就是一片一片地摘的，爷爷说芹菜后面还会长出来。"

跟随孩子们来到种植园地的教师，原本一开始就想跟孩子们说每一棵菜只能摘一片叶子，但她发现自己适时后退，先观察孩子们的行

摘菜

动、倾听孩子们的表达，再采取指导行为，反而会给予孩子们更多的机会去自主面对生活中的问题，并迁移运用生活经验。

——浙江省杭州市西湖区留下幼儿园　王海霞

3. 既要尊重幼儿自发的活动，也应注重有目的、有计划、有组织的活动设计

在张雪门倡导的行为课程中，课程内容的来源之一就是儿童自发的活动。我们由此可以看到行为课程对儿童自发活动的重视，这与旧教育一味地注重课本的学习截然不同。同时，行为课程也同样注重有目的、有计划、有组织的教育活动的重要性。张雪门强调教师在准备课程时，既要遵照社会的需要，也要考虑幼儿的特点、水平；既要有明确的方向和周密的计划，也要预见到幼儿身心发展进步的可能，对他们提出进一步的要求。

当下在我国幼儿园教育改革进程中，伴随自主游戏的热潮，幼儿自发的活动越来越得到重视。这是一件好事，但同时我们不能走向另一个极端，即承认儿童是主动的学习者不等于否认教师的引导作用，承认幼儿自发活动的重要性也不等于否认有目的、有计划教育的重要性。

4. 游戏是幼儿园课程重要的组成部分，是童年美好生活的印记

受杜威、福禄贝尔（Frobel）和蒙台梭利教育思想的影响，行为课程强调对儿童和儿童游戏的尊重。张雪门认为，幼儿一天的生活除了饮食、睡眠之外，就是游戏活动。

行为课程的内容包含游戏在内。幼儿自发的活动主要指向游戏活动，游戏是幼儿的第二生命，游戏的状况直接关系到幼儿的健康状况，是幼儿童年幸福的主要来源。如此说来，在当下的幼儿园教育改革中，对于游戏的重视无论如何强调都不为过。游戏的质量决定了幼儿园的保教质量，也决定了幼儿生活的质量和发展的质量。

五、蒙台梭利教育思想的启示

玛利亚·蒙台梭利（1870—1952）是意大利著名幼儿教育家，也是意大利第一位女医学博士。可以说，蒙台梭利是继夸美纽斯（Comenius）、卢梭（Rousseau）、裴斯泰洛齐（Pestalozzi）、福禄贝尔之后，与杜威等人一起开启现代儿童教育先河的伟大教育家。

1907年1月，蒙台梭利在罗马贫民区圣洛伦索，创办了第一所"儿童之家"。她运用自己独创的教育方法进行教育，持续不断地对儿童发展特点进行研究并加以实践，形成了自己独特的教育思想体系。蒙台梭利认为，儿童有一种"内在生命力"和无穷的力量，教育的任务就是激发儿童的"内在生命力"，让儿童的潜力按照自身规律自然和自由

发展。

蒙台梭利的经典著作有《发现孩子》(*The Discovery of the Child*)、《童年的秘密》(*The Secret of Childhood*)、《有吸收力的心灵》(*The Absorbent Mind*) 等。

（一）主要观点

蒙台梭利教育思想是20世纪教育思想宝库中珍贵的一部分，具有非常丰厚的内涵和意蕴，本书主要围绕幼儿园自主生活教育的需要，阐述蒙台梭利在以下四方面的主要观点。

1. 对儿童的新发现

蒙台梭利教学法来自她对儿童的认识，可以说"儿童研究是蒙台梭利教育人生的开端，并贯穿她的一生。对童年秘密的揭示，即儿童研究，是蒙台梭利全部教育学的秘密"[1]。蒙台梭利认为，儿童是成人的导师，是世界重建、理想社会建设的希望，所以教师应当"像仆人侍奉主人"那样帮助儿童建设自己，使其成长为新时代的人。

（1）儿童的问题是一个社会问题

客观地讲，在过去的几个世纪里，教育领域一直存在成人与儿童的权力之争。成人期望儿童不要制造麻烦、乖乖听话，同时对儿童的需要和命运麻木不仁，甚至只把儿童当作工具。所以，蒙台梭利认为，儿童的问题不仅仅是学校教育的问题，更是全社会的问题，需要全社会的共同努力。成人必须意识到自己现在幸福与否与童年生活有密切的联系，由此及彼，成人的错误会给儿童带来不可磨灭的痕迹，而且"对儿童的任何影响都会影响到人类的发展"[2]。

（2）儿童的发展是其个体潜能的发展

蒙台梭利的毕生追求就是帮助儿童发展，但这种发展不是成人强加给儿童的。蒙台梭利一直批评那些把自己看作"儿童的创造者"[3]的成人，他们在跟儿童打交道的时候会把儿童看成"心灵里什么都没有的人"[4]，向儿童灌输很多死板的知识和规矩，要求儿童必须按照成人的既定标准行动，而儿童一旦偏离了成人制定的条条框框，就会被视为一种错误，必须立刻得到纠正。蒙台梭利认为，即使成人满怀着对儿童的爱这样做，也会压抑儿童个性的发展。

蒙台梭利借用生物学对胚胎的研究，提出了"精神胚胎"的概念。她认为，即使是新生儿也具有人类所特有的心理潜能。这些潜能是隐藏在童年里的秘密，就"像生殖细胞在发展中遵循某种模式一样，只有在发展的过程中才能被发现"[5]。儿童的精神胚胎与

---

[1] 刘晓东. 发现儿童，追随儿童：蒙台梭利诞辰150周年纪念 [J]. 东方娃娃·保育与教育，2020（Z1）.
[2] 蒙台梭利. 童年的秘密 [M]. 单中惠，译. 北京：中国长安出版社，2010.
[3][4][5] 同[2].

云南省机关事务管理局圆通幼儿园

儿童按照自己的"精神密码"创造自己

环境之间是相互影响的,正是通过这种相互影响,儿童成为他自己,并不断地完善自己。"由于成人也是儿童环境的一部分,因此他也应该使自己适应儿童的需要。成人不应该是儿童独立活动的一种障碍物,也不应该代替儿童去进行那些儿童生长和发展所必需的活动。"①也就是说,成人必须相信儿童会依据自己的"精神密码"的指引自主发展自己的潜能,成长为一个独立的人。传统教育最大的弊端就是教师对儿童的控制,蒙台梭利相信,没有一个人是由别人教育出来的,他必须自己教育自己,自己发展自己。

(3)儿童具有吸收性心智,其发展存在敏感期

蒙台梭利认为,儿童具有一种下意识的或不自觉的感受能力,即他们能通过与周围环境和人的接触获得各种经验和文化,这就是儿童所具有的强大的吸收性心智。儿童的个性发展以及心理和行为模式的形成都与此有关,这就要求我们必须重视儿童生活环境的创设,为他们提供健康、丰富的精神食粮来吸收。

"敏感期"一词是由荷兰植物学家、遗传学家雨果·德弗里斯(Hugo de Vries)提出来的,是指生物在某一特定阶段对特殊的环境刺激极为敏感,而对其他刺激可能无动于衷。最典型的例子就是毛毛虫刚出生时对光极为敏感,它会受光的指引爬上树梢吃最嫩

---

① 蒙台梭利. 童年的秘密[M]. 单中惠,译. 北京:中国长安出版社,2010.

的叶子，等到它可以吃较大的树叶时，就对光失去了敏锐的感受力。蒙台梭利认为儿童的心理发展与此类似，也存在各种敏感期，过了特定的时期，这种敏感性就会消失。例如，秩序敏感期为0—2岁、细节敏感期为1.5—2岁、行走敏感期为0—2岁、手的敏感期为1—3岁、语言的敏感期为8周—8岁、社交的敏感期为幼儿期、书写（涂涂画画）的敏感期为3.5—4.5岁、阅读的敏感期为4.5—5.5岁、文化的敏感期为6—9岁。[①] 教师遵循儿童敏感期的发展规律创设环境并引导幼儿学习与发展，必将获得事半功倍的效果。

实践链接： 在自主活动时间，请你观察幼儿是否正在兴致勃勃地重复某一行为。这是否说明幼儿正处于某个敏感期？你如何基于这样的观察提供更适宜的环境和玩具材料，以支持幼儿的学习和发展获得事半功倍的效果？

2. 教师的任务与职责

蒙台梭利认为，尽管儿童拥有自己的"精神密码"或发展的潜力，但是教师也需要承担很多的角色。例如，教师需要创设"有准备的环境"，并做儿童与环境之间的动态链接者。教师也需要基于观察引导幼儿自己学习，允许他们自由本性的展现。教师还需要全面了解自己的工作，充分掌握教具的功能和使用方法。

（1）观察与研究儿童

在蒙台梭利看来，教育的基本目的就是发现儿童和解放儿童。如何实现这一目的呢？最基本的方法就是观察与研究儿童。蒙台梭利倡导把科学研究的态度和方法运用到教育中，她在"儿童之家"的教育实验研究就是遵循这样的态度和方法进行的。成名后的蒙台梭利每次在世界各地演讲时，都会被众多的跟随者热情地包围，但她冷静地说："不要跟着我，请跟随孩子。"是的，只有细致、连续地观察儿童，教师才能对他们有更准确的认识和了解，才能基于观察提供适宜的环境和引导，进而懂得蒙台梭利所说的"发现儿童"和"解放儿童"的真正含义。

（2）摈弃奴役儿童，允许他们自由本性的展现

旧式学校把儿童禁锢在教室里和椅子上，期待儿童坐着不动听教师讲，恭敬而温顺，蒙台梭利称在这样的学校里"充斥着奴役原则"[②]。所以，学校需要解放儿童，使儿童获得自由。教师需要认识到人类的进步依赖内在力量，不应该使用课桌椅及物质奖惩手段迫使儿童屈从于成人，导致儿童丧失内在的生命源泉和个人尊严，这是文明的倒退。

蒙台梭利认为，教师的职责是观察并帮助儿童在一个自由而开放的环境中成长，而给儿童自由的前提条件是儿童人格的发展，包括独立性、意志力与自制力的健全发展。

---

① 刘文. 跟蒙台梭利做快乐的幼儿教师［M］. 北京：中国轻工业出版社，2015.
② 蒙台梭利. 科学的幼儿教育方法［M］. 单中惠，译. 济南：山东教育出版社，2018.

所以，在蒙台梭利教室的自由环境里，"幼儿有机会反省自己的行为，了解行为对自己及别人的影响，测试自己的能力在现实环境中的极限，体会自我实现，了解可能令自己感到空虚与不满的情况，发现自己的能力与不足"①。这种有助于儿童发展自我了解能力、自我约束能力以及自我成长的机会，正是蒙台梭利所强调的自由带来的最重要的结果。

（3）创设"有准备的环境"，善于利用蒙氏教具

蒙台梭利认为，教育应该包含教师、环境和儿童三个因素。儿童"精神胚胎"的健康成长离不开适宜的环境滋养，所以，教师的一个重要职责是为儿童创设一个"有准备的环境"，促使儿童的身体、智力、个性等得到发展。蒙台梭利所强调的"有准备的环境"主要由六个要素构成，它们是"自由的观念、结构与秩序、真实与自然、美感与氛围、蒙台梭利教具以及社会性生活的发展"。②

* 自由的观念。这是蒙台梭利教育思想中最重要的构成要素。
* 结构与秩序。教室中的环境必须能表现外在世界的结构与秩序，比如，教具按照类别、幼儿的兴趣或复杂程度摆放，这不仅有助于幼儿自由选择和取放教具，而且能帮助幼儿建立内在的秩序感和智慧，提高其与环境沟通的能力。
* 真实与自然。蒙台梭利强调在教室的设计上应尽可能地接近真实，冰箱、电话等都应该是真的，而且大多是一件，因为小朋友需要学会轮流和等待，这是其社会性发展的重要方面。蒙台梭利还强调儿童与自然接触的重要性，因此教师不仅应在教室内摆放更多自然的物品，还应多带孩子到森林或乡间，使其有机会领略大自然的神奇与美妙。
* 美感与氛围。蒙台梭利认为，美绝非锦上添花，而是儿童建立生活观念的重要元素。幼儿园的美体现在简洁上，所以教室不需要装潢得多么精美，但必须有良好的设计，使其能吸引人，比如，颜色有朝气且协调，室内氛围轻松、温暖，像家一样。
* 蒙台梭利教具。蒙台梭利教具（简称"蒙氏教具"）因其外显性、可操作性的特点，很容易被误认为是蒙台梭利教学法的核心，其功能也被误解为是训练儿童掌握各种技巧。其实，它们主要是通过使儿童集中注意力进行操作，帮助儿童获得心灵成长。常见的蒙氏教具有插座圆柱体、彩色圆柱体、色板、构成三角形等。

    蒙氏教具遵循以下五个基本设计原则：
    ○ 每一种教具需要儿童发现的问题与错误只限一种；
    ○ 教具的设计与使用方法由简及繁；
    ○ 为间接帮助儿童日后学习而设计；
    ○ 材料最初以具体表达概念的方式呈现，随后转为抽象；
    ○ 针对儿童的自我教育，含有控制错误的功能。

---

① 刘文. 跟蒙台梭利学做快乐的幼儿教师［M］. 北京：中国轻工业出版社，2015.
② 同①.

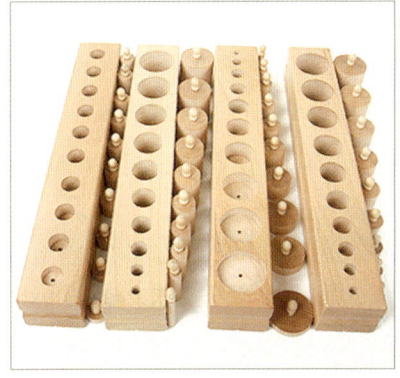

插座圆柱体　　　　　　　　彩色圆柱体

色板　　　　　　　　　　构成三角形

* 社会性生活的发展。蒙台梭利教育极为关注儿童的社会性发展，比如，儿童自己管理教具，玩完必须物归原处，维护教室的秩序，不打扰别人。儿童还要学习擦桌子、照顾动植物等基本劳动技能。另外，蒙氏幼儿园一般是混龄编班，让不同年龄段的幼儿在一起生活、游戏和学习。在这个过程中，孩子们不仅要学习如何共处，还要学习照顾他人以及自主地面对和处理彼此之间的矛盾或冲突。

幼儿正在操作彩色圆柱体

幼儿正在操作数棒

云南省机关事务管理局圆通幼儿园　　　　　　　　云南省机关事务管理局圆通幼儿园

第二章　来自优秀教育思想的启示　● 81

实践链接：蒙台梭利认为，人的发展是其内在的"精神胚胎"发育完善的过程，所以，儿童的发展只能依靠自己，也必须依靠自己，成人不可能创造儿童。这个观点是否与你自己原来所理解的教师与儿童之间的关系相一致？你认为如何做才不会让自己成为儿童发展的"障碍物"？

3. 蒙台梭利教学法

蒙台梭利教学法是蒙台梭利教育观和儿童观的直接呈现，其内涵极为丰富。在此，我们将其简单归纳为以下几个特点。①

（1）**以儿童为中心**

这是蒙台梭利在"儿童之家"实施教育活动的基本出发点。无论是幼儿园的教学设计还是环境创设，都应充分考虑儿童的特点和需要，考虑儿童自由选择和自主使用的可能性。

（2）**自由与规则**

在蒙台梭利看来，自由和规则就像硬币的两面，是相辅相成的。只有自由的环境才能保障儿童按照自己的内在法则成长，而规则是整体环境秩序有条不紊的重要保障。蒙台梭利强调通过有秩序的环境和工作引发儿童内在的规则意识，而非外界强加给儿童。

（3）**注重个体教育**

让每个儿童都能在"儿童之家"成为他自己，是蒙台梭利期望实现的目标。既然每

云南省机关事务管理局圆通幼儿园蒙台梭利教室里的个性化指导

---

① 刘文. 跟蒙台梭利学做快乐的幼儿教师［M］. 北京：中国轻工业出版社，2015.

个儿童都是独一无二的个体，那么教师就应该观察、记录每个儿童的成长状况，并进行适宜的个性化指导，而不是将一个教学计划或方案用在几十个孩子身上。

（4）注重自我教育

"儿童之家"通过教师创设的有准备的环境，支持儿童选择适合自己的兴趣和能力的材料进行工作和学习。大多数教具本身具有错误控制功能，能帮助儿童自我纠正，从而实现自我教育。

（5）注重儿童人格的完善

人格的完善是蒙台梭利教育追求的目标。蒙氏教具的使用，不仅仅指向知识和技能的获得，更注重儿童人格的发展。借助专注的操作、轮流与等待以及与不同年龄儿童的相处和生活，儿童慢慢形成专注与热情、谦和与礼让、尊重与友好、秩序与规则等良好品质，为自己健康人格的发展奠定良好的基础。

（6）注重敏感期教育

蒙台梭利幼儿园中的教师必须了解儿童敏感期的有关知识，并通过观察了解自己班级中儿童敏感期发展的个体差异，引导儿童自我学习和发展，达到事半功倍的效果。

（7）混龄教学

混龄教学是蒙台梭利教学法和蒙台梭利幼儿园的主要特征之一。环境、教具和教师的教学方案设计都应与此相匹配，以便给幼儿提供最好的教育。

（8）消除奖惩制度

蒙台梭利反对使用物质奖励和惩罚手段来操控儿童，她通过实验和观察发现，孩子们最享受的是成功完成某一件事之后的成就感。所以，在"儿童之家"或任何蒙台梭利幼儿园，教师都不会运用奖惩制度管理班级。

（9）注重日常生活教育和感官教育

蒙台梭利幼儿园会设置专门的生活区，蒙台梭利将其称为"心脏区"，可见它的重要性。蒙台梭利认为，儿童操作教具不专心、不细致，进入不了重复的状态，都与日常生

儿童练习倒水

儿童练习切水果

活教育缺失有关。借由日常生活练习培养儿童的专注力、独立性、秩序感、动作协调能力很重要，它也是儿童的基本道德感、情绪情感以及人格建立的最好途径。自我服务劳动带来身体的独立，而身体的独立带来精神的独立成长，也为儿童的智力学习奠定必要的基础。

（10）注重和平教育

蒙台梭利教学法的哲学思想就是通过教育使人内心感到平和、宁静和有力量，所以，蒙台梭利认为要想实现真正的和平，必须从教育着手，从儿童做起，因为儿童是人类实现和平的希望。

实践链接：蒙台梭利教育主张消除物质奖惩制度，你是如何理解幼儿园教师在管理班级时运用表扬、奖励（如贴小贴纸、机会优先）等手段的？请你和同事一起聊聊这个话题。

4. 保教机构与家庭的关系

幼儿教育具有复杂、开放的特点，家长在儿童发展过程中扮演了非常重要的角色，所以，教师需要与家长合作，帮助家长了解幼儿教育的科学方法，与家长建立相互信任、彼此支持的伙伴关系。1907年底，在针对第二所"儿童之家"的开办所进行的演讲中，蒙台梭利说："这间学校的开办不仅有着教育意义，还有着社会影响。在'儿童之家'中，我们第一次看到了建立亲密关系的可能性。这间学校离孩子们的家近在咫尺，并且教师也住在这里。家长们可以感觉到'儿童之家'也属于他们……他们可以在一天中的任何时间到这里来观察、欣赏和沉思。"[①]说实话，这样的家园关系令人羡慕。本书中，我们强调"好的生活就是好的教育""好的关系就是好的教育"，早在100多年前，蒙台梭利就已经在"儿童之家"为我们做出了良好的榜样。

（二）对自主生活教育的启示

蒙台梭利教育思想对全世界的儿童教育产生了深远的影响。早在20世纪二三十年代，蒙台梭利教育思想就已经传入中国，许多幼儿教育前辈专门对其进行过研究和传播。立足于今天的社会现实，放眼儿童未来一生的幸福和发展，我们可以从蒙台梭利教育思想中感悟到更多自主生活教育的智慧。

1. 坚定"让幼儿成长为一个自由而全面发展的人"的教育目标

基于对儿童的观察和研究，蒙台梭利坚定地认为，"即使是对幼小儿童进行的教育，

---

① 伊萨克斯. 蒙台梭利教育［M］. 黄玮琳，余晖，译. 武汉：湖北教育出版社，2020.

也不应该以入学准备为主。恰恰相反，为未来生活做准备才是真正的教育目的"①。着眼于儿童未来的生活幸福和发展，反思当下幼儿教育实践中的种种热潮，我们就会寻找到不被"卷"的坚定力量，对儿童、世界和未来有更多的信任。"自由而全面发展的人"——这是马克思对于未来世界人的发展的理想预期，也应该成为我们所有幼教人坚定的教育目标，并在实践中处理好"自由与全面发展""自由与规则""自由与教师指导"等多维关系。

2. 坚信自由是培养幼儿自主品质的必需路径

蒙台梭利教育思想所强调的自由，与规则并不矛盾。享有自由的儿童非但不会破坏规则，反而会在教师的帮助下自主地建构规则和秩序，成为自我管理、自我调控、自我规范、自我负责的人，这不正是我们所强调的自主性发展的全部意义吗？所以，在幼儿园一日生活中，只有教师信任、放手并支持幼儿，他们才有可能发展自主的意识和能力，并真正成长为身心健康的、独立的人。

我们坚信，儿童来到这个世界不应该被奴役和管制，他们有权享受童年的自由和游戏，也有能力按照自己的"精神密码"成长为一个自由而坚定的人。

3. 谨慎使用外在的奖惩制度

奖励和惩罚一直是幼儿园教师使用频率较高的班级管理方法，比如：谁听老师的话，谁就可以先玩；谁表现得好，谁就可以得到小贴纸……说到底，这是教师教育智慧缺失的表现。蒙台梭利教育反对教师使用外在的奖励和惩罚手段，因为她基于自己对儿童的观察发现，当放手支持儿童自主游戏和学习时，他们可以从独立的探索和工作中获得成就感，而这种来自内部的成就感会给予儿童足够的激励，使其更好地遵守班级规则，更自律地和同伴交往，也更容易感受到幼儿园生活的趣味和温暖，获得集体认同感和归属感。

4. 温暖有爱的环境对儿童的成长至关重要

蒙台梭利说："儿童是一个需要特殊养育环境的精神胚胎。正如一个生理的胚胎依赖母亲的子宫一样，精神的胚胎也需要一个温暖的、充满爱的庇护之所，始终受到呵护，永远远离伤害。"② 是的，温暖有爱的环境远比丰富的物质环境重要，是儿童的"精神胚胎"健康、完善发展所必不可少的条件。一个身心健康、热情向上、情绪稳定、具有教育理想的教师更容易带给幼儿温暖和爱，期待我们每个人都能心里有光、行动有爱，照亮自己，也温暖孩子们。

---

① 蒙台梭利. 发现孩子 [M]. 刘亚莉，邱宏，译. 天津：天津社会科学院出版社，2010.
② 伊萨克斯. 蒙台梭利教育 [M]. 黄玮琳，余晖，译. 武汉：湖北教育出版社，2020.

内心温润、坚定且理解和尊重儿童的教师才不会成为儿童发展的"障碍物"

云南省机关事务管理局圆通幼儿园

5. 日常生活体验与练习是重要的和必要的

通过细致的观察,蒙台梭利发现,儿童6岁前若能有更多的日常生活体验和系统练习,不仅有利于其身体发育,还可促进其心理完善发展。"通过这样的练习活动,蒙台梭利教育的诸多特征,如秩序、精细、专注、协调等,可在儿童身上得以充分体现。"[1]由此可以看出,日常生活教育是非常有必要的,我们应该让幼儿尽早独立地吃饭、喝水、穿衣、整理玩具等。这些生活体验和练习,不仅可以帮助幼儿获得必要的生活技能,减轻父母和教师的照顾负担,而且有助于幼儿获得自尊、自信、独立、细致、专注、坚持等品质,实现从生活自理到人格自立的目标。

6. 观察儿童、创设"有准备的环境"是教师的重要职责

蒙台梭利强调儿童具有内在发展的强大潜力,并不是在否定教师的指导作用,相反,她一直强调教师对儿童进行观察和研究,创设"有准备的环境",并成为儿童与环境互动的动态链接。所谓"动态链接"是指教师基于自己的观察给予幼儿适宜的引导,以保障幼儿在与环境互动时获得更多有益的经验。在创设"有准备的环境"方面,当下幼儿教

---

[1] 刘文. 跟蒙台梭利学做快乐的幼儿教师[M]. 北京:中国轻工业出版社,2015.

广东省深圳市龙岗区龙城街道公园大地第一幼儿园

儿童视角的班级环境

育实践中存在的最突出问题就是对环境的窄化理解甚至是误解，比如，教师所做的环境创设工作大都围绕墙面布置展开，忽略了环境的丰富性、层次性、可操作性、秩序感和简洁美，也忽略了环境与幼儿之间的互动，以及由此引发的幼儿自主学习和探究。"儿童视角的环境创设"不应该成为一句空话，落到教育实践中需要教师的儿童观、儿童学习观和教育观的彻底转变。

最后，需要注意的一点是，蒙台梭利教育思想有丰富的内涵，需要我们持续不断地学习和反思。我们需要警惕某些幼儿园借由蒙台梭利教育对幼儿高收费的不正常现象，也要消除把蒙台梭利教育思想简单地等同于一屋子蒙氏教具的偏见。中国教育学会2015年发布了《中国蒙台梭利学前教育机构认证标准》，在使用原则中提到应"坚持把蒙台梭利教育理念和方法本土化，与中国学前教育的文化逻辑有机融合"。是的，任何一种教育思想或模式都有其时代性和文化地域性，也必然有其局限性，我们需要在学习的过程中加以本土化创造，走出一条具有中国特色和时代特色的幼教之路。

六、斯坦纳与华德福教育思想的启示

鲁道夫·斯坦纳（1861—1925）是奥地利著名社会哲学家、华德福教育的开创者。他从小就参与到家庭生活之中，承担家务劳动，并对大自然充满喜爱之情。在维也纳读大学时，他发现自己关于世界的精神性观点与歌德的相近，因此于1884年发表文章，第一次阐述了关于"精神科学"的思想，这为他日后提出的华德福教育理论奠定了基础。

1891年，斯坦纳在获得哲学博士学位之后致力于精神科学方面的研究，并在1894年出版了他的第一本著作《自由的哲学》（*The Philosophy of Freedom*）。这本书首次描述了现代自然科学的观察与内心世界之间的关系，他把这种精神科学称作"人智学"。1919年，斯坦纳应德国斯图加特华德福香烟工厂主的邀请给工人们做了一系列讲座。为解决工人子女上学的难题，斯坦纳随后建立了一所学校，以人智学的理念实施教育，这所学校成为第一所"华德福学校"。更难能可贵的是，他开创了把穷人和富人的孩子放在一起教育的先河，也开启了男女共同教育的先例。

（一）斯坦纳关于人智学理论的主要观点

简单地说，人智学是斯坦纳创立的一种哲学，他认为人智学是获得关于人类自身知识的唯一途径。20世纪初，伴随工业革命的迅速发展，人们对自我精神世界的探索充满了渴望。然而，当时人们普遍认为自然科学只能研究物质世界，而宗教是通往精神世界的唯一途径。通过对歌德（Goethe）、维特根斯坦（Wittgenstein）、席勒（Schiller）、狄尔泰（Dilthey）等人关于精神科学的深入研究，斯坦纳认为可以通过科学的方法来研究人类的精神世界，人是连接物质世界和精神世界的唯一媒介。于是，他创立了有别于神智学的"精神科学"，也就是人智学。他说："人智学确切的字义并非'人的智慧'，而是'人本质上的意识'。"[①] 研究人智学的目的是培养一个人具有完全开放的胸襟，既不盲从，也不随意拒绝。

1. 人是身、心、灵的统一体

斯坦纳人智学的主要假设是，在可见的物质世界和感觉世界之外，还存在着精神世界，但要通过发展人的潜在能力才能感知到。人智学认为每个人都是由身体、心魂、灵性（或精神）构成的统一体，每个人都是作为整体的、有个性的人而存在的，因此教育应促进儿童身、心、灵的全面发展。

根据斯坦纳的观点，当一个儿童诞生时，他就已经具备了三个元素：第一个是他从父母那里获得的身体，身体由神经系统、呼吸系统和新陈代谢系统等组成；第二个是心魂，它有三种力量，即意志、情感和思考；第三个是灵性或精神，主要指向人对自我意识的运用和超越，也可以理解为觉醒意识。当人的意志由觉醒意识主导时，它就会升级为更有道德和良知的行为。当情感中融入觉醒意识时，它就会升级为慈悲、共情、同理心，并从小爱到大爱。当人的思考和理性伴有觉醒意识时，它们就会升华为智慧和哲理。[②]

其实，对于心魂和精神的解释并没有那么简单，斯坦纳说："关于灵魂的科学并不存在，因此教师自然无法像医生解释人类身体一样解释人类的灵魂。而人类的精神就更别提了，人们无法谈论它，甚至没有什么词语可以用来形容它。"[③]

在斯坦纳看来，世界和人都产生于一个原始的精神基础。在世界万物和生命轮回的

---

① 林登贝格. 华德福教育之父：鲁道夫·施泰纳 [M]. 蔡慈皙，译. 北京：商务印书馆，2019.
② 对于"心与灵"以及"精神"的阐释，特请教了从事华德福教育工作多年的张俐园长和丁鹏老师，并综合引用了他们两个人的观点。
③ 斯坦纳. 童年的王国：听斯坦纳讲华德福教育 [M]. 霍力岩，李冰伊，译. 北京：中国轻工业出版社，2017.

过程中，世界和人重新与精神联系在一起。通过运用一般的感官能力，我们能觉察到外部的物理世界，但只有通过其他感受力的培养，我们才能觉察到精神世界。

在身、心、灵三元素理论的基础上，斯坦纳进一步提出了人的四重本质学说。人的第一重本质是"物质体"。在物质体之上，人还有第二重本质，即"生命体"。生命体存在的依据是有机物与无机物的区别，有机物必然拥有生命体，生命体是所有有生长能力的生物存在的基础。斯坦纳认为："在人的生命中，生命体负责提供生长和繁殖的力量以及记忆能力。"人类的第三重本质是"感受体"。感受体是人的痛苦、快乐、同情、渴望和冲动等情感的载体，感受体把人类同植物区分开来。斯坦纳认为，人与动物的根本区别在于人具有第四重本质，即"自我体"，自我体的特殊任务是净化与提升人的其他三重本质的质量，自我体也体现出人的独特性[1]。

从斯坦纳的著作中，我们可以了解他的基本观点：第一，人是物质体、生命体、感受体和自我体的综合体，人的生命是统一的，生命中的一切都是相互联系的；第二，"物质体—生命体—感受体—自我体"是一个渐次发展的过程，遵循自然的节律，我们应该考虑生命这一整体而非只有儿童期。斯坦纳曾在演讲中形象地说："我们不能提供一种所谓的'正确'观念，让儿童一生都按照同样的观点去理解，这就像3岁的时候我们给他买了一双鞋，但不能每一年都定做一双一样大小的鞋子给他穿。如果不能给予他能够扩展的灵活观念，那么我们就在不断地压抑他的心灵，试图将他的心灵塞进固定的观念中。"[2]

所以，从教育的角度看，人的成长既是身、心、灵的整体发展，也是人的物质体、生命体、感受体和自我体四重本质整体和谐发展的过程。斯坦纳希望通过教育来实现自己的社会理想。他曾说："当群体的全貌在个体的灵魂中反映出来，同时，个体的美德也在群体中鲜活起来时，健康的社会生活就会建立。"[3]

实践链接：斯坦纳坚信每个人都拥有自己的精神生命，是身、心、灵的统一体。对此，你有什么样的看法？你是如何看待"精神生命"一词的？

2. 感官是人与世界沟通的桥梁

感官是人与世界（包括内部世界和外部世界）沟通的桥梁。斯坦纳认为，若想真正地了解人与宇宙万物的关系，只有依靠和发展十二感官，通过感官去把握人与宇宙关系的真谛。

斯坦纳提出人具有十二感官，它们围绕自我运行，就如同十二星座围绕太阳运行。他将感官分为两大类：一类是指向自己身体及内在的感官，如触觉、生命觉、动觉、平衡觉、嗅觉、味觉；另一类是将人带入外界的感官，如视觉、温度觉、听觉、语言觉、

---

[1] 蔡连玉，傅书红. 华德福教育的理论与国内实践研究[J]. 比较教育研究，2013（7）.
[2] 斯坦纳. 童年的王国：听斯坦纳讲华德福教育[M]. 霍尔岩，李冰伊，译. 北京：中国轻工业出版社，2017.
[3] 彭莉莉. 鲁道夫·斯坦纳及其人智学思想[J]. 全球教育展望，2007（S1）.

思想觉、自我觉。十二感官的具体面貌呈现为三组，即意志感觉、知觉感觉和认知感觉①。其中，意志感觉（也称"身的感官"或"初阶感官"）是无意识的意志力，包括触觉、生命觉、动觉、平衡觉，主要发展的年龄段为0—7岁，指向人的物质身体；知觉感觉（即"心的感官"或"中阶感官"）包括嗅觉、味觉、视觉、温度觉，主要发展的年龄段为7—14岁，指向人与周围世界的关系；认知感觉（也称"灵的感官"或"高阶感官"）包括听觉、语言觉、思想觉和自我觉，主要发展的年龄段为14—21岁，指向人的内在。②

斯坦纳对于感官系统的解释与我们通常意义上的理解有所不同，也比较复杂，这里选择与幼儿教育相关的几种感官进行阐释。

（1）触觉

触觉，简单地讲就是身体触碰到人或物时的感觉。触觉使人拥有外在与内在的体验，人借由触觉与外部世界连接，并借由身体的感觉产生自我认识，体验到自己与外部世界存在的界限。人智学理论认为，触觉在父母教养儿童的过程中扮演着重要角色，不当的教养方式会使儿童的触觉发展失调，导致儿童缺乏对自我和世界的信任、渴望触碰、缺少界限感、无法根据状况做出弹性改变以及出现分离困难等③。

（2）生命觉

生命觉，简单地讲就是我们对自身健康状态的觉知。人智学理论认为，生命觉可以让我们觉知身体内在的信息，从而与外界进行良好的沟通。我们期待孩子知冷热、觉痛楚。一个疼痛觉缺乏的人，是不可能很好地保护自己的。当生命觉因父母教养不当失调时，儿童就无法及时地收到它所反馈的信息，因而不会照顾身体，缺乏适应环境的能力。儿童还可能出现不专注、生活节奏紊乱、上瘾（如沉迷电视、网络游戏）等问题行为。所以，生命觉与人的安全感、信赖感、安定感相关，是一个人一生安定的宝贵财富。

（3）动觉

动觉，简单地讲就是对自己动作的觉察及掌控能力。人智学理论将其分为生理层面与心理层面：生理层面的动觉是指身体的活动和控制能力，即通过大脑指令使肢体动作发生，意识到它并能很好地调控它；心理层面的动觉是指心里的"起心动念"，动作与内在思想是分不开的。只有当7岁前的儿童拥有足够的身体活动空间以及心灵和思考的自由时，他们动觉的发展才能得到保障。动觉的良好发展传递出的是强大的意志力与自信心，即精神的独立与自由。

（4）平衡觉

平衡觉，简单地讲就是身体平衡的感觉。但在人智学理论中，平衡觉既指向个体的身心平衡，也指向个体在团体与社会中的平衡。平衡觉的功能不仅在于使人能直立行走

---

① 索斯曼. 十二感官：如何用健康的感官提升灵性［M］. 吕理琍，译. 台北：琉璃光出版股份有限公司，2011.
② 帕特森，等. 我从彩虹那边来：如何养育0至7岁的孩子［M］. 郝志慧，译. 天津：天津教育出版社，2011.
③ 许姿妙. 病是教养出来的：12感官之初阶感官［M］. 台中：人智出版社，2014.

和运动，还在于协助我们成为正直、内心坚定的人。童年期缺少运动、内心经常得不到安宁、缺乏安全感等会阻碍个体平衡觉的发展，并由此产生身体的不平衡感和内心的不安定感。

十二感官与人的精神本质密切关联，而且如同人体的各个零部件一样密切关联、相互影响。只有十二感官健康、和谐地运作，我们的生命才能呈现出生机勃勃的状态，才会获得真正的独立和精神自由。

实践链接：当下很多幼儿园会在户外铺一条感官小路（一般由大石子、小石子、木棍、木板等组成，走过时会让双脚感觉到粗细、软硬等），在室内走廊布置一面感官墙（一般由各种生活材料组成，触摸会带来不同的质感）……请你结合人智学理论对感官的解释，反思这样的感官教育是否太过简单和表面？

3. 个体成长分期

斯坦纳粗略地把人的发展划分为 7 年一个阶段，而个体从出生到成年可以分为三个不同的阶段。第一个阶段为 0—7 岁，即从婴儿期开始持续到儿童乳齿脱落为止。斯坦纳说可以将这一时期的儿童描述为一个完全的"感知器官"[①]，因为他们能敏锐地感知外部世界，并无限地信任这个世界，对周围世界中的一切信息几乎是全盘吸收。斯坦纳认为，孩子是带着前世的精神来适应尘世的环境的，"这个精神一下子来到一个完全不同的世界，还有一个全新的身体要适应"[②]，所以，7 岁以前的孩子会表现出幼稚、笨拙、莽撞的行为。但是，只要我们去观察，就会看到他们脸上的神色越来越坚定、动作越来越灵巧、精神与身体越来越协调一致。第二个阶段为 7—14 岁，即从第二个出牙期开始至青春期开启为止，灵魂的特质逐渐显露出来，这是儿童迈向世界的重要一步，家庭和学校生活成为他们生活的重要部分。第三个阶段为 14—21 岁，即从青春期开始到真正的成年期开启为止，是意志力和思维力发展的关键时期，这时的孩子将全身心投入学习，为自己未来的事业做准备。

给予孩子足够的时间和空间发展他们的心灵，就会看到他们的生命呈现出动人之相

---

① 斯坦纳. 童年的王国：听斯坦纳讲华德福教育［M］. 霍力岩，李冰伊，译. 北京：中国轻工业出版社，2017.
② 同①.

实践链接：如果 7 年是一个周期，那么作为人生第一个阶段的 7 年确实很重要，这一阶段的发展涉及儿童的各个方面，并对他们未来的发展具有奠基性作用。结合自己的观察，你认为儿童在 3—4 岁、4—5 岁、5—7 岁三个阶段的发展有什么不同？请你与不同年龄班的老师们一起交流每个年龄段孩子的典型特征。

（二）华德福幼儿教育的主要观点

与杜威和蒙台梭利所追寻的基于儿童发展规律实施教育的观点相反，斯坦纳的教育思想完全建立在人智学的基础之上。遵循人智学对儿童发展阶段的认识和儿童在不同年龄阶段表现出的能力和兴趣，华德福教育认为每个阶段都很重要，但不同阶段的教育遵循的教育原则和课程设计的重点是不一样的。本书主要阐述华德福幼儿教育的主要观点和课程特点。

1. 华德福幼儿教育的目标

华德福幼儿教育首先强调人的身、心、灵整体发展，期待保护与激发每一个儿童生命的内在潜能，以帮助儿童形成完整、和谐发展的自我。其次，才是培养具有生活能力和对未来社会发展有用的人才。斯坦纳认为，"在教育中你必须把人看作一个整体，一个不断成长的、有生命的人，而不是一个抽象的想法"[1]。只有这样的教育，才能为一个更美好的人类未来奠基，其具体步骤为"先教学生寻找生活的目的和意义，再教学生探究生活的智慧和乐趣，最后教学生实际生活的技能和方法"[2]。

2. 华德福幼儿教育课程的特点

当前世界各地有几千所华德福学校和幼儿园，它们并没有一套完整、系统的课程，也没有像蒙台梭利教育那样有一套玩教具，但它们都会遵照斯坦纳的人智学理论呈现华德福教育的特色。

（1）追求身、心、灵整体发展的课程观，自觉融入本土文化

在儿童 7 岁前，斯坦纳反对强迫他们进行严格的学习，避免儿童过度使用记忆力和思考力，主张让儿童在自由活泼、自主自律与真实的生活中充分发挥创造力，并使其身、心、灵获得滋养和整体发展，以完成"人的教育"。华德福幼儿园通常会有相对丰富的课程内容，如晨圈活动、木工、手工、烘焙、自由玩耍、农耕、园艺、节庆活动、音乐与韵律舞、偶戏、故事、蜂蜡画、湿水彩画等。这些活动相对轻松、愉悦，具有很强的吸

---

[1] 斯坦纳. 童年的王国：听斯坦纳讲华德福教育 [M]. 霍力岩, 李冰伊, 译. 北京：中国轻工业出版社, 2017.
[2] 衣庆辉, 申卫. 华德福教育概览 [J]. 世界教育信息, 2005（9）.

四川省成都市锦江区润心善育幼儿园

腊八节,孩子们和老师一起制作腊八蒜

引力,有助于儿童身心放松地投入其中,是对儿童灵性的很好保护。

华德福教育工作者不仅注重人智学理论在幼儿园教育中的践行,还会关注社会文化、社群关系对儿童的影响,所以,世界各地的华德福幼儿园课程都会体现出浓重的本土文化特色,尤其是文学故事活动、节庆活动、音乐与韵律舞等。这也体现出华德福幼儿教育工作者的一种文化自觉意识和使命感。

(2)保护儿童的天性,重视温暖氛围的营造,强调感官教育

华德福教育认为,儿童的成长是一个缓慢的过程,需要时间和耐心,也需要引导和鼓励,但不应该在7岁前用太多理性的知识禁锢儿童的天性。儿童是通过感官和身体活动参与到学习中的,他们的感觉支配着他们的整个身心。儿童只有通过自己的感觉器官获得感受、感知和体验,才能了解自然和人类的生活,进而反向哺育自己的精神世界。

山东省济南市童林堡幼儿园

人依靠感官感知世界,而感官滋养更需人与人、人与自然之间的互动交往,非华德福幼儿园也应注重儿童的感官滋养

四川省成都市锦江区润心善育幼儿园

幼儿与自然万物的互动表明,生活中时时处处充满感官教育的机会;幼儿不仅利用感官认识世界,也通过感官滋养心灵

在华德福幼儿园中，感官教育是基础，它通过温暖有爱的环境、自由玩耍、舒缓的生活节奏、亲自然的体验、艺术化的教育活动等各种路径实施，借由滋养感官实现身、心、灵的和谐发展。

实践链接：斯坦纳说："对于那些'乖孩子'而言，他们的身体甚至从婴儿期开始就已经变得沉重，他们的精神并不能完全掌控身体。这样的孩子通常都很安静，他们既不会大喊大叫，也不会跑来跑去，只会安安静静地坐着。他们的身体所产生的抗拒力抑制了精神的活跃。在这种所谓的'乖孩子'身上，常常出现身体抗拒精神的情形。"①你如何理解斯坦纳的这段话？请说说你对"乖孩子教育"的看法，它对儿童的天性有何影响？

（3）关注真实生活的意义，重视儿童生活的节奏和韵律

华德福教育关注更多的是儿童深层次的、整体的发展，尤其是灵性的发展。所以，华德福幼儿园强调遵循个体成长的节律，提供"横向丰裕，纵向有序"的课程内容和主题活动，以满足每个幼儿身、心、灵发展的需要。

在华德福幼儿园里，真实的生活体验很重要，也是其课程特点之一。每天，孩子们都会与老师一起准备餐点、进餐、洗洗刷刷、照顾动植物、烹饪、参加园艺劳动、体验木工活动等。在幼儿看来，这些活动并非劳作，它们像自由玩耍一样是生活的必需。正是在这种自然而然的生活过程中，教师通过良好的示范，传递给幼儿良好的生活态度。

四川省成都市锦江区润心善育幼儿园

孩子们与老师一起揉面、做馅、包汤圆、煮汤圆，美美的食物味也是美美的生活味

四川省成都市锦江区润心善育幼儿园

当孩子们与老师一起栽种植物、照料它并观察它的蓬勃生长时，也获得了来自土地、太阳和植物的滋养

大自然中的日出日落、季节转换是有节律的，人类的呼吸与心跳、睡眠与苏醒也是有节律的。华德福教育认为，人类是自然的组成部分，育人也应该遵循生命与自然的节律，有节律的生活最符合人类生命健康的需要。所以，华德福幼儿园特别强调一日生活的节律，每天的生活流程不轻易变动，借由每一天、每一周、每一月和每一年节律的重复来帮助幼儿安定身心。

---

① 斯坦纳. 童年的王国：听斯坦纳讲华德福教育［M］. 霍力岩，李冰伊，译. 北京：中国轻工业出版社，2017.

（4）注重自然和环境的影响力

无论园所位于何处，华德福的幼儿教育工作者都会把它变成一个美丽又实用的地方，既具有视觉上的吸引力和滋养性，又能体现华德福幼儿教育的基本原则——保护幼儿的感官和精神，便于幼儿参与日常的各项活动。

①创设亲自然、有生命、朴素的户外环境。华德福幼儿园虽然也有滑梯、秋千、攀登架等幼儿喜欢的户外游戏设施，但它们大都由原木制成，甚至由家长和教师用木板、原木搭建而成。在某些华德福幼儿园里，幼儿会攀爬到树上，享受自由和与自然亲近的感觉。几乎每所华德福幼儿园都会打造一个小菜园、小花园，注重农耕和园艺活动。此外，有的华德福幼儿园还会将每间活动室直接连通到院子里，空间相对开放，太阳、土壤、空气、水源、植被、农作物、动物以及老师和孩子们共同构成一个完整的小型生态系统，使得幼儿园环境更具自然气息、生命气息与人文气息。华德福教育希望回归自然，通过鼓励儿童与生命的亲近，支持儿童生命力和意志力的发展，并帮助儿童建构生命观、宇宙观和整体观，培育儿童对自然、对人的善良和爱心。

四川省成都市锦江区润心善育幼儿园

树木一年四季默默地伫立在幼儿园里，吸收阳光、空气和水，奉献树荫、叶子和果实，就像好朋友一样亲密

四川省成都市锦江区润心善育幼儿园

四川省成都市锦江区润心善育幼儿园

自然朴实的户外环境充满生命流动的气息

四川省成都市锦江区润心善育幼儿园

孩子们和老师一起在户外享受手指谣的美好时光

②创设温馨、优美的室内环境，注重真实材料和天然材料的投放。在华德福幼儿园里，教师会使用柔和的灯光、柔和的色彩、木制家具、有质感的朴素玩具等创设温馨又实用的班级室内环境。

因为注重真实的生活，华德福幼儿园会为每个班级打造一个真实的生活区，投放真实的生活工具和材料，并让所有设施、工具和材料都便于幼儿自己取放和使用。

华德福教育为减少刺激、保护儿童的感官，反对声光电产品进入幼儿园。幼儿园会尽可能提供自然材质的玩具和天然的物品，以便幼儿通过接触它们获得真实的感受和体

四川省成都市锦江区润心善育幼儿园

温馨的环境

四川省成都市锦江区润心善育幼儿园

班级生活区

验，同时避免或减少环境污染。幼儿园的地板、楼梯、桌椅板凳、拖把等都是木制或竹制的，玩具的材质以棉布或亚麻布料、羊毛、竹子、木头、果实等天然材料为主。布娃娃是所有华德福幼儿园的标配，它们内装棉花，脸上几乎没有五官和表情，看起来样式陈旧、平淡无奇却能唤起幼儿无限的想象。

四川省成都市锦江区润心善育幼儿园

室内以天然材料为主的简单玩具

③四季桌。四季桌也是华德福幼儿园室内环境的特色之一，其目的是将更多的自然元素引入幼儿的生活，让幼儿一直生活在亲自然的环境中。

四川省成都市锦江区润心善育幼儿园

四季桌：让自然的气息一直萦绕在孩子们身边

（5）注重艺术活动和艺术化教育

遵循人智学的相关理论，华德福幼儿园非常注重艺术活动。与其他幼儿园相比，即使是同样的教学内容，在华德福幼儿园里也是完全不同的呈现方式，其突出特点就是艺术化，音韵舞、歌唱、故事、戏剧、绘画等艺术形式贯穿幼儿园教育教学和生活的全过程。

①优律司美（eurythmy）。这是华德福教育最具特色的教学形式之一，是斯坦纳自创的音韵舞。这种艺术形式把动作、故事和音乐综合在一起，身体舞动时伴随演唱，动作与声音、意义相匹配。华德福教育认为类似的音韵舞可协调幼儿的各种身体机能，增强其生命力。

②湿水彩画。这是用水彩颜料在被浸湿的水彩纸上进行绘画的一种方式，一般选用红黄蓝三原色水彩颜料，在画纸上通过水的渲染会产生流动、活力和变化，为幼儿带来丰富的创作体验和心灵体验。

四川省成都市锦江区润心善育幼儿园
湿水彩画

③蜂蜡塑形活动。这类活动选用的是通过蜂巢和蜂蜡融合而成的自然塑形材料，具有温暖、柔润、无毒等特质，可以反复使用、不沾手，并有天然的香气，能滋养和发展幼儿的触觉与嗅觉。这类活动可以让幼儿享受搓、捏、揉、搓、拉等纯粹操作的快乐，发展手部的小肌肉。蜂蜡的可塑性会随温度变化，也有助于幼儿感官的发展，提升他们活动的耐心、意志力和想象力。

④蜡块画。幼儿采用由天然材料制成的蜡块进行绘画。蜡块是根据幼儿手部发展的特点设计的，易于幼儿掌控。蜡块画是幼儿表达内在感受和认知的途径，而不是对绘画技能的训练。

华德福幼儿园倡导艺术活动，并不是要培养艺术家，也不仅仅指向艺术素养的培养，而是通过艺术活动保护幼儿的天性，支持幼儿的感官探索，满足其身、心、灵和谐发展的需要。

四川省成都市锦江区润心善育幼儿园
老师与孩子们共享歌唱的快乐

3. 华德福幼儿园中的教师

华德福幼儿园中的教师往往做事认真细致，待人谦恭亲切，与人交谈时亲和而有力量，无论说话还是唱歌都会控制音调和音量，让人感觉自然而舒服。他们跟孩子们在一起时总是耐心而体贴，温婉而不急躁，有时候像老师，更多的时候像家人和朋友。

斯坦纳一直认为7岁前作为人生的第一个阶段非常重要，"在幼儿园中，教师必须以身作则，用实际行动向幼儿说明应该怎样做人和生活"[1]。儿童是模仿的天才，所以教师不仅要重视幼儿园的环境和课程，而且应该做儿童最好的榜样。因此，华德福幼儿园对教师的要求很高，他们不仅需要具备相关学历和专业背景，获得幼儿园教师资格证，还需要经过华德福教育机构的相关培训，并在有经验的华德福学校教师的指导下实习一段时间，拥有一定的实践经验。

斯坦纳为教师制定了三条"金科玉律"：以感恩的心情接受学生，带着爱心教育学

---

[1] 尼科尔，等. 华德福教育［M］. 张荣伟，张旭亚，译. 武汉：湖北教育出版社，2020.

生，引导学生走向属于人的真正的自由。最重要的是，教师要保持教育的热情和启发学生的想象力。[1]

另外，优秀的教师还需要进行广泛的学习，不间断地发展自我。斯坦纳认为，他们只有积极地发展自我，才可能在思想、言语和行为方面成为值得儿童效仿的好榜样[2]。

实践链接：斯坦纳对华德福教师提出的三条"金科玉律"，对当下作为幼儿教师的我们有什么样的启发？你怎样理解教师的自我发展？为什么教师只有积极地发展自我才能成为值得幼儿模仿的榜样？

4. 华德福幼儿园与家长的关系

在华德福幼儿园，孩子们和老师、老师和家长犹如家人般相互支持。其实，华德福教育相对小众，一般来讲，选择华德福教育的家长都对华德福教育理念有所了解和赞赏，这也就奠定了家园之间建立密切关系的基础。家长会参与幼儿园事务管理、幼儿园环境创设以及和孩子们一起参与幼儿园各项活动。

四川省成都市锦江区润心善育幼儿园的张俐园长说："选择华德福教育的家长，不仅是为孩子选择了一种教育方法，而且是为自己和孩子共同选择了一种生活方式。孩子回到家后，家长也会和孩子一起不看电视，在日常生活中注意给孩子提供实践的机会，并对大自然及劳动者充满崇敬、感激之心。"[3]是的，只有当家庭的生活方式、教育理念和幼儿园的相一致时，只有当家长和孩子共同成长时，才能实现完全意义上的华德福教育。

实践链接：《幼儿园教育指导纲要（试行）》强调家长是幼儿教育的合作者，华德福教育强调家长是"家人"，家长也会与幼儿园建立密切的关系。在你的幼儿园，你是如何看待家长的？你们之间建立了怎样的关系？又是如何建立关系的？

（三）对自主生活教育的启示

尽管华德福教育在国内是非主流的教育模式，也一直存在如何与其他学段教育衔接、师资短缺以及幼教工作者对华德福教育理念的吸收是否到位、是否能因地制宜进行本土转化等挑战，但斯坦纳的人智学思想和华德福教育理念仍然对我们当下的幼儿园自主生活教育有很多启发。

1. 尊重儿童的天性，不过早、过多地灌输知识

在当下知识教育越来越提前的形势下，我们尤其需要学习华德福教育对儿童天性的

---

[1] 苌庆辉，申卫. 华德福教育概览[J]. 世界教育信息，2005（9）.
[2] 尼科尔，等. 华德福教育[M]. 张荣伟，张旭亚，译. 武汉：湖北教育出版社，2020.
[3] 张俐. 保护童年：华德福幼儿教育[J]. 中华家教，2005（10）.

保护和对儿童生命发展节律的尊重，幼儿园的任务不应该是向儿童灌输知识，过早地向幼儿灌输知识对于他们的生命健康是一种伤害。我们必须回归《幼儿园教育指导纲要（试行）》和《3—6岁儿童学习与发展指南》的基本教育准则，关注游戏和生活的独特价值。

2. 关注幼儿的自主性发展，注重幼儿的自由选择、自主活动和自我管理

斯坦纳认为，"教育是通往自由的历程，我们一定要尽最大努力培养自由的人，让他们有能力定义自己的目标，知道自己的生活"[1]。华德福幼儿园非常关注幼儿的主体意识，不论是大孩子还是小孩子，教师都会鼓励他们自主选择、自己做事、自我管理。教师会通过榜样示范来引导幼儿，也会通过大孩子带动小孩子来启发孩子们的自我学习和相互学习。这与斯坦纳所强调的人的自我教育密切相关，值得幼儿教师好好学习并反思和改进自己的教育实践，把"尊重幼儿"真正刻到心里而非仅仅停留在口号上。

3. 自由玩耍是对儿童心灵的保护，幼儿园应坚持以游戏为基本活动

从身、心、灵整体和谐发展的理论出发，华德福幼儿园为儿童的自由玩耍提供了大量的时间，并认为这是对儿童心灵的最好保护。"以游戏为基本活动"是我国幼儿园坚守的基本教育原则，也应该成为所有幼教人的基本教育常识，并坚持付诸实践。

山东省淄博市齐丰幼儿园

教师与幼儿一起游戏，是对彼此心灵的很好滋养

---

[1] 林登贝格. 华德福教育之父：鲁道夫·施泰纳[M]. 蔡慈皙, 译. 北京：商务印书馆, 2019.

4. 真实的劳动和生活对儿童的成长有着巨大的意义

在华德福幼儿园中，我们常常看到孩子们参与真实的生活和劳动的场景，比如和老师一起擦桌子、洗碗、管理菜园等。回归真实生活的教育恰恰是当下很多幼教机构所缺乏的。教育永远不能独立于生活之外而存在，从杜威到张雪门都强调生活与教育的关系，回归生活并从生活中发现和体验教育的美好需要我们一起去践行。

四川省成都市锦江区润心善育幼儿园　　自己动手做咸蛋　　丰收季节，和孩子们一起享受来自大自然的馈赠　　山东省济南市童林堡幼儿园

5. 慢节奏、慢生活、慢教育应该是幼儿教育的基本特点

华德福教育强调幼儿的生活遵循一定的节奏，重视生活中动静交替的规律性，一日生活的节奏舒缓，教师会轻声细语地与幼儿交谈，幼儿会自主照顾小动物和花花草草……艺术、园艺和农耕活动在华德福幼儿园课程中占有重要地位，恰恰呼应了"育人的工作应该像农业而非工业"这句话。我们已经在"教育工业"的道路上跑得太久、太远，是时候回归教育的原点了。育人，怎么可以速成？！育人，怎么可以批量化生产？！育人，怎么可以如此功利和急躁？！慢下来，成人和儿童就会越来越多地感受到教育生活的美好，体验到生命成长的意义。

6. 艺术教育不仅指向艺术素养的培养，更具有温润生命、美化生活的意义

华德福教育重视艺术教育。华德福幼儿园会基于幼儿的兴趣，每天让幼儿沉浸在水彩画、蜡块画、手工、歌曲、韵律游戏、童话故事中，也会创设温馨的、充满艺术气息的环境，让幼儿每天浸润其中。这样做不是为了培养艺术家，也不仅指向幼儿艺术素养的提升，而是把艺术教育作为一种实施灵性生命教育的通道。我们更倾向于认为，艺术具有温润生命、美化生活的巨大意义，与一个人的人生幸福感直接相关，所以怎样强调也不为过。

7. 教师与父母的榜样作用很重要，所以我们应该和儿童一起生活和成长

华德福教育强调成人与儿童共同生活，也强调成人与儿童自我教育、共同成长。有

慢下来,让孩子们尽情享受阳光、游戏和同伴之间的友谊

山东省淄博市齐丰幼儿园

人说,华德福教育最棒的地方,也许是人与人之间温柔细致的接触及满溢着爱的温暖互动[1]。是的,任何一种教育模式、任何一所教育机构都应该关注人本身,没有情感的投入就不可能产生良好的教育;没有教师与父母的榜样作用,就不可能培养儿童良好的生活观念,也不可能带给儿童应有的成长。

原江苏省教育科学研究所所长成尚荣曾说:"教育家不仅有其本身的贡献,更是一个历史的轨迹,是整个历史发展当中的一个过程。作为在整个历史脉络中具有重要影响的人,在一定程度上讲,他们的很多贡献是具有历史意义的,是具有里程碑意义的。因此,我们不仅要关注这些教育思想,也要去研究学习教育家们。"[2]真正有思想、有智慧的幼儿教育工作者,应抱有开放的心态,吸收优秀的理论观点和各种教育模式的优点,兼容并蓄,在不断学习的过程中逐步坚定自己的教育信念,并积累和提升自己的教育智慧。

---

[1] 加纳美智子. 今天就开始:七岁前的华德福教育[M]. 黄丹青,黄心宜,译. 台北:琉璃光出版股份有限公司,2015.

[2] 摘自"南京市鹤琴幼儿园"微信公众号2023年9月13日发表的文章《向赵寄石老师学习什么?——听虞永平老师讲述大师的生平故事》。

本 章 小 结

本章核心内容如下。

- 杜威是实用主义集大成者，他的主张对 20 世纪中国教育的发展起到了关键作用，他的教育本质论主要包括：教育即生活、教育即生长、教育即经验改造。他的儿童中心论以及从做中学的观点也是我国教育改革过程中倡导的基本观点。
- 陶行知被誉为中国现代伟大的人民教育家，他一生都在以赤子之心为中国民族独立和平民教育而奔波。他倡导的生活教育理论强调：生活即教育、社会即学校和教学做合一。他倡导的对儿童的"六大解放"思想仍是当下幼儿园教育改革中需要教师转变的教育理念。信任和尊重儿童，支持儿童的自主生活、自主游戏和自主学习正是这种理念的实践路径。
- 陈鹤琴毕生致力于学前教育研究和实践，是中国现代学前教育的奠基人和开拓者。他提出的"活教育"理论一直活跃在当今的幼儿园教育中。"活教育"的目标是培养现代中国人，"活教育"的课程强调以大自然、大社会为中心，"活教育"的方法强调做中教、做中学。陈鹤琴还提出了"活教育"的 17 条教学原则，对我们今天的幼儿园教育仍有启迪作用。
- 张雪门是现代中国幼儿园课程理论的主要奠基人之一，他经过自己长期的教育实践提出并逐步完善了幼稚园行为课程理论。行为课程理论的精髓是强调生活实践对儿童发展的重要意义，强调儿童经验的获得依赖儿童的行为。这些观点对我们当下幼儿园的课程建设和自主生活教育意义非凡。
- 蒙台梭利教育思想在世界范围内具有广泛的影响力。蒙台梭利认为，儿童拥有一种"内在生命力"和无穷的力量，教师的任务就是创设良好的环境，激发儿童的"内在生命力"，让儿童按照其内在的"精神密码"自然和自由发展。蒙氏教具不能代替蒙台梭利教育思想的丰富内涵，当下的幼儿教育实践仍然需要从蒙台梭利教育思想中汲取智慧，支持幼儿的自主生活、自主游戏和自主学习。
- 斯坦纳创立了人智学理论。华德福教育追求儿童身、心、灵整体发展的课程观，强调保护儿童的天性，重视营造温馨的氛围，关注真实生活的意义，重视儿童生活的节奏和韵律，注重自然和环境的影响力，重视感官教育和艺术教育等，这些观念对于我们今天幼儿园的自主生活教育仍然有诸多启迪。

第三章

来自优秀教育实践的启示

有很多名字的图书馆[①]

在周二中午的教研活动中，中班老师们不约而同地分享了孩子们如何用自己的方式整理图书馆。

整理图书馆，可以用什么样的方式进行？

每个孩子喜欢的整理方式都是不同的：有的孩子热衷于清点图书；有的孩子热衷于搬运图书；有的孩子热衷于寻找图书；有的孩子热衷于阅读图书；还有的孩子热衷于把图书当建筑材料，将图书叠高变成"书山"，再将"书山"推倒变成"书海"。在整理图书馆的过程中，孩子们将身体全部打开，尽情地享受着与图书的亲密接触。

这些不同的整理方式，有统一的评价标准吗？怎样才是好的或对的？老师们的答案是，没有好与坏或对与错。正如人类社会分工有所不同一样，图书馆也不止有一种整理方式，每一个孩子都有自己的选择，都可以按照自己的方式完成整理工作。

整理完图书馆，孩子们认为一个大家都喜爱的图书馆应该有一个"响亮"的名字。每个小朋友都提出了自己的想法，如"宇宙图书馆""开心图书馆""樱桃图书

---

① 节选自"中华女子学院附属实验幼儿园"微信公众号 2024 年 3 月 27 日发表的文章《教师手记 |"成就美好童年"不是一句口号，要靠许多的教育细节来承载》，略有调整。

馆""花香图书馆"……用哪一个比较好呢？既然是大家的图书馆，那么所有人起的名字都可以用。于是，中三班的图书馆拥有了一个有趣的名字——"有很多名字的图书馆"！

——中华女子学院附属实验幼儿园　张蕾、张芬

尽管当下幼儿教育实践中尚且存在各种各样的问题，幼儿园的自主生活教育也面临诸多挑战，但令人喜悦的是有许多优秀的幼儿园正在进行自己的实践研究，并探索出很多值得我们学习和借鉴的经验。本章介绍了中华女子学院附属实验幼儿园（又叫"花草园"）、江苏省丹阳市正则幼儿园、四川省成都市锦江区润心善育幼儿园、山东省淄博市汇英幼儿园的实践经验，它们是我国诸多优秀幼儿园的代表。它们的实践经验一定会给予我们很多的启示，正如上面案例所反映的那样，帮助我们在孩子们一天天的生活中，通过教育细节来成就幼儿美好的童年。

一、花草园：建造一所师幼"共同生活"的幼儿园[①]

中华女子学院附属实验幼儿园，也被称为"花草园"，创建于 2004 年，位于北京市朝阳区小营路上，是一所隶属于中华女子学院、以教学实验研究为主要目的的幼儿园。

---

① 本文由中华女子学院附属实验幼儿园的胡华园长撰写。

花草园地处闹市，园内空间有限，幼儿数量多、班额大（小班与中班为25~30人/班；大班为35人左右/班）。经过20年的实践，借助"生活化课程"，花草园按照自然和文化的节律，构建了一个成人与儿童"共同生活"的全新教育样态。在这里，幼儿是自主的，无论是生活还是游戏，他们都能够做到自我选择、自我决定、自我创造、自我成长。

为帮助幼儿实现自主生活的目标，花草园一直在不断地进行着尝试与创造。

和孩子们在一起，共享幼儿园的美好生活

中华女子学院附属实验幼儿园

（一）拓展对时空概念的认识，给幼儿更多自由的时间与空间

儿童的生活具有"完整性"特征，表现在他们不仅有自己独特的生活节律，还渴望按照自己的意愿投入到生活之中。但在现实世界中，他们的生活会被成人依据自己的认识，人为地切割成一个一个的活动安排；他们的游戏活动、学习活动和户外活动，被划分成一个个均匀的活动单位；无论是在时间上还是在空间上，他们的活动都受制于成人的想法与安排。这样的生活，很难满足儿童自主生活的意愿。

花草园的教师们拓展了对时空概念的认识，赋予了儿童更多时间上与空间上的自由。秉承"大时间观"，花草园的一天中只有几个大块时间：区域活动时间、户外活动时间、学习活动时间、进餐时间和午休时间。用儿童的生活来填充时间，而不是用时间来规定活动的内容,这样的做法给儿童的生活带来了很大的自主权,比如,上午没做完的事情,他们下午可以继续做。时间安排看起来是松散的,但对儿童来说,专注力一直围绕着当下的生活体验,内在的学习反而是完整的。

时间的宽松带来的是儿童生命的舒展。他们能够按照自己的意愿生活,能够按照自己的时间、自己的节奏呼吸与思考。当然,儿童学习过程中的内部加工,也需要时间来进行。如果不给予儿童宽松的时间,那么本质上是对儿童的不理解、不信任与不尊重。

时间与空间具有很大的关联性。一旦时间解放,空间就会自动得到延展。社会学意义上的空间是"待在一起的可能性",安全、舒适、可亲近、可探索的空间是好的教育体验发生的条件,也是幼儿自主生活的基本保障。花草园为儿童创设的空间从物理特性看,有室内与户外空间,但教师们认为,在同一个时空里,儿童凭借自己的想象与创造将其无限延展的精神空间更为重要。

夏天,来一场酣畅淋漓的打水仗 (中华女子学院附属实验幼儿园)

一米菜园收获啦 (中华女子学院附属实验幼儿园)

秋天,下一场叶子雨 (中华女子学院附属实验幼儿园)

冬天,给大树编织一条围巾 (中华女子学院附属实验幼儿园)

(二)共建一种全新的师幼关系：共同生活

法国哲学家、教育家卢梭在《爱弥儿》(*Emile*)一书中指出："儿童应该有着独立的不同于成人的生活。"但在现实中，儿童因其自身的特质，始终处于与成人共在的被动结构中。无论儿童拥有什么样的活力，他们都不能摆脱与成人共在的社会性情境。

花草园试图重新定义教师与儿童的关系，构建一种"共同生活"的教育样态。教师和儿童是平等的，是相互陪伴的，互为师生。

对儿童来说，构建"共同生活"的师幼关系，意味着他们在幼儿园的地位被重新确立，即重新确立"双主人说"——教师是主人，儿童也是主人；对教师来说，当他们俯下身来和儿童共同生活的时候，他们不需要花很多的脑力，完全可以让自己松弛下来，用心灵与儿童共同生活。这种从大脑向心灵的回归，对教师而言，也是一种专业解放。这种关系的改变意味着教育开始向"生活世界"靠拢，回归到真实的生活之中。

中华女子学院附属实验幼儿园

美食月，师幼共同制作"宝石面条"

(三)借助"生活化课程"，让儿童成为生活的"享用者"

如果儿童的自主生活仅局限于日常，那么这是远远不够的，花草园希望为儿童创造另一种"理想的生活"。花草园创建了一套以儿童为核心，以自然主义和中国传统文化为线索的生活化课程体系，试图用人类美好的文化形塑儿童的生活，帮助他们实现生活经验的重塑与再造。

花草园的"生活化课程"按照四季变化（春生、夏长、秋收、冬藏）与中国文化的主线展开，一共设置了八大主题："耕读三月""生长四月""五月，一起去探索""六月，儿童月""憧憬的九月""十月，我生活的地方""十一月，艺术就在身边"和"十二月，美食月"。这些主题与中华民族在悠久历史中形成的生活轨迹基本一致。教师们力求从儿童经验中最朴素的一些好奇开始，用文化作为解读他们生活与生命的钥匙。

一起来插花　　　　　　　　　制作花草纸

在"生活化课程"中，儿童不仅是学习者，更是生活的"享用者"①。"对于儿童而言，享用意味着在场、融入、参与、汲取、转化、生成。"②在花草园里，儿童是通过"享用世界"完成学习与成长的。因为只有在生活情境中，当儿童沉浸于其中的某一个场景时，他们才能获得丰富的、精神性的学习与成长资源。当儿童是生活的"享用者"的时候，他们的学习与生活不再割裂，是一体的，也是自主的。

为了帮助儿童实现自主生活的愿望，花草园的老师们意识到，成人在和儿童生活的过程中，要时刻保持一份审慎、一份庄严。成人不要总想着如何控制儿童、如何"指导"儿童，而是要不断地思考：儿童能够为我们带来什么？在花草园里，教师通过和儿童一起生活，学会了和儿童一样拥有勇气、好奇心与诚实的品质，还学会了和儿童一样用心

---

① "享用"（enjoyment）是一个哲学概念，也是人的一种存在方式。享用是一个人将全部的精神投入到值得享用的生活对象之中的具身体验行动。在《总体与无限：论外在性》一书中，"享用"概念的法文原文是"vivre de"，英文译为"live on"或"live from..."。金生鈜教授用"享用"一词来表达"沉浸于"生活本身、爱生活、从生活中获得一种愉悦，并认为英文"enjoyment"也能够反映这种"享用"的状态。本文采用金生鈜教授对享用的理解，用"享用"（enjoyment）一词反映儿童在生活中生活、在生活中嬉戏的精神状态。

② 金生鈜. 儿童的美好生活与对教育的享用［EB/OL］.［2021-08-16］. https://mp.weixin.qq.com/s/lGVAmUKgQhtcZI2tjI8HkA.

灵生活。

这些年，花草园通过不断地拓展对时空的认识，给予了儿童更多身体上与精神上的自由；通过对师幼关系的认识与改变，借助"生活化课程"，让儿童成为幼儿园美好生活的"享用者"。这一切，都让儿童在幼儿园的自主生活成为一种美好的现实。

实践链接：花草园给人印象深刻的是园长和老师们对孩子的爱、对教育理想的追求，以及他们具有的哲学素养和教育智慧。胡华园长说："我们都是为儿童点亮心灯的人。"请你对照这句话和花草园的实践反思自己的教育理念和实践。

二、正则幼儿园："游戏部落"里的一日生活样态①

什么是"一日生活"？以前的老师们认为：一日生活是教师根据教学计划，认真上好每一节课；一日生活是认真组织活动，追求幼儿知识和技能的学习；一日生活是作息时间表里需要开展的所有活动。在安排好的时间、游戏、课程或环境里，幼儿统一行动，这样的一日生活还留在人们的记忆里，并不遥远。《3—6岁儿童学习与发展指南》指出："要珍视游戏和生活的独特价值，创设丰富的教育环境，合理安排一日生活，最大限度地支持和满足幼儿通过直接感知、实际操作和亲身体验获取经验的需要。"日本教育家仓桥物三也提出："似流水般的一日生活中，幼儿如小鱼一样在其中游荡，幼儿在幼儿园感受不到一点被教育、被指导。"江苏省丹阳市正则幼儿园的老师们认为，这样的一日生活应该是一个动态的过程，它以生活为基础，在生活中渗透了教育，就像流水一样自然地流淌，无色无形却处处都有目标，处处都有教师隐藏的"小心思"，让幼儿感觉不到是在学习，而是在另一个"家"过自己的生活，真正做到了教育的无痕。

户外印染

四季桌写生

---

① 本文系2018年基础教育前瞻性教学改革实验项目"正则儿童的一天——回归儿童本位的生活课程构建"（编号：JS201810）的阶段性研究成果，由江苏省丹阳市正则幼儿园的邹素花副园长撰写，略有删减。

正则幼儿园的教师们得出结论：幼儿园的一日生活和课程实践肯定不是组织一个活动，或者对某一个领域、某一个片段进行扩展，而是整体的、系统的重构，这就需要对"时间和空间"的基本构架进行追问和思索。于是，正则幼儿园12年前开展了"游戏部落"的实践研究和改革，把办园目标与《3—6岁儿童学习与发展指南》融合到一起，转变对幼儿的认识，创设真正属于幼儿的"游戏部落"，让幼儿有足够的自主性。幼儿园去除以教师为中心、以教材为中心、以教学为中心的一日生活样态，变革成以游戏为中心、以生活为中心、以儿童为中心的一日生活。教师们把教室搬到操场、把自然放进场馆、把情趣融入区域、把学习植根于生活，始终以"儿童视角"来审视环境、材料如何更适合幼儿。他们将教育意图与目的隐藏起来，通过暗示或迂回的方式来预判、观察、分析、回应、反思、调整，不断地支持幼儿、成就幼儿，使幼儿在潜移默化、循序渐进中提升认知和能力。教师们取消了传统的集体教学活动，真正从幼儿的兴趣和需要出发，大量搜集幼儿游戏的证据，并开展大组或小组思维共享活动，帮助幼儿提升游戏经验，进一步推动幼儿深入游戏。

现在，教师们认为，"游戏部落"的一日生活不但是幼儿在幼儿园一天的全部经历，更是幼儿生命充实与展现的历程，是个体在参与、体验与创造中，利用环境自我更新的历程。在整个过程中，幼儿的学习悄然发生，像呼吸一样自然。这样的一日生活才真正符合"游戏部落"之意，即生态、原始、本真，关注幼儿的感受和体验，追随幼儿自然而然的样子。总的来说，正则幼儿园主要从环境、时间、材料、学习方式、师幼关系方面入手做了以下五件事。

江苏省丹阳市正则幼儿园

江苏省丹阳市正则幼儿园

户外探索与冒险游戏

（一）环境重创——有呼吸感的空间

为了能让幼儿有更多的选择、更多的探究，让幼儿园成为一个充满无限探究可能性的地方，正则幼儿园的教师通过整体规划、合理布局，对幼儿园的室内室外、墙面地面按照"儿童视角、居家风格"的原则进行了设计。从 2012 年开始，幼儿园经过百余次调整，形成 100 多个游戏部落，如小书房、小厨房、音乐角、美工区等，还原了生活场景，同时考虑到了范围划分、路线清晰、动静分开、安全因素、光源和水源，并随着节气、节日及儿童的需求不断变化，真正让空间灵动起来。

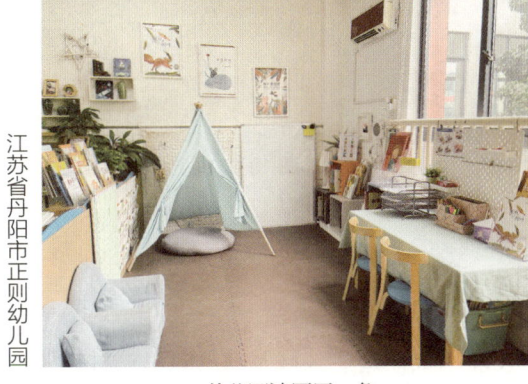

幼儿园读写区一角

江苏省丹阳市正则幼儿园

幼儿园美工区一角

江苏省丹阳市正则幼儿园

（二）时间重塑——有自由感的时间

在一个充满选择的"游戏部落"里，它的每一分、每一秒都含有价值，教师的每一言、每一行都有着思考。幼儿园经过 11 次的调整修改，对以前硬性的、碎片化的作息时间进行了审思、整合与变革，形成了幼儿园"一日生活"新样态，包括晨圈、过渡环节、游戏活动、游戏分享等。教师提供游戏区的范围，在游戏时间里到哪里玩、跟谁玩、怎么玩则由幼儿自己做主。

每个班级都有一面大大的计划墙，墙面上标明了什么时间、有哪些游戏区开放以及每个区可以容纳几个人等。从小班刚入园的"室内或室外"的 1 小时游戏计划制订，逐步过渡到中班"室内＋室外"的 4 小时游戏计划制订，再到大班"室内＋室外＋场馆"的日游戏计划甚至周游戏计划和月游戏计划制订，就这样幼儿通过每天自己规划和安排游戏逐渐拥有了计划意识，学会了规划和管理时间。按照幼儿每天在园 8 小时计算，改革前 18% 的时间是幼儿自主的，82% 的时间由教师高控；改革后，幼儿有 98% 的时间自主管理，时间从高控走向自主，不再是机械的直线，而是当下一个个充盈、丰满、鲜活、有意义的时刻，也真正让时间"流淌"了起来。

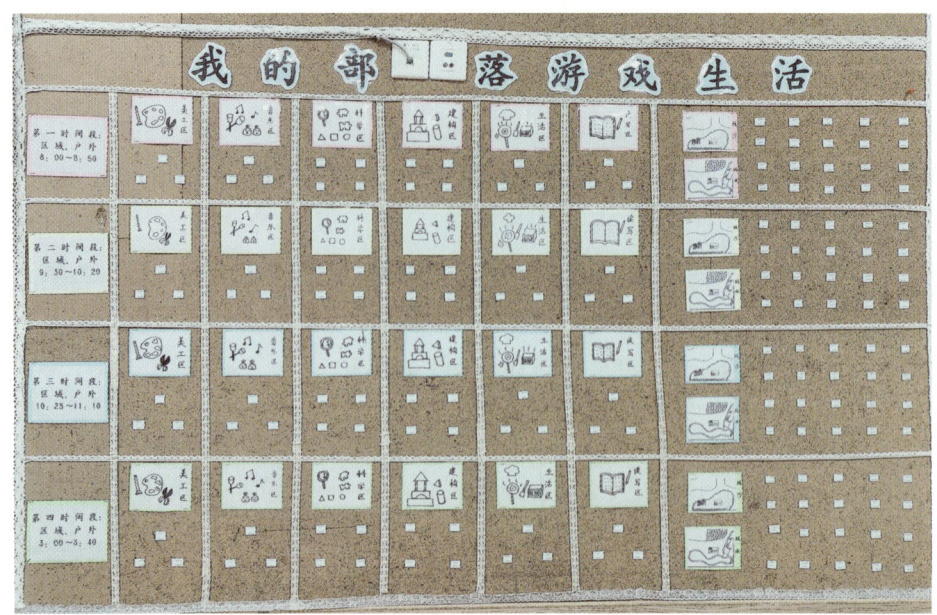

江苏省丹阳市
正则幼儿园
计划墙

（三）材料重研——有自然感的材料

有了100多个"游戏部落"，如何把知识与技能隐藏在这些区域及其材料里？材料如何摆放能吸引幼儿，方便幼儿使用？……正则幼儿园投放了以下四类材料，它们与幼儿的年龄、经验、发展需求相符，与四季相连，与生活相融，与时代结合。

1. 基础类材料

这类材料是各个区域游戏的基本保障，如柜子、篓子、各种笔、纸等。

2. 任务类材料

这类材料隐藏了教学目标和意图，如步骤图、任务卡、拼图等。

3. 支架类材料

这类材料可以进一步丰富幼儿的经验，比如，向幼儿暗示玩什么、怎么玩的材料，或者不断支持幼儿探究游戏的材料，包括工具书、名画、名曲等。

4. 自然类材料

这类材料来自大自然，它们没有固定的指向性和具象性，可以单独使用，也可以和其他材料结合使用，如沙子、鹅卵石、树叶、松果等。

这些材料满足了幼儿身心发展的需求（"吸"的过程），幼儿通过玩这些材料（"呼"

江苏省丹阳市
正则幼儿园
有准备的材料

的过程）自由进行实践和探索，就在这一呼一吸间，"游戏部落"里的材料变得更具生命力。

（四）方式重转——有体验感的探究

当"游戏部落"里的生活成为幼儿自己的生活时，教育与生活变得密切相连，幼儿忘记了自己是在幼儿园里学习，不再是每天机械地按照规定完成任务，而是能够主动地、凭着自由感和内驱力去选择、去探究、去发现，真正实现了以下三点。

1. 儿童发起

活动前，幼儿已提前知晓自己一天的活动区域和活动要求，并根据班级教师提供的游戏区范围，以及"何时玩、在哪儿玩、几人玩"的板块设计，为自己制订某一个时间段或一天的活动计划。到了中、大班，幼儿还会结合传统文化中的"特殊的日子"，如园庆日、庙会日等，将它们标注在周计划、月计划中，并对活动充满期待。

此阶段，幼儿能够自主选择活动内容、活动形式，他们的个性化计划自然而然地诞生，可以根据自己的需要开展活动。

2. 儿童参与

活动中，幼儿完全参与，在体验、操作、合作、交流、思考中充分调动自身的每一个感官，获得学习与发展。

江苏省丹阳市正则幼儿园

幼儿在室外探索水的流动

3. 儿童决策

活动后，幼儿根据自己的兴趣记录自己的所见、所闻、所思、所悟，留下学习、探究的足迹；与同伴交流、分享，对自己或同伴的游戏做出评价，并决定是持续探究还是重新探究。

（五）关系重建——有陪伴感的互动

教师给幼儿最好的礼物是温暖、真诚而敏感的陪伴。在幼儿园一日活动中，教师在场

教师陪伴幼儿阅读

江苏省丹阳市正则幼儿园

就是对幼儿的一种支持。通过活动前提供有准备的环境和材料，活动中观察、倾听和记录幼儿，以及活动后的分析、归纳与总结，教师全程陪伴幼儿，适时与幼儿进行有意义的对话。这种对话来自师幼的共同经历，来自他们共同度过的很多时刻，是幼儿和教师的真正链接。

正则幼儿园12年的改革历程，让教师们更加坚定地相信：每个儿童都是独特的个体，是学习的主体，是具有主观能动性的人；教师应以欣赏的态度充分放手，尊重他们的想法，理解他们的学习方式，在一日生活中不断地倾听、发现、了解他们，找到他们发展的差异和规律，并通过陪伴式回应、思维共享、支持、拓展等，让他们按照自己的发展节点创造一个个属于自己的高水平游戏。

正则幼儿园的教师做每一件事时都会问自己："是什么？为什么？做什么？怎么做？"对于每一个教育行为，他们都尽力"知其然，也知其所以然，并明其所向、知其所往"。教师们的思想在不断精进，他们从实践者变成思考者，从无序探索做到了系统反思，学会了心、脑、手合一，真正实现了自身的专业成长。

所以，幼儿园的一日生活要"活"到儿童的天性上去，让儿童成为自由的探索者；"活"到儿童的生活上去，让儿童在真正的生活中认知、选择和判断；"活"到儿童的活动方式上去，让儿童成为快乐的游戏者。在这样的一日生活中，儿童的经验在建构、思维在深入、能力在发展，使他们获得终身受益的学习品质，实现幸福的童年。

实践链接： 正则幼儿园坚持以"儿童为本"，坚信幼儿是积极主动、有能力的学习者，教师应以欣赏的态度充分放手，尊重他们的想法，在幼儿园一日活动中真正实现儿童发起、儿童参与和儿童决策。请你对照反思自己幼儿园的现状，说一说学到了什么以及如何调整和完善。

三、润心善育幼儿园：生活在家园、花园、乐园和学园之间[①]

四川省成都市锦江区润心善育幼儿园创办于2004年，是一所以贯彻落实国家教育方针为指导原则、以华德福教育理念为特色的幼教机构，兼具集体式家庭生活和家庭式教育机构的特点，是孩子们的"家外之家"。

（一）教育理念

人的发展是在身体和心灵的成长、转化、融合过程中自我意识逐渐觉醒，成为身体和心灵主人的过程。6岁前是儿童神经系统的分化成熟以及感觉统合能力发展的主要阶段；协调的身体动作和借由感官发现世界的喜悦，是这个年龄段儿童具有的天赋。所以，他们并非单纯地来到幼儿园"接受教育"。润心善育幼儿园更注重让幼儿身处一个精心设计的环境中，激发他们自然而然地实现自我教育。

润心善育幼儿园逐渐明确了以下基本教育理念和原则。

1. 以教师的"做"与"身为典范"激发幼儿的主动性。
2. 提供能够支持幼儿自己行动的游戏材料，比如，简单的物件和材料能够给予幼儿充分想象的空间，蕴含无限可能的玩法。
3. 通过创设适宜的游戏空间来激活和呵护幼儿的感官。
4. 通过规律的活动以及早晨、饭前、晚上入睡前的仪式，帮助幼儿养成良好的生活习惯。
5. 每日、每周、每月与每年的节律性安排。
6. 给予幼儿全神贯注的时刻，在一天中留有这样专注与自我觉察的时刻。
7. 通过行为和范例，让幼儿知道如何做。
8. 多制造和大自然相遇的机会。
9. 将幼儿放入意识之中，带入思绪中，维护与幼儿的亲近与关爱关系。
10. 向幼儿展现愉悦、感恩、敬畏和好奇心。
11. 设定界限，让幼儿活在清晰的界限之中，给予其安全感与方向感。

[①] 本文由四川省成都市锦江区润心善育幼儿园张俐、王丽华老师撰写。

（二）活动设置

润心善育幼儿园采用混龄班设置，倡导营造爱和温暖的氛围，让幼儿体验集体式家庭生活的独特魅力。

1. 环境之育

室内环境像家一样温暖舒服，幼儿在这里可以得到全然的呵护和充分的信任。通过家庭生活、自由玩耍、艺术活动，幼儿获得身心健康发展、自在自信的内在力量。

四川省成都市锦江区润心善育幼儿园

像家一样温暖和亲切的室内环境

室外环境以自然朴实、生机盎然的花园、菜园和乐园为特色。在天地自然间，幼儿全身心地自主运动、自由玩耍、自在工作，获得顶天立地的力量和韧性。

由家庭、幼儿园和社区共建的"共享田园"，将教师和家长凝聚在一起，实现"一个村庄养育一群孩子"的教育理想。

四川省成都市锦江区润心善育幼儿园

朴实无华、亲自然的室外环境

朴实无华、亲自然的室外环境

2. 一日呼吸之流

润心善育幼儿园的一日节奏是根据幼儿的"心灵呼吸"来设计的。幼儿自主的活动是"呼出",教师主导、幼儿跟随的活动是"吸入",进餐等活动则"呼吸"兼有。

(1) 入园

清晨,孩子们背着书包进入校园,时而漫步、时而奔跑,像一个个小精灵穿过有七棵银杏树的大草坪,路过哥哥姐姐的庄稼地、长青藤蔓、竹林公园、蜡梅树丛进入幼儿园的花园。进行晨检后,他们穿过花园篱笆来到教室门口,与正在准备环境的教师相遇。然后,他们有条不紊地把书包里的换洗衣服、干净餐具拿出来整整齐齐地摆放到置物架上,拿抹布清洁自己的储物柜和鞋架。之后,换上室内鞋进入教室,或者在户外自由玩耍。

(2) 自由玩耍及主题活动

每天上午,有的班级是上半时段在室内活动,下半时段在室外活动;有的班级的节奏正好相反;有的班级半天都在室外活动,以满足幼儿在花园或菜园充分活动的需要。在室外时,幼儿的大肢体动作得到了更多的发展。孩子们会自主地攀爬玩耍屋或大树、跳绳、拍球、搭建东西、荡秋千、在沙坑中玩耍,或者参与到老师们的园艺活动、庭院洒扫、设施的维修维护或者室外庭院建设中。有时候,孩子们会去自己班级的菜园里种植、浇水、除草、施肥、采摘等。有时候,孩子们也会去远足散步和探险。

下雨天在沙坑中玩耍　　专注玩石子的孩子们

在室内时，孩子们会热情地参与娃娃家活动、搭建活动、故事会等，各行各业、各种人物角色都可能出现在他们的游戏中。同时，孩子们也可以选择参与由老师组织的主题活动，如湿水彩绘画、手工、蜂蜡塑形、烘焙、烹饪等。一些孩子还会兴趣浓厚地参与到老师们的工作中，如准备点心、打扫卫生、缝补玩具、给木制物件打蜡、淘米煮饭、洗毛巾等。

四川省成都市锦江区润心善育幼儿园

蜂蜡故事活动

四川省成都市锦江区润心善育幼儿园

烹饪活动

（3）圆圈律动

上午时间过半之后是圆圈律动活动，这是由教师引导的具有语言、艺术元素的群体协作性律动活动。活动中，教师和孩子们围成一个圆圈，围绕自然季节和童话故事主题，配合歌谣、游戏、音乐等进行律动活动。

（4）故事偶戏

午餐前或者午餐后是每个班的故事偶戏时间。教师会以平静的语气和美好的语言讲述故事，让幼儿沉浸其中，这样的活动被视为哺育幼儿心灵的"乳汁"。教师讲述的故事包括自然故事、民间传说、童话故事、生活故事等。教师期待通过故事激发幼儿对世界的崇敬与热爱，培养幼儿内在的道德与勇气，并发展幼儿的语言表达能力与倾听能力。

四川省成都市锦江区润心善育幼儿园

故事偶戏

偶戏是故事的另一种呈现方式，教师在讲述故事的同时，以各种布、丝绸、石头、木头等材料为布景，通过操作桌面立偶、提线木偶等来配合演绎故事。偶戏是一种温暖、有生命的立体呈现方式，可以帮助幼儿理解丰富的语言，滋养其内心世界。

（5）午餐及清洁整理

午餐前，孩子们会一起进行餐前准备，如擦桌子、盛饭、分菜。孩子们也会在餐前唱一首歌，以表达对食物、准备食物的人以及帮助食物成熟的天地的感谢，然后大家一起享用午餐，餐后自己洗碗。如果孩子的年龄太小，那么大一些的哥哥姐姐会主动帮忙。午餐结束，大家会一起进行清洁整理，如倒渣盘、擦桌子、扫地、擦地、清洗餐盒和餐桶、送餐桶到厨房等。

老师，你可以帮我洗碗吗？

（6）午休

午休时，教师会营造一个温馨、安静的氛围，孩子们自己脱衣服并叠好放在固定的位置。随后，一首轻柔的摇篮曲或由莱雅琴弹奏的美妙音乐，陪伴孩子们进入午休。起床时，首先教师会慢慢拉开窗帘，让阳光和老师的歌声唤醒孩子。之后，孩子们自己穿衣服，哥哥姐姐或教师会协助太小的孩子，同时教师会根据孩子的发展情况留出足够的时间和空间让孩子自己尝试穿衣服。孩子们自己或者相互帮忙叠好被子。

四川省成都市锦江区润心善育幼儿园
大孩子会自动帮助小孩子

（7）涂鸦绘画

午休后，孩子们可以自己取来蜡块、纸张或画板进行涂鸦绘画。教师不会教幼儿如何作画，他们深信，这样做有助于幼儿将自己身体和心灵的发展呈现在涂鸦绘画中。教师通过观察孩子们的绘画作品就可以看到其真实的发展状态。

四川省成都市锦江区
润心善育幼儿园
自由创作蜡块画

(8) 午点及收拾整理

午点之后就是收拾整理时间，孩子们会把自己的小碗洗干净，装在自己的碗袋里，再将碗袋和水杯等物品放到自己的书包里。之后，大家一起收拾整理房间。每个人都有一块小帕子，老师和孩子们一起蹲在地上，在老师的歌声中一起清洁地板，这样的活动可以将幼儿上下肢的力量整合在一起。

四川省成都市锦江区
润心善育幼儿园
一起擦地板

(9) 再见圈及离园

一整天的活动结束后，教师和孩子们又围成一个圆圈，唱一首再见歌："我们旅行了很远，即将回到自己的家，跟自己的爸爸妈妈相聚。"

一天的幼儿园生活就此暂告一个段落，大家也期待明天的再聚。

3. 年之循环

一年的节律通过二十四节气、四季、传统节日以及每个人的生日庆典活动融入孩子们的生活,孩子们通过这样每年循环的活动体验和感知时间与年的概念。润心善育幼儿园每年将清明节、端午节、秋日中华童话节和冬至节作为四大节日,会举行比较隆重的活动。

四川省成都市锦江区
润心善育幼儿园
端午佩兰

润心善育幼儿园希望每一个生命最初的底色都能呈现出健康快乐、自在饱满、专注平衡、全人整合的状态。它希望幼儿园的生活能支持幼儿建构生命的五个基本支柱。

* 坚守身体健康,拥有饱满的生命力:这是幼儿园的首要任务。健康且充满活力的孩子,未来无论在哪里,也无论面对怎样的困难,都会有力量去奋斗。
* 探索生命的意义,珍惜人生之旅:保有探索生命意义的好奇和憧憬,是儿童站在大地上,走向未来的动力。
* 呵护儿童的心灵和情感,培养良好的关系:教师和父母都应用心看见孩子、聆听孩子、感知孩子,建构良好的亲子关系和师幼关系。让孩子获得爱与信任,是其在未来社会立足的根基。
* 支持孩子学习,奠定人生自信:学龄前孩子通过模仿学会照顾自己和他人,用身体和意志完成每一件事情,获得能力和成长并充满自信,这是他们人生幸福的源泉。

* 留出自主的空间,让孩子成为真正的自己:当孩子自由玩耍、自在工作、自主阅读的时候,当他们自己出于内在的主动性而做一件事情的时候,他们才能真正感知到自己,这可以为他们迈向自在人生奠定坚实的基础。

华德福教育本身就是一个本土化的践行过程,它必须与当地的政策、文化、环境、社会和历史结合起来。100年来,华德福幼儿教育逐渐吸收了很多元素,如各种有利于儿童身心发展的教育元素、传统文化元素、自然元素、健康元素等。当华德福教育落地到中国时,我们必须基于我们国家的教育政策和指导思想进行课程设计,比如,可以把传统节日、节气、传统文化等融入幼儿园的教育和保育工作中。润心善育幼儿园坚持和坚守的只有一个原则,那就是:以儿童为中心,看见儿童、理解儿童,做好儿童观察和儿童研究,切实从儿童成长发展和需求出发设计适合他们的课程和活动,而教育理论只是支持系统而已。

实践链接:润心善育幼儿园践行的是华德福教育思想,它的课程不仅突出华德福教育特色,而且强调中华传统文化,并将其融入孩子们的一日生活之中。请问,你对幼儿园教育特色持什么态度?谈谈你对华德福教育的认识。

四、汇英幼儿园:与孩子一起创造美好生活[①]

2011年,山东省淄博市汇英幼儿园开启了基于自主理念的生活教育实践研究。在深刻理解陶行知提出的"生活即教育""好的生活就是好的教育"的思想基础上,幼儿园确立了"为孩子创造好的生活,与孩子一起活出我们最好的生命状态"的目标。教师们不断审视教育生活的意义,思考幼儿园好生活的样态。通过一次次反思和讨论,好生活的样子在老师们心中逐渐清晰起来,老师们也在实践中开始与幼儿一起创造"属于我们的美好生活"。

(一)营造充满尊重、接纳、关爱、温暖的精神氛围

创造好的生活首先要给孩子一个好的精神氛围,就是让每一个走进幼儿园的孩子都能感受到"这里的每个大人都很好,他们都很喜欢我",让每个孩子都能体验到被尊重、被接纳、被关爱、被欣赏、被鼓励、被允许的感觉。幼儿园通过每学期全体教职工的"开学第一课"来让大家达成共识,让每位教职工都了解幼儿园的生活教育目标和幼儿园

---

① 本文由山东省淄博市汇英幼儿园韩冰川老师撰写。

的课程理念，知道生活在孩子身边的每个人都是他们生命成长中的重要他人，要真诚地关爱每一个孩子。幼儿园还通过"生活美学系列沙龙"活动，让老师们一起从爱自己开始，学会爱家人、爱孩子、爱工作、爱自然、爱生活。老师们在与幼儿共同生活的过程中成为更好的自己，并共同为幼儿营造有利于成长的良好精神氛围。

（二）创设支持幼儿自主生活、游戏、学习的物质环境

好的生活要有好的物质环境，好的物质环境能够给人带来幸福感。一所幼儿园的环境所呈现出来的状态就是这所幼儿园所有人的状态，看一所幼儿园的环境就能知道这所幼儿园里的老师和孩子们是否在认真地生活。因此，汇英幼儿园重视物质环境的创设，并在环境创设的过程中充分地放权给班级的老师和孩子，让他们真正成为教室的主人。幼儿园努力创设美丽的、质朴的、有秩序的、有品质的以及充满自然气息、儿童气息、教育气息、生活气息的环境，支持孩子们自主地生活、游戏和学习。

充满自然气息的室外环境

山东省淄博市汇英幼儿园

有秩序、有美感的室内环境

山东省淄博市汇英幼儿园

（三）不断优化幼儿的一日生活

孩子们在幼儿园里每一天的生活都应该是好的生活。汇英幼儿园关注孩子们的自主性发展，不断优化孩子们的一日生活，包括：解放孩子们的时间，允许每个班级的老师和孩子拥有适合自己的生活节律；优化师幼互动，让好关系成就好教育；减少不必要的集体行动，给孩子们更多自由自主的机会，让他们主动地、充满活力和热情地按照自己的方式学习和生活；开展自主游戏、生活课程，追随孩子们的兴趣和需求，让他们每天在生活、游戏、行动中学习和成长。

山东省淄博市汇英幼儿园

孩子们每天都有大段自由自主活动的时间

（四）让自然融入幼儿的生活

好的生活离不开与自然的亲密接触。汇英幼儿园开展"我和四季有个约会"课程，让大自然真正成为孩子们的活教材。每周五是幼儿园的"自然日"，教师们带领孩子们走进社区，走进自然，让孩子们打开感官充分地感受与体验，与自然连接，感受自然的滋养，从自然中获得能量。教师们通过基于自然的教育支持孩子们更开放、更自由地想象与创造，帮助他们成为内心富足、有力量、能自得其乐的人。

山东省淄博市汇英幼儿园

在每周五的"自然日"，孩子们都会走进自然

（五）开展难忘童年系列活动，让幼儿的童年拥有闪亮的日子

教师们设计并开展难忘童年系列活动，迄今已有18年了，其中包括："六一"快乐自由风、合宿（毕业班幼儿离园前会在幼儿园独立住上一晚，教师会和孩子们共同商议活动内容并共同准备）、小豆豆运动会、童话节、毕业典礼、自然日、爱心跳蚤市场……这些活动带给孩子们的是生动鲜活的生命经历，是幸福温暖的情感体验，是难以忘怀的美好回忆，是深度参与所带来的自主成长。教师们将这些活动融入课程并遵循自主生活的理念不断完善，让活动成为课程，也让课程成为孩子们的生活，成为他们生命中那些难以磨灭的闪亮的日子。

难忘童年系列活动让孩子们的童年拥有闪亮的日子，也为他们积累一生幸福的力量

（六）做有根的教育，在生活中传承文化

好的生活应该是与传统文化相链接的。教师带领孩子们过好传统节日，了解二十四节气，感受中国人独有的生活节奏、生活方式和传统文化，让民族文化扎根于孩子们的生活，为他们的人生打上精神的底色。

（七）创建一间幸福教室，让好生活落地

多年来，有关生活教育的实践研究让教师们坚信：从事幼儿教育工作，不只是在燃烧自己、照亮别人、无私奉献，也是教师和孩子们彼此滋养、彼此照亮、彼此成就的过程。只有幸福的教师才能带出幸福的孩子。一所好的幼儿园、一种好的教育，一定是由一间间幸福教室来体现和完成的。教师们也坚信：教育的终极目标是指向幸福的，不仅指向幼儿未来的幸福，更指向他们当下的幸福；不仅指向孩子们的幸福，也指向教师的

幸福。教师们达成共识：要与孩子一起创建一间幸福教室，在像家一样的环境中，在充满尊重与关爱的氛围里，与孩子一起自在从容、平和喜悦地好好生活。在这一间间幸福的教室中，教师们努力追随孩子的兴趣和需求，生成有意思又有意义的课程，支持他们在那些能给他们带来心流体验的、能让他们散发光芒的事情中主动热情地学习和成长。

通过对生活教育的研究和实践，汇英幼儿园的教师们牢固地建立起"儿童本位"意识，"生活即教育""好的生活就是好的教育"理念已经深入到每一位教职工的内心。大家也会一直努力，和孩子们共同创造美好的生活，一起活出"我们最好的生命状态"。

实践链接："董旭花教授工作室"微信公众号2023年9月13日发表了汇英幼儿园韩冰川老师的文章《创建一间幸福教室》，请你阅读并说一说你是怎么理解"幸福"一词的。为什么要创建一间幸福的教室？怎样才能创建一间幸福的教室？

本 章 小 结

本章核心内容如下。

- 中华女子学院附属实验幼儿园经过20年的实践，按照自然和文化的节律，构建了一个成人与儿童"共同生活"的全新教育样态。他们解放孩子们的时间，延展孩子们的活动空间，构建教师和儿童相互尊重、彼此平等、互为师生、相互陪伴的全新师幼关系，借助"生活化课程"，实现建设师幼"共同生活"的幼儿园目标。
- 江苏省丹阳市正则幼儿园的所有教师达成的共识是：幼儿在园一天的全部经历，是幼儿生命充实与展现的历程，是个体在参与、体验与创造中利用环境自我更新的历程。所以，他们通过有呼吸感的环境、有自由感的时间、有自然感的材料、有体验感的探究、有陪伴感的互动，帮助幼儿获得终身受益的良好品质，享受有意义的一日生活。
- 四川省成都市锦江区润心善育幼儿园推崇的是华德福教育理念，认为人的发展是在身体和心灵的成长、转化、融合过程中，自我意识逐渐觉醒，成为身体和心灵主人的过程。他们采用混龄编班，倡导教师营造爱和温暖的氛围，让孩子们体验集体式家庭生活的独特魅力，让孩子们每天生活在家园、花园、乐园和学园之间。
- 山东省淄博市汇英幼儿园基于陶行知的生活教育理论，秉持"为孩子创造好的生活，与孩子一起活出我们最好的生命状态"的教育目标，通过营造充满尊重、接纳、关爱、温暖的精神氛围，创设支持幼儿自主生活、自主游戏、自主学习的物质环境，不断优化幼儿的一日生活，让自然融入幼儿的生活，开展难忘童年系列活动，做有根的教育，以及创建一间幸福教室，让好生活能真正落地。

四川省乐山市实验幼儿园

第四章

我们的主张：自主生活教育的理念和原则

钱老师减肥记[①]

为了方便大班幼儿观察并记录自己体重的变化，教师把体重秤放在大四班门口的走廊里。有一天早上，钱老师站上去称了称说："我好胖啊，要减肥了。"孩子们热情地围过来，有人说钱老师胖一点好看，有人说钱老师需要减肥了……围绕着"钱老师胖点好还是瘦点好？"这一话题，孩子们展开了一场辩论，最终孩子们和钱老师达成一致意见：减肥。孩子们开始记录钱老师当下的体重，发现体重秤是以"千克"计量的，测量结果与其他秤不同。孩子们又对"秤"产生了兴趣，找到了生活中各种各样的秤，并了解到弹簧秤、老式木杆秤、天平秤、电子秤等在生活中的用途。

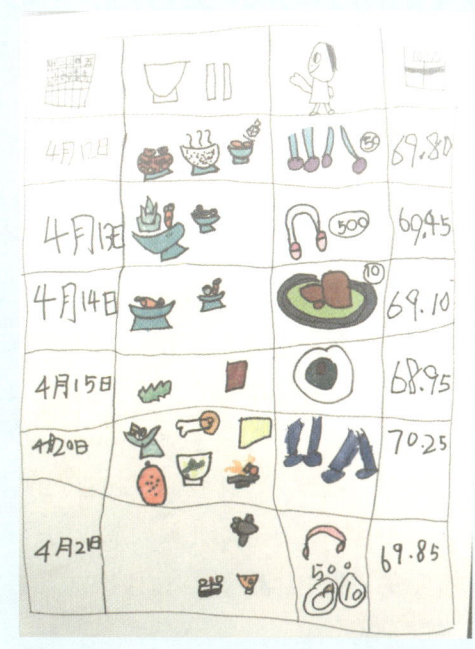

在孩子们的陪伴下，钱老师的体重真的在一点点减轻。可是有一天，孩子们发现钱老师的体重非但没减少，反而增加了，他们让钱老师如实交代这几天都吃了哪些东西，然后给钱老师列出吃了易胖的食物清单，还提出午餐时钱老师要和他们一起吃，大家一起监督钱老师。如果发现哪天的午餐没有水果，孩子们还会偷偷地把自己吃的核桃仁塞到

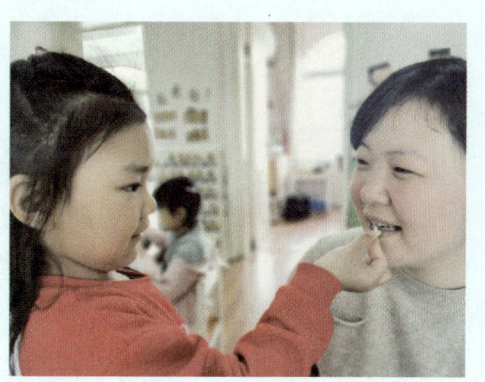

---

① 改编自"无锡市梅村中心幼儿园"微信公众号 2021 年 5 月 13 日发表的文章《钱老师减肥记》。

钱老师的嘴里。孩子们担心钱老师一个人运动会无聊，专门安排了每天的运动项目和陪练人员。

钱老师心语： 在孩子们陪我减肥的这段日子里，我很幸福，时常和孩子们共进午餐，听他们对我唠叨"少吃肉，多吃蔬菜"。在这段日子里，我也很忙碌，他们一会儿让我跳绳，一会儿拉着我跑步。令我欣慰的是，孩子们的一举一动不仅是在监督我减肥，更是在默默地告诉大家，只有每天锻炼身体、每天合理饮食才会有健康的身体。我想，这比我上多少节集体教学活动课都更有效果，更能激发孩子们思考如何保持自己的身体健康。

减着减着，我突然发现体重已经不是大家关注的焦点，减肥过程中建立的健康生活理念成了我们额外的收获，比如：要合理饮食；要吃健康有营养的食物；要养成良好的生活习惯；要多运动；早睡早起身体好；等等。在与孩子们相处的过程中，我不再是一个教师，而是孩子们需要时刻关注的"孩子"，是他们想要保护的家人。

《钱老师减肥记》让我们看到教师与幼儿走进彼此生活的美好样态，也让我们感受到满满的生活气息以及教育的温情与美好。由幼儿关注教师的生活所引发的"减肥"事件，成为教师与幼儿共同生活的链接。在帮助钱老师减肥的过程中，幼儿主动地参与到教师的生活中，而教师也敏感地抓住这一教育契机，引导和支持幼儿建立起健康的生活理念，养成了合理饮食、早睡早起、经常运动的良好习惯，实现了师幼的共同成长。"来自生活，在生活中，通过生活"是生活教育的起点与路径，与幼儿一起自主地过美好而有意义的生活就是最好的教育。让我们一起建立自主生活教育的正确理念，把握基本原则，与幼儿一起好好生活，在与幼儿共同成长的过程中体验"生活向前向上"的快乐，在与幼儿共同生活的过程中让教育自然而然地发生。

一、好的生活就是好的教育

纵观古往今来那些著名教育家的思想以及那些享誉世界的优秀的教育模式，我们不难发现，好的教育是相通的。它们都是以儿童为本，基于生活、重视生活的价值、关注儿童生命的成长，沿着让儿童幸福的思路展开的。因此，幼儿教育的中心不能聚焦于固化的教材，而应该转向儿童和儿童的生活。今天，基于儿童的生活、为了儿童的生活、为了儿童更好的生活的教育，已经成为越来越多的幼儿园的共识。

（一）生活决定教育，过什么样的生活便是受什么样的教育

"生活即教育""好的生活就是好的教育"是陶行知先生提出的观点，它直指生活与教育的关系问题，即生活决定教育，并揭示了什么是真正的教育。

生活决定教育，所以好的生活就是好的教育。这是生活教育的底层逻辑，也是本书的重要主张之一。如何理解这一主张呢？陶行知指出，"过什么生活便是受什么教育：过好的生活，便是受好的教育；过坏的生活，便是受坏的教育；民主的生活才能培养民主的人，专制生活中可以培养奴才和奴隶，但不能培养人民做主人……我们要想受什么教育，便须过什么生活。"比如，我们评价一个幼儿所接受的幼儿园教育是好是坏，就看他在幼儿园过的是怎样的生活。如果教师对幼儿没有基本的爱和尊重，幼儿体验到的是压抑、紧张、焦虑甚至恐惧，幼儿根本不喜欢幼儿园的生活，那么我们可以肯定地说，他所接受的幼儿园教育就不是好的教育。同理，家庭教育也是如此。如果孩子在家庭中所过的生活不是好的生活，那么家庭给他的就不是好的家庭教育。因此，我们坚定地相信，有好的生活才会有好的教育，幼儿园教育应该让幼儿在园期间过好的生活。幼儿有没有过好的生活、有没有获得幸福，是衡量幼儿园教育成效的最根本的标准。

教师和幼儿在一起愉快地生活就是好生活的样态，好生活不是教师创造给幼儿享用的，而是教师和幼儿共同创造的

山东科技大学幼儿园

（二）对"好生活"的思考是教师儿童观、教育观、生活观的重塑

什么是好的生活呢？陶行知曾经通过实践为我们描绘了好生活的具体内容，即"康健的生活""劳动的生活""科学的生活""艺术的生活""改造社会的生活""能够引导大众向前向上的生活"。那么，对今天的幼儿来说，什么样的生活才是好的生活呢？康健的、劳动的、科学的、艺术的、改造社会的、引导幼儿向前向上的生活，孩子们已经拥有了吗？幼儿教育工作者在埋头苦干之前是否应该把"什么样的生活才是好的生活？"这个问题想清楚呢？

其实，对好生活的思考是对我们的儿童观、教育观、生活观的重塑。对于幼儿园的孩子们来说，好的生活是怎样的呢？是没有尊严、没有关爱，被呼来喝去的生活吗？是整齐划一，以集体行动为主的军队式的生活吗？是没有自由、没有自主，在成人的指挥棒下所过的生活吗？是没有闲暇时间、没有空白，被各种"学习"塞得满满的生活吗？是远离自然，时时处处被所谓"现代化"包围的生活吗？是缺乏语言交流、缺乏情感互动，没有温度的生活吗？是每天都要端坐静听，通过上课来学习的生活吗？是每天都没有新奇、没有期待、没有惊喜，无聊麻木的生活吗？……这个思考的过程是教师对儿童、对教育、对生活深刻反思的过程，也是教师的儿童观、教育观、生活观被不断重塑的过程。相信有了这样的反思，我们对儿童、对教育、对生活的认识会更深刻，好生活的样态也会在每一位教师心中逐渐清晰起来。

（三）审视儿童当下的生活，与儿童一起创造更好的生活

有了对好生活的思考，我们还需要经常审视和反思我们自己的幼儿园以及自己班级的真实样子。

* 孩子们在这里自由吗？自在吗？从容吗？快乐吗？有成长吗？
* 他们是来被看管的，还是来生活的？
* 一日生活中，他们有做选择和决定的机会吗？
* 他们有充足的时间游戏吗？他们在游戏中是自由自主的吗？
* 他们有机会做自己感兴趣的事情吗？他们可以按照自己的方式学习吗？
* 他们有机会接触自然、感受自然吗？
* 我们与孩子的关系如何？在互动中，他们能感受到爱和尊重吗？
* 这里有人倾听他们的想法吗？允许他们失败和犯错吗？
* 这里的生活让他们有所期待吗？
* 这里的生活能带给他们滋养和力量吗？
* 他们在这样的生活中能感受到幸福吗？

每天都有充足的游戏时间，每天都可以自主地选择想做的事情，与同伴按照自己的方式探索和发现，不怕失败和犯错……在充分的爱与尊重中，孩子们的幼儿园生活自在、快乐、美好而幸福

我们主张"好的生活就是好的教育"，倡导大家关注幼儿的生活质量，这应该是做好幼儿教育的前提与基础。我们建议所有的幼儿教育工作者认真关注和反思幼儿当下的生活，努力为幼儿创造好的生活，与幼儿一起过好的生活，成就好的教育。

案例　让新生适应期的生活也成为好的生活

往年，新生入园适应期的生活对幼儿和教师来说都是一种挑战，那种忙乱与焦虑、疲惫与无序让许多老师印象深刻。这段生活是好的生活吗？如何让这段老师和孩子们都必须要面对的生活也成为好的生活？自2015年开始，我们从生活教育理念出发，提出"尊重、理解、接纳、陪伴、引领幼儿"的指导思想，开始了生活教育理念下的新生适应课程的研究。

创设富有吸引力的更生活化的环境

温馨舒适的角落，充满童趣的私密空间，可爱的娃娃家，柔软的抱枕和玩偶……生活化的环境让新入园的宝宝们更喜欢幼儿园，更能够顺利地适应幼儿园的生活。

营造充满爱与温暖的精神氛围

我们通过开展全体教职工都参与的新生适应课程教研活动，让幼儿园的每个人都认识到自己对这些新入园的孩子的重要性，并达成共识：关注自己的言行，通过与孩子们的互动，营造充满爱与温暖的精神氛围，让每个孩子都感受到"这里的每个大人都很好，他们都很喜欢我"。我们还通过新生入园预备课程，在幼儿入园前通过视频的方式让他们在家长的陪伴下认识自己班级的老师们、幼儿园的保安、保健老师以及食堂里的伯伯、阿姨，了解幼儿园室内外的环境。我们希望，孩子们一入园就对这里的成人有一种亲切感，对幼儿园的环境不陌生，甚至有一种故地重游的感觉。

设计以"玩"为主的课程

我们认识到，"玩"就是新入园孩子们的生活，"玩"就是他们的课程。我们为新入园的孩子设计了更生活化的新生适应期课程——各种"玩"。我们将孩子们需要掌握的基本生活习惯和能力以小视频的方式发到家长群里，引导家长以游戏的方式与孩子练习，这大大减轻了教师的指导负担，也让孩子们在入园后能够非常快速、从容地适应幼儿园的生活。入园后，他们还会跟爸爸妈妈玩、跟老师玩、跟幼儿园的大朋友玩以及更多地在户外跟小伙伴自由自在地玩儿……在玩中，他们慢慢地放松下来，忘记了与爸爸妈妈分离的忧伤；在玩中，他们熟悉了这个对他们来说有些"大"的家；在玩中，他们不知不觉地爱上了在这里的有节奏、有秩序、丰富多彩的生活，快乐自主地开始了他们的幼儿园生活。

让新生适应期的生活也成为好的生活。正是这种基于自主生活理念的课程重构，让孩子们自信、从容、自然而然地适应了幼儿园的生活，也让老师们不再有以往的疲惫和焦虑，而是与孩子们一起享受不急不躁、自主自在的美好生活。

——山东省淄博市汇英幼儿园　胡芹

实践链接：亲爱的老师，你如何理解"生活即教育"的理念？你赞同"好的生活就是好的教育"的主张吗？与同事一起谈谈你的观点。

你认为，对幼儿来说好的生活应该是怎样的？自己班级孩子的生活是好的生活吗？还可以从哪些方面进行完善？

你认为，自己所在幼儿园的新生适应期的生活是好的生活吗？山东省淄博市汇英幼儿园的做法对你有启发吗？可以与同事们一起交流一下。

二、有选择权和掌控感的生活是安定的、幸福的

选择权和掌控感能够给人带来安全感、自我效能感和幸福感，是一个人能够"做自

己的主人"的前提,也是我们能够拥有自主的幸福人生的基础。我们希望幼儿从小就能体验到什么是做选择、怎样去做选择,希望他们从小就能体验到对自己的时间、空间和生活的掌控感。只有在童年就感受过选择权和掌控感带来的安定和幸福,他们才会形成自主的意识,积累选择与掌控生活的能力,成为有内在力量的人,也才有可能拥有自主的幸福人生。

（一）自主的生活需要选择权和掌控感

越来越多的幼儿园认识到幼儿自主生活的意义,希望让幼儿拥有更自主的幼儿园生活,然而,对幼儿自主意愿的忽视、对幼儿自主能力的不信任、碎片化的作息时间安排、过于整齐划一的集体行动以及成人的高控与包办等做法,让幼儿始终处在被催促、被指挥、被控制的境地,无权选择与掌控自己的生活,也就无法体验真正有尊严的、自主的生活。因此,如果我们希望幼儿在幼儿园的生活是自主的,希望他们将来能够拥有自主的人生,那么尽最大努力去优化和改进幼儿的生活,让幼儿拥有更多的选择权和掌控感就是重要而必需的。

《幼儿园保育教育质量评估指南》第26个考查要点强调:"支持幼儿参与一日生活中与自己有关的决策。"幼儿在一日生活中可以有多少自主选择和做决定的机会?幼儿的掌控感从何而来?许多幼儿园在这方面做了大胆的探索,比如:

* 让幼儿自主确定游戏内容,选择游戏材料和伙伴,自主决定游戏的进程;
* 支持幼儿根据自己的兴趣和需求选择适合自己的学习材料,用自己喜欢的方式学习;
* 放手让幼儿自主进餐、盥洗、整理自己的物品以及收拾材料和工具,自主安排转换环节自己要做的事情;
* 与幼儿一起布置室内外的环境。

案例　孩子们的一天

"生活如水,幼儿如鱼",描绘了我们幼儿园一日生活的基本样态。我们打破原有的固化的环境设置,为幼儿创设了100多个游戏区供他们自主选择,通过时间的调整带来活动的重构,给予幼儿充分的选择权和掌控感,最大限度地让幼儿自主安排自己的一日生活。

在正则幼儿园,孩子们的一天是这样度过的。

8:00—9:00　第一时段游戏（每周一为劳动日）

孩子们8:00入园后会自主打卡和自主签到。进入班级后,孩子们会走到"计划墙"那里用自己看得懂的方式写（画）出自己一天的活动安排,包括要去哪些游戏区玩什么游戏等，制定专属于自己的活动表。然后，他们会根据游戏计划自主游戏1小时。

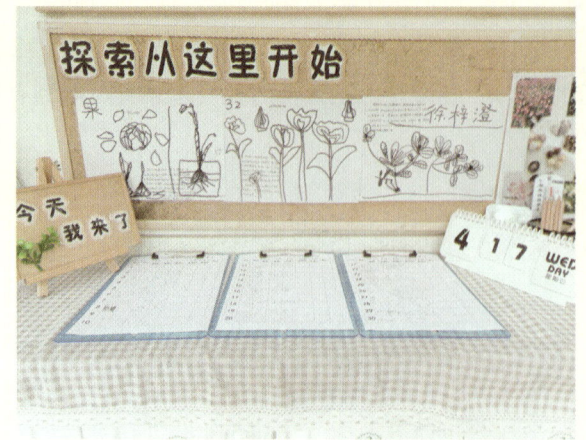 

自主签到

大大的"计划墙"代替了曾经的"主题墙"，让孩子们自己设计自己的课表。这一天几乎都是孩子们自己选择、自己准备的，而不是老师来安排的。到了大班，孩子们还会制订一个月的学习计划，把他们认为最重要的事情全部写下来。

9:00—9:20　晨圈活动

在这个环节，教师和孩子们可以坐下来聊聊天。通过谈话和开放式提问，幼儿自主进行表达，同时其思维得到发散和共享。活动结束后，接下来差不多2小时，孩子们会去自己早上安排好的区域游戏。

8:50—9:30　点心时间

点心环节，可渗透于晨圈活动前后的游戏时间。幼儿自主选择点心、水果、牛奶，然后选择喜欢的朋友共同分享。教师关注幼儿吃完点心后的收拾整理工作。

9:25—10:15　第二时段游戏

幼儿根据游戏计划，进区选择游戏材料、同伴和玩法，自主进行游戏。每一天，全园的孩子们都可以完全自主地选择到哪些游戏区中玩耍。同一个班的孩子，有的可以留在教室游戏，有的可以去室外游戏，有的可以去材料更丰富的功能室活动。所以，这是一所由1200多个孩子组成的混龄幼儿园，我们用全园的力量最大限度地支持幼儿的自主生活。

幼儿在室外自主玩耍

10:20—11:10　第三时段游戏

在这一时段，区域、室外进行交换。幼儿根据游戏计划，进区选择游戏材料、同伴和玩法，自主进行游戏。

11:20—12:00　餐前整理、午餐

值日生跟随保育员做餐前整理工作，他们推着餐车进来。幼儿自主盛饭菜（适量米饭、一勺荤菜、两勺蔬菜），教师密切关注，及时为幼儿增添饭菜。幼儿可以自己选择跟谁坐，以及坐在哪里用餐。饭后，幼儿自己洗碗并整理用餐后的环境。

12:00—12:20　餐后闲暇时光

餐后同伴散步、消食，做午睡前的准备工作。

12:20—14:15　午睡

14:15—14:50　苏醒操、下午茶、话题分享、午睡后整理

14:50—15:40　第四时段游戏

在游戏中，教师遵循的原则是：如果孩子不来找我，我就不去找他；如果孩子来找我，那么我会把问题抛回给他，让他自己思考和探索；如果孩子继续来找我，那么我会向他建议寻找答案的方法；如果孩子说前面的方法都用过了但没有效果，那么我会陪伴孩子一起寻找答案。

15:40—16:20　游戏结束后的回顾和分享

孩子们回到班级，回顾和分享当天的游戏、感受和收获；教师一对一倾听，记录幼儿的想法；离园整理，孩子们开心回家。

——江苏省丹阳市正则幼儿园　吴益斐

当今，还有不少幼儿园的孩子们在一日生活中处于一种被动、消极的状态，他们在成人的安排下过着成人所要求的生活，无权选择、更无权掌控自己的生活。正则幼儿园的改革不仅是一种活动方式的改进，更是幼儿一日生活状态的方向性转身。打破固有的思维习惯和工作方式，给予幼儿充分的选择权和掌控感，最大限度地让幼儿自主安排自己的一日生活，这是许多幼儿园需要改进和突破的。我们期待有更多的教师能尊重幼儿的自主意识，相信幼儿的自主能力，尽最大可能去放手；也期待有更多的教师用温暖的目光关注幼儿，用真诚的心鼓励幼儿，用教育的智慧支持幼儿，让幼儿感受拥有充分的选择权和掌控感的自主生活所带来的安定和幸福。我们将会看见更有能力的幼儿，看见他们更好地成长，也会因此收获真实的职业成就感和幸福感。

（二）自主生活意识和能力的培养越早越好

幼儿的自主生活意识和能力需要从小培养，而且是越早越好，这就需要教师与家长认

识到幼儿自主生活的意义。我们主张从小班一入园就开始在一日生活中为幼儿提供自由自主的时间和空间,给他们选择权和自主权,保护他们的自主意识,让他们知道每个人都可以有自己的想法,并按照自己的想法去选择、做决定以及学会为自己的决定负责,从而逐渐形成自主的能力,成为有热情、有主张、有见解、有能力、有担当、内心幸福的人。

让我们从幼儿入园的第一天就开始尝试:
* 给幼儿自由的时间;
* 给幼儿选择的权利;
* 给幼儿做决定的机会;
* 给幼儿表达自己想法和观点的机会;
* 认真倾听幼儿的想法,让幼儿感受到自己的想法是重要的;
* 给幼儿实现自己想法的机会,并给予鼓励和帮助,让幼儿体验自我效能感;
* 帮助幼儿成为有内在力量的个体;
* 帮助幼儿体验拥有选择权和掌控感带来的安定和幸福。

实践链接:亲爱的老师,你觉得自己拥有选择权和掌控感吗?它们重要吗?你觉得孩子从多大开始可以拥有选择和掌控自己的时间、空间和生活的权利?

看到正则幼儿园的案例,你有怎样的想法?你觉得在一日生活中还可以给自己班级的孩子哪些自主的权利?你觉得是什么限制了你的放手?你想怎样让孩子体验到选择权和掌控感带来的安定和幸福?

三、教师与儿童应共享生活、共同成长

儿童走入幼儿园不是来被看管的,也不仅是来接受教育的,还是来生活的。他们在幼儿园的经历和体验,是他们童年生活中非常重要的一部分。当认识到这一点时,我们对儿童的态度、对幼儿园教育的目标就会去功利化。同样地,作为幼儿教师的我们不只是来工作的,也是来生活的,或者说是来与幼儿一起生活的。在幼儿园与幼儿共度的时光也是我们生活中非常重要的一部分,而这部分生活的质量一定会影响我们人生的幸福。这样的认识将使我们在面对工作、幼儿以及自己与幼儿在一起的时光时,体验到更多的、超乎寻常的美好与幸福。

(一)树立生活意识,关注自己的生命成长

对生活的理解和认识,不仅决定了我们对待人生的态度,也决定了我们对教育的追

求。我们过什么样的生活，就是在为幼儿提供怎样的成长环境。所以，教师的生活观与儿童观、教育观、课程观同等重要，甚至比它们还重要。

华东师范大学叶澜教授说："教师在学生面前呈现的是其全部的人格，而不只是专业。这就要求教师首先要自己像人一样地活着，才能对别人产生影响，一种使其成为人的影响。"[①]一个教师是开朗自信的，还是阴郁封闭的；是放松平和的，还是紧张乖戾的；是对生命和生活充满热情的，还是对一切都冷漠麻木的；是不断追求人之为人的纯真善良与美好向上的，还是丧失觉察与自省，沉溺于庸俗污浊而不自知的……这些人格特质会对幼儿产生长远而深刻的影响。

"教师的专业成长蕴藏在教师的生命成长之中。如果一个人的生命成长不能得以实现，那么专业成长始终是有限的。"[②]一个教师如何看待自己生命的意义，对自己的生命质量有着怎样的期许，在过着怎样的生活，是否有生活的意识……会对他的专业成长和职业行为产生重要影响。一个对自己的生命、生活缺少觉知的教师，在教育的过程中很可

山东省淄博市齐丰幼儿园

遇到一个心中有爱、对生命和生活充满热情、开朗自信的老师是孩子的幸运，也是他们童年生活是否幸福的关键

---

① 节选自"中国教育报好老师"微信公众号 2024 年 2 月 17 日发表的文章《叶澜：教师首先要自己像人一样地活着，才能对别人产生影响》。

② 节选自"胡华名师工作室"微信公众号 2023 年 7 月 7 日发表的文章《何为教师成长？教师为何成长？教师如何成长？》。

能是麻木的，缺少热情、灵感和动力。一个从来都不关注自己生命成长的教师，对自己的专业形象、专业成长也一定是缺少思考和追求的。

当教师树立了生活意识，关注生命的成长，真诚、热情地对待自己的生命和生活时，专业学习和成长就会成为他们自然而然的内在追求，无须他人要求和强制，也无须外界的奖励和惩罚。

案例　活动室里的幸福生长：生活自喜悦

活动室里的幸福生长，倡导的就是教师与幼儿在共同生活中获得一种幸福完整的生命体验，在探究发现与自主创造中享受教育的美好，实现生命的拔节生长。

在"区域活动支持幼儿自主性发展"的教育教学改革项目研究中，我们提炼出活动室里幸福生长的行动理念，即"生活自喜悦"。

"生活自喜悦"是指幼儿园在组织和实施区域活动时要回归一日生活，在时间上保证幼儿自主，既有相对固定的整段活动时间，也有灵活机动的零散时间；在空间上保证幼儿自由，他们可以自主选择室内的任何空间进行游戏活动、创意表达、观察探索。教师则常怀喜悦之情去等待、帮助、支持幼儿的自主性发展。在这样的活动中，无论教师还是幼儿，他们的身心都是放松的、思想都是自由的、精神都是愉悦的。他们真切地感受生活中的一事一物、一花一草、一食一味，彼此滋养、幸福地生长，而"教育""发展"就在不经意间悠然发生。

在与幼儿的共同生活中获得幸福完整的生命体验

——山东省济南市槐荫区教育教学研究中心　景萍

实践链接：亲爱的老师，你觉得教师的生活观重要吗？你认为生活观会怎样影响教师的工作？你愿意与孩子一起生活吗？

你会怎样看待自己的生命成长？你对自己的生命状态和生活质量有着怎样的追求？不妨静下心来思考，并与同事和家人交流。

（二）在与幼儿共同生活的过程中成为更好的自己

当教师具有"我不仅是来工作的，也是来与幼儿一起生活的"意识时，他就会因为关注自己生活的质量而开始反省自己与幼儿共同生活的质量，就会因为关注生活与教育的关系而更加重视幼儿的生活，也会因为将自己的生活与幼儿的生活联结起来而认识到自己与幼儿一起成长的事实。"与幼儿一起生活"所带来的这种转变，是一种教育观的转变，也是一种生活观的重建。

广东省深圳市龙岗区龙城街道公园大地第一幼儿园

当教师本身就热爱生活，并把与孩子共度的时光看作自己生活的一部分时，她就会更真诚地与孩子互动，自然地融入他们的游戏和生活

"教师与儿童应共享生活、共同成长"这一主张正是基于这样一种对教育观和生活观的重构而来的。只有与儿童共享生活，我们才能走出管与被管、教与被教的对立局面，从而建立一种携手相伴的更平等、更温情的关系；只有与儿童共同成长，我们才能彻底摒弃燃烧自己照亮别人的悲情人设，感受"不断成为更好的自己"这一内在成长的快乐，从而真正开始体味这份工作所独有的成就感和幸福感。

案例　等待小蜗牛出壳

每周五的"自然日"活动中总有一些意料之外的小插曲。

有一次,"自然日"活动当天,天空下起了小雨。我本来想带领孩子们到湖边观察雨滴落在湖面上泛起的一圈圈涟漪,可是孩子们却被几只小蜗牛吸引了。他们把小蜗牛放在石头上,想看看它们谁爬得快。结果,小蜗牛缩在壳里怎么也不出来,孩子们趴在石头上,不眨眼睛地盯着它们。

看到他们着急又专注的样子,我笑了。我想起自己小时候也曾经趴在地上等待小蜗牛从壳里钻出来,那样的情形至今令我记忆犹新。于是,我站在旁边陪他们一起等待。10分钟过去了,小蜗牛还没有钻出来,有的孩子

观察小蜗牛

忍不住用手去戳它们,结果适得其反,越戳它们越不出来。我对孩子们说:"老师小时候等待小蜗牛出来时会不停地说一首童谣——小蜗牛,先出犄角后出头……"于是,孩子们跟着我一起念起了童谣。不一会儿,有一只小蜗牛钻出来了。孩子们惊喜地瞪大了眼睛。平时特别爱唱歌的静静说:"老师,我们唱《蜗牛与黄鹂鸟》可以吗?""我们试试吧!"当我们唱到第二遍的时候,更多的小蜗牛从壳里钻了出来,孩子们开心极了。他们给自己的小蜗牛加油,鼓励它们快点爬,谁的小蜗牛停下来了,孩子们就拍着手继续给它唱歌。

后来,孩子们把小蜗牛带回了教室。一连好几天,孩子们一有空就趴在小蜗牛身边给它们唱歌。我还带领孩子们一起欣赏了和小蜗牛有关的儿歌、绘本故事等。

这些小蜗牛就这样走进了我和孩子们的生活。我相信"一起等待小蜗牛出壳"的快乐,会成为孩子们童年生活的美好回忆。

——山东省淄博市汇英幼儿园　陈亚婷

在上面的案例中,我们看到了一个愿意与幼儿一起等待小蜗牛出壳的教师,一个正在与幼儿一起生活、平和喜悦的教师,一个富有童心、尊重幼儿兴趣的教师,一个能够经常回到自己的童年并愿意和幼儿分享自己的童年经验的教师;也看到了一颗温暖而柔软、美好而有趣的心灵。正是因为有了这样的教师,孩子们才会拥有这样一段快乐又美好的体验。只有兴奋孩子所兴奋的、好奇孩子所好奇的、热爱孩子所热爱的、感动孩子所感动的,教师才能找到与孩子共同生活的起点。这不仅能让教师感受到教育生活的多

姿多彩，产生更多的满足感与价值感，而且是教师与幼儿一起感知世界并获得自我成长、自我提升的机会。

"没有哪个阶段的教育像幼儿教育那样迫切地需要回归生活，没有哪个阶段的课程像幼儿园课程那样迫切地需要生活化。"① 幼儿良好习惯的养成、各方面能力的提升、认知与思维的发展、情感的培养、人格的建构等，都可以在生活中通过生活进行；我们还可以将自己对自然和生活的热爱、对文化的传承、对生命的敬畏等传递给幼儿，以此熏陶、感染和唤醒他们，让教育在这种有意识地共同生活中变得润物无声。

教育是灵魂唤醒灵魂，生命影响生命。如果有更多的教师拥有"与幼儿一起生活"的理念和丰富而有趣的灵魂，那么我们的教育一定会更有温度、更有灵性，教师和幼儿也会在这个过程中彼此滋养，获得更好的成长，收获更幸福美好的人生。

总之，与幼儿一起生活是教育的起点，让教育充满生活的气息是幼儿教育追求的目标，以自主生活为幼儿一生幸福奠基是所有幼儿教育工作者的责任和使命。

实践链接：你是否认同案例《等待小蜗牛出壳》中教师的做法？你觉得作为一名幼儿园教师，让自己经常回到童年重要吗？你会与孩子分享自己的童年经验吗？

你如何看待"燃烧自己照亮别人""春蚕到死丝方尽"等赞美教师的语言？在从事教育工作的过程中，教师仅仅是在奉献和牺牲吗？你如何理解"与儿童共享生活、共同成长"这一主张？你在工作中是否体验过与儿童彼此滋养的感觉？是否在与儿童共同生活的过程中成为更好的自己？

四、自主创造美好生活的能力非常重要

美乃生活的应有之义。人类自由的、自觉的、有意识的、充满乐趣的生命活动就是美的生活。我们必须借助审美感受与体验、审美表达与创造，才能达到对生活的"深层审美"②。画家、作家蒋勋先生将"美"形容为一种看不见的竞争力。由此可见，自主创造美好生活的能力何其重要！

（一）教育的核心价值之一是发展幼儿自主创造美好生活的能力

"教育的目的到底是什么？"这应该是萦绕在每一位教育工作者心头的一个永恒的问题。陶行知的"生活即教育"主张，提示我们关注生活与教育的关系，关注每一个儿童

---

① 虞永平. 学前课程与幸福童年 [M]. 北京：教育科学出版社，2012.
② 刘玉梅. 当代中国生活美学语境中的"生活"辨析 [J]. 太原理工大学学报（社会科学版），2014（1）.

的生命质量。从某种意义上讲,自主创造美好生活的能力就是让每一个儿童都能够拥有自主获得幸福的能力。

案例 一次别开生面的毕业典礼[①]

小岳带着几个孩子来到何洁面前,说:"何老师,毕业典礼那天,我们不想演你的节目。"在确定了孩子们都想演自己的节目后,何洁提议:"我们来约定,第一,告诉我,你们要演什么;第二,每个人都要参与演出;第三,节目不能和其他班级的相同。"孩子们纷纷在自己的小本子上记下了"约定",并表示:"一天以后告诉您。"

教师能就此袖手旁观吗?何洁在教室门口的墙上贴了一张纸,最上面写着"我想演——"几个字。孩子们趴在墙上,记下或画下了自己的想法。

"可是,在哪里排练呢?""我们什么时候排练呢?""我们要用录音机,怎么办呢?""大礼堂适合练舞蹈,我们可以去那里排练吗?"……孩子们的热情遭遇了一连串的困难。

于是,何洁与孩子们有了第二次约定:"第一,每天排练半小时;第二,我们的教室在3楼,大家可以选择2楼和3楼的活动室排练;第三,排练时只要有队员做危险的事,这个小组的排练就取消。"

之后,孩子们渐渐脱离教师的看护,努力守时自律、团结协作地练习起了"自己想演的节目"。其间,不时地有矛盾出现,可是,人就是在解决矛盾中发展的。就这样,我"眼睁睁"地看着孩子们排练得越来越像样,看着他们整理物品的动作越来越熟练,看着他们来来往往越来越安然,看着他们长成要"飞走"的样子。

毕业典礼那天,何洁是最轻松的,因为从主持到表演、从幕后到台前,孩子们都打理得井然有序(就连每个节目的演出道具,孩子们都安排由演员的家长负责)。

——上海市杨浦区本溪路幼儿园 应彩云

以上案例中,幼儿向老师提出"我们不想演你的节目",这说明了师幼之间平等的伙伴关系;教师的信任、放手和与幼儿的约定,为幼儿提供了自主的空间,促成了他们的努力守时自律和团结协作练习,最终在演出当日"完美"地胜任多重角色。幼儿独立、自主的背后是教师尊重、理解和欣赏的目光,以及紧紧追随幼儿的行动支持。教师的信任和鼓励支持幼儿大胆尝试,并使他们在整个活动中不断获得"我可以""我们可以"的自我效能感,提升了幼儿自主创造美好生活的能力。

[①] 应彩云. 一次别开生面的毕业典礼 [J]. 上海托幼, 2015 (6).

（二）感知和体验美好生活，才能让幼儿拥有蓬勃的生命力

北京师范大学钱志亮教授曾撰文提到，一个孩子童年最大的幸福，是被允许做 4 件"无用的事"，其中第 4 件就是"体验生活"[①]。现在，很多儿童的童年生活并不快乐，因为成人过分关注学习成绩给他们带来了挫败感和无意义感。此外，钱志亮教授还强调藏在生活细小处的幸福很重要，如全家人一起大扫除、一起散步、一起研究厨艺等。所以，要让儿童有机会感受和体验生活的每一面，他们才不容易"空心"。缺少了对美好生活的感知和体验，没有自尊和自信，儿童就会丧失对幸福的感知能力，成为可怜的、没有生机活力的"空心人"。

案例　跟着节气去生活

二十四节气是我国优秀传统文化的重要组成部分，也被称为"时间里的中国智慧"。自 2017 年开始，我园便开始了对节气课程的探索，我们尝试从孩子们的视角出发，和他们一起去观察、感受、体验，真正将节气蕴含的文化意蕴融入孩子们的生活，以此滋养孩子们的心灵和生命。

春分与清明——
跟着节气去生活

我园的"跟着节气去生活"课程是兼具自然教育、生活教育、生命教育、传统文化教育的园本化主题课程。它包含对话共生、自然观察、绘本品读、游戏畅玩和美食物语五个部分，没有既定的教材，而是以节气为时序，以园本化的方案教学和幼儿一日生活为路径，让幼儿在亲近自然、经历生活中成为"自然之子"，最终通过对节气生活的感知与体验，实现幼儿的发展。

"对话共生"贯穿了节气生活的整个过程，通过预设的话题讨论，打开幼儿与节气生活链接的第一扇门。

"自然观察"是通过对大自然中的动植物及气温等物候变化的观察，教师和幼儿一起感受时间的流动，探究自然的奇妙变化，培养幼儿敏锐的感知力。

"绘本品读"就是筛选有文学价值，同时又包含节气元素的优质绘本，在教师与幼儿共享共读的过程中，润物细无声地让幼儿感受、传承节气文化和人文精神。

"游戏畅玩"就是让幼儿在自然环境中充分玩耍，看、听、闻、触，在自然里打开五官、感知四季。

"美食物语"就是顺应节气，引导幼儿在制作美食、品尝美食的过程中体验生活

---

① 节选自"钱志亮工作室"微信公众号 2022 年 6 月 8 日发表的文章《一个孩子童年最大的幸福：是被允许做这 4 件"无用的事"》。

的美好。

游戏畅玩

美食物语

在跟着节气去生活的过程中，教师们对节气的期待、对生活的热爱，也氤氲在幼儿园的每个角落，这应该是对孩子最好的影响。我们期待通过节气活动让每个幼儿都感受到生活的点滴美好，感受到与自然的相融以及文化的浸润，以此成就孩子们最真实、最美好的童年。

——山东省淄博市齐丰幼儿园　胡丽华

（三）成人的生活样貌会成为幼儿模仿的榜样

自主创造美好生活的能力从哪里来？自主创造美好生活的前提是让幼儿感受到美好生活的多元样态，沉浸在美好的生活当中，从心底里唤醒过美好生活的意愿，进而创造属于自己的美好生活，具备自主创造美好生活的能力。这是生活教育的责任和使命之一。

具体来说，教师可以这样做：

* 自己成为爱生活、创造美好生活的榜样；
* 和孩子们一起感受每一天平凡生活中的点滴美好；
* 让节庆活动成为幼儿生活中闪亮的日子；
* 传承中华民族的精神之魂、文化之根、生活之趣，成为一个骨子里渗透着中华民族热爱生活基因的、不断走向未来生活的人；
* 过有艺术审美的生活，能用艺术的视角看待生活，创造寻常生活中的美好。

实践链接：请反思当下孩子们的生活状态，谈一谈自己发现的问题，思考自己如何做才能有效地引导孩子，与孩子们一起创造美好的生活。

广东省深圳市龙岗区龙城街道大地第一幼儿园

山东省济南市槐荫区泉景嘉园幼儿园

和孩子们一起感受每一天平凡生活中的美好，是教师的幸福，也是教师给予幼儿的爱生活的示范

五、生活是最好的练习场

教育源于生活，生活就是教育，好生活是教育应该追求的重要目标之一。幼儿对生活的热爱和生活能力的提高不需要过多的说教和规训，而是在生活的过程中逐步形成的。

（一）好的教育是在生活中并通过生活展开的

我国著名教育家张雪门倡导"从生活中来，到生活中去"的教育思想，强调幼儿教育必须与幼儿的生活紧密结合。好的教育一定是在生活中并通过生活展开的。

> **案例　为童年留下闪亮的日子——难忘童年系列活动**
>
> 我们希望孩子们经历怎样的童年生活？我们希望他们拥有怎样的童年回忆？基于对童年的尊重、对童年价值的思考以及对"让孩子们拥有幸福童年"这一美好愿景的向往，自2006年起，我们开始设计并开展"难忘童年系列活动"，希望幼儿在那些需要情感和思维参与、有挑战性、有意思又有意义的活动中获得发展。
>
> 合宿——一个难忘的夜晚，一段美好的回忆
>
> 每年的五月，所有大班的孩子都要离开爸爸妈妈和小朋友一起在幼儿园住一夜，共同经历一些特别好玩的、有意思的事情。户外野餐、黄昏漫步、美味沙拉、露天电影、篝火晚会、寻宝、听老师读爸爸妈妈的信、自己整理物品、自主入睡……孩子们全程参与活动的计划、准备工作，自主地开展活动。他们收获的是"我能行"的自信，是自主生活能力的提升，是从未有过的快乐体验，是充满了爱与温暖的幸福记忆。
>
> "六一"快乐风——一场自由的狂欢，一次童真的绽放
>
> "把节日还给孩子，让孩子快乐自主过'六一'"已经成为我们幼儿园"六一"

国际儿童节活动的宗旨。"六一"国际儿童节前，孩子们畅所欲言地说出自己的愿望，与老师一起确定好玩的项目，积极主动地参与活动的设计和准备工作。"六一"国际儿童节当天，孩子们的任务就是痛痛快快地玩。他们自由自在地享受自己的节日，无拘无束地释放自己的天性。

毕业典礼——一份成长的宣言，一次庄严的启航

孩子们自己制作毕业典礼请柬，热情地邀请爸爸妈妈和幼儿园各个岗位的老师前来参加他们的典礼。孩子们庄重地入场、朗诵毕业诗、演唱毕业歌，为那些一直陪伴他们、关爱他们的最可爱的人献上玫瑰花。每个孩子都要大声且自信地说出自己的成长宣言，在大家的注目中庄严地走过"成长之门"……一个难忘的毕业典礼为孩子们注入自信前行的动力，也为他们刻下一路成长的坚实足印！

小豆豆运动会——让每个孩子都爱上运动，建立自信

我们放弃以往那种全园性的大型运动会，以每个班级为单位开展小豆豆运动会。我们不再追求宏大的场面，不再仅仅为了比出一个结果，而是把关注点聚焦到每个孩子的成长上来，尤其是那些在运动兴趣和自信心方面需要帮助的孩子，倾听他们的想法，为他们量身定制比赛项目，让每个孩子都爱上运动、体验成功、建立自信、获得成长。

我们的难忘童年系列活动还有"爱心跳蚤市场""新年童话节""自然日"等，这些活动带给孩子们的是生动鲜活的生命经历、幸福温暖的情感体验、难以忘怀的美好回忆……我们将这些活动融入课程并遵循自主生活的理念不断完善，让这些活动成为课程，也成为孩子们的生活。相信每一个难忘童年活动都会成为孩子们童年生活中闪亮的日子。

——山东省淄博市汇英幼儿园　胡芹

在以上案例中，幼儿园为了增长幼儿的生活经验，专门设计了难忘童年系列活动，为幼儿提供了经历、体验和做事的机会，让幼儿在其中获得更好的发展。

（二）热爱生活的态度和自主生活的能力需要在生活中培养

生活是最好的练习场，热爱生活的态度和自主生活的能力必须在生活中培养，也只能在生活中培养。因此，教师应该让幼儿在真实的生活情境中感受生活的有趣和温度，体验生活的美好与幸福，提高审美情趣，一直保持自主创造美好生活的热情。

教师还需要信任幼儿，放手让幼儿照顾和管理自己的生活，让幼儿在生活中学会生活，提升自主生活能力。

案例　小小送奶员[1]

我园开展的"小当家"活动旨在关注幼儿的生活，让幼儿在真实的生活情境中经历与体验，在自己的行动中发现、思考和解决问题，于是，"小小送奶员"活动应运而生。

活动伊始，教师担心因为幼儿园有12个班且每个班的牛奶数量和规格不一样，承接送奶任务班级的孩子们会弄错。经过实践证明，尽管孩子们会出错，但他们也会自我纠正并寻找解决难题的各种方法，这样的实践活动是幼儿真正通过行动获得学习的行为课程。

接到送奶任务的孩子首先跑到食堂询问阿姨，得知现在每个班级需要配送3罐牛奶，于是他们把牛奶拿出来，分别使用不同的工具进行尝试，在尝试后发现礼品袋太小且不够结实，没有提手的箩筐拿着很不方便且容易掉，于是选择用购物袋和塑料篮子来装牛奶。

在第一次送牛奶时，孩子们就出现了问题：有的班级送了2次牛奶，有的班级没有收到牛奶；原本小班是2大罐牛奶和1小罐牛奶，而中、大班是3大罐牛奶，结果所有班级都收到了3大罐牛奶。

教师结合出现的问题引导孩子们讨论解决办法，他们决定分工送牛奶并将人员分为三组：一组给一楼的小班送牛奶；二组给二楼的中班送牛奶；三组给三楼的大班送牛奶。每个组自己设计一张班级图表，送完一个班级就打上对钩，这样就不会重复，也不会漏掉班级了。

送奶单

随着一日作息时间的调整，保育老师需要提早把牛奶热好，可是有的送奶员早上来园比较迟，不能在8点准时将牛奶送到各个班级。为了保证准时完成任务，送奶员们在食堂制作了一个打卡区，并在班级里预先进行了自愿报名，让起床晚和家离幼儿园较远的小朋友根据自己的情况确定是否送奶，而报名参加送奶工作的小朋友需要早上

我是小小送奶员

---

[1] 选编自"宁波市第一幼儿园"微信公众号2023年11月2日发表的文章《小小送奶员》。

8点前到食堂打卡报到。这样一来，送奶的时间就得到了保证。

"小小送奶员"活动让孩子们从坐享其成到自食其力，从各行其是到分工合作……孩子们的一次次行动带来了一次次变化，换来了一次次成长。送奶过程中遇到的困难调动了孩子们原有的零散经验，在解决问题时他们又主动地建构新经验，并将新经验运用到下一次的送奶工作中不断验证和完善，从而不断地积累经验。作为教师，我们深切地感受到只有让幼儿在自己的生活中经历、探索，在自己的行为中劳力劳心，才能真正有效地推动他们成长。

——浙江省宁波市第一幼儿园　娄丹娜、乌建波

配送牛奶这样的事情在幼儿园原本是保育员的工作内容之一，但在以上案例中，幼儿园却把它变为让幼儿参与真实的幼儿园生活的机会，并抓住这一契机促成幼儿自主生活能力的提升，同时让幼儿真实体验保育员劳动的辛苦，感受与同伴合作完成一项任务的价值感和自豪感。

山东省潍坊市奎文区直机关幼儿园
幼儿在真实的生活体验中习得生活技能，增强自信，体会美好生活的幸福

实践链接：请谈一谈自己所在的幼儿园和班级是如何在生活中培养幼儿的自主生活态度和能力的、有哪些经验、还存在什么问题，以及如何进一步改进自己的自主生活教育实践。

六、游戏是幼儿幸福的童年生活最重要的组成部分

"以游戏为基本活动"是我国纲领性文件中反复强调的幼儿教育基本理念和原则，也

是幼儿园教育与其他学段教育的根本区别。幼儿喜欢玩游戏并视之为"第二生命",所以,保障幼儿的游戏权利,创造充分的游戏条件,并给予幼儿自由自主的游戏机会是让幼儿享受幸福童年生活的前提,是幼儿美好童年最重要的组成部分。

(一)游戏是幼儿享有幸福童年的重要保障

游戏是幼儿身心发展的需要,是幼儿的权利和生活方式,是幼儿的学习和工作,也是幼儿幸福的童年生活最为重要的组成部分。"陈鹤琴在《活教育的理论》中希望'在新的学校内,我们看到儿童活泼可爱,他们忙碌地工作,快活地游玩',这是对儿童生命的关心、对幸福教育的追求。我们憧憬未来的幼儿园是'活教育'的花园与乐园,处处花果飘香,到处都是游戏场……孩子喜欢,令人向往与期待……让'活泼泼'的校园永远充满欢声笑语。"[①] 这又何尝不是我们所有教育人的希望呢!

受传统教育和教育功利主义的影响,在当下的幼儿教育实践中,幼儿的游戏权利依然没有得到足够的认可和保障。幼儿园和家庭都急于教授幼儿知识和技能,急于让幼儿成为一个"小大人",忽略了幼儿基本的发展特点和心理需要,忽视了游戏对于幼儿成长的关键意义。如果没有自由自主的游戏,那么幼儿的童年生活将失去光彩,变得无趣而匮乏。因此,让幼儿在游戏中自在生长应该是所有幼教人义不容辞的责任。

与同伴游戏的快乐就是童年生活的"蜜糖"

(二)游戏是促进幼儿自主意识和自主能力发展的最好途径

当下越来越多的幼儿园重视自主游戏的开展,尊重幼儿的游戏意愿,允许幼儿自由选择游戏空间和材料,自主确定游戏玩法,和自己喜欢的伙伴一起自主推动游戏的进

---

① 崔利玲."活教育"在鼓幼:陈鹤琴教育思想的百年传承与创新[J].江苏教育研究,2023(7).

程……正是在一天天的游戏过程中，幼儿的自我选择、自我计划、自我行动、自我调控、自我规范、自我负责的意识和能力逐步得到发展，成长为越来越独立和自信的孩子。

山东科技大学幼儿园
能够自主把控游戏的孩子更能享受到自主游戏的快乐，也更有可能成长为独立、自主、自信的孩子

在开展自主游戏的过程中，教师看到了幼儿有独立的见解，有自主选择和行动的能力。这个过程不仅是解放幼儿游戏的过程，也是教师转变儿童观的过程。自主游戏的开展坚定了教师对游戏价值、对幼儿独立自主能力的确认，也坚定了教师对幼儿园课程变革的信心。

正是基于自主游戏的开展，很多幼儿园的教师开始认识到幼儿的自主意识和自主能力的重要性，并把这种对幼儿的信任和对幼儿自主能力的培养迁移到一日生活的各个环节中。

（三）游戏能有效促进幼儿身心健康、全面和谐地发展

游戏中的幼儿是欢愉的、灵动的、聚精会神的、自在满足的……他们就是身心健康的儿童形象的最好呈现。游戏不仅能为幼儿带来欢乐，还能满足幼儿的好奇心、探索欲和冒险精神，游戏中的幼儿是最富有想象力和创造力的。游戏还能发展幼儿的积极主动、专注投入、坚持不懈等良好的学习品质，促进幼儿的语言、动作、认知、情绪情感和社会性等多方面的发展。

在自由自主的氛围中尽情地游戏是幸福童年应有的样子。因此，我们应该为幼儿创设丰富多元、适宜、安全的游戏环境，提供能够引发幼儿游戏与探索的丰富材料，保障充足的游戏时间，提高观察、分析、追随和支持幼儿游戏的专业能力，以帮助幼儿在游戏中获得更好的发展，让游戏成就幼儿幸福而有意义的童年。

山东省潍坊市奎文区直机关幼儿园

沉浸在自主游戏中的孩子不仅获得了积极愉悦的情绪体验，还在建构自己的伙伴关系和友谊，发展社会交往技能

四川省绵阳市花园实验幼儿园

游戏不仅是娱乐，也是幼儿最重要的学习方式；游戏中的幼儿以自己的节奏和方法探索世界、与同伴互动，基于原有的经验，一步步走向自己的"最近发展区"

实践链接：亲爱的老师，你所在幼儿园的自主游戏开展得如何？你认可"游戏是幼儿幸福的童年生活最重要的组成部分"这个观点吗？要践行这个观点，幼儿园还需要做哪些调整？

七、好的生活教育不应割裂与自然和社会的链接

陈鹤琴曾说："大自然、大社会是我们的活教材。"幼儿自从脱离母体呱呱坠地起，就开始与周围世界建立联系。他们在成长过程中既不能缺少大自然的滋养，也不能缺乏

大社会的熏染。因此，好的生活教育不应割裂儿童与自然和社会的链接。

（一）好的幼儿教育应该是基于自然的

儿童是自然之子。大自然不仅孕育了儿童的生命，还塑造着儿童的精神世界。努斯鲍姆（Nussbaum, 2011）认为，"与动物、植物和自然界共生，关爱它们并与之建立联系，是人类幸福的本质"①。因此，好的幼儿教育应该是基于自然的，支持儿童在自然中生活、游戏和学习。

1. 亲近自然是儿童的天性

当我们带着刚刚学会走路的小宝宝来到大自然中时，我们会惊奇地发现他对大自然天生充满好奇和探究的热情，以自己独有的方式感受这个世界。美国的环保活动家蕾切尔·卡森（Rachel Carson）曾说，儿童具有"敏锐的洞察力"和"追寻美好且令人敬畏之物的本真天性"②，这种天性也被称为"亲生命性"，而这种与自然的亲缘关系深深地根植于每一个儿童的基因之中。比如，沙、水是大自然最基本的构成元素，也是幼儿最喜爱的游戏材料，他们会不厌其烦地舀沙（水）、倒沙（水）、再舀沙（水）、再倒沙（水）。

山东科技大学幼儿园
孩子是在体验清凉的水流过手心的感觉，还是在感知水流动的神奇？不管怎样，这种在大自然中获得的满足感对童年非常重要

2. 亲近自然是儿童的权利

亲近自然不仅是儿童的天性，还是他们的权利。联合国《儿童权利公约》指出，儿童"具备享有健康的未来"③的权利，而健康的未来一定离不开生态平衡、物种繁盛的健

---

① 威尔逊. 幼儿园户外创造性游戏与学习［M］. 陈欢, 译. 北京：中国轻工业出版社, 2020.
② 威尔逊. 幼儿园户外探索与学习［M］. 邹海瑞, 廖宁燕, 等译. 北京：中国轻工业出版社, 2020.
③ 同②.

康的大自然。国际自然保护联盟认为，帮助儿童与自然链接进而形成爱护自然的责任感，是保护儿童"享有健康的未来"的权利的唯一途径。

3. 亲近自然能为儿童积蓄蓬勃的内在力量

广阔、祥和、宁静的大自然具有强大的滋养和疗愈功能。自然中的儿童可以放松身心游戏，感受来自大自然的轻松、欢愉、无限变化和生机勃勃，而这些感受是幼儿快乐的源泉，也是支持幼儿自主走向幸福生活的内在力量。

广东省深圳市龙岗区龙城街道公园大地第一幼儿园

一群在阳光下自由玩耍和探究的孩子，不仅在享受大自然的馈赠，也在感悟大自然的所有奥秘

4. 亲近自然有助于儿童自然智能及多领域的发展

在广阔的大自然中，儿童会更专注、热情和投入地游戏和探索，从而更容易进入忘我的"心流"状态。

自然智能是霍华德·加德纳（Howard Gardner）提出的多元智能之一，他在《重构多元智能》(*Intelligence Reframed: Multiple Intelligences for the 21st Century*)一书中指出，"具有高自然智能的人往往能够适应自然，有兴趣探索自然，也更有可能注意到自然中存在的模式和联系"[①]。同时，亲近自然还可以促进儿童的身体、心理、认知、情绪情感、社会性等多方面的发展。

5. 亲近自然是儿童身心健康的重要保障

户外活动缺乏极易带来肥胖、注意缺陷与多动障碍、免疫力低下等一系列健康问题，所以，经常带领儿童走进自然，并由此养成亲自然、爱锻炼的好习惯，对儿童当下乃至

---

① 威尔逊. 幼儿园户外探索与学习［M］. 邹海瑞，廖宁燕，等译. 北京：中国轻工业出版社，2020.

江苏省无锡市滨湖区水秀实验金色江南幼儿园

吸引孩子的是树与阳光交融的奇妙画面，也是一种来自大自然的感动

山东省淄博市汇英幼儿园

孩子们观察从草地上发现的竹节虫，与自然的链接为他们后续的高质量学习提供了丰富的感性经验

山东省潍坊市奎文区第二实验幼儿园

山东省潍坊市奎文区第二实验幼儿园

白露过后，孩子们在户外游戏时突然发现种植园地里植物的叶子上凝结着小水珠。"它们是从哪里来的？"这一问题激起了孩子们强烈的探究兴趣

一生的身心健康都有益处。

实践链接：与同班教师分享你在幼年时期与自然亲密接触的记忆，说一说它对自己后续生活和学习的影响。

通过与家长沟通，了解本班幼儿户外活动的相关经验，分析这些经验与幼儿现阶段发展水平之间可能存在的关联。

（二）好的幼儿教育应该紧密联系社会生活

陈鹤琴曾指出："大社会也是儿童的世界，家庭是怎样组织的，乡镇是怎样自治的，社会上的风俗习惯是怎样成功的，国家是怎样富强的，世界是怎样进化的，这一切社会的实际问题，都是儿童的活教材。"[①]幼儿的成长离不开家庭、幼儿园，更离不开社区和社

---

① 陈鹤琴. 活教育[M]. 陈秀云，柯小卫，选编. 南京：南京师范大学出版社，2012.

会环境。对幼儿来说，与周围的社会环境建立和谐的关系，对他们的学习和发展具有重要意义。

1. 幼儿的生活不能与社会生活隔绝

幼儿园本身是一个小社会，幼儿走出家庭进入幼儿园之后，会与很多同年龄的幼儿相识，并与他们建立童年的友谊，这是其社会化进程中的重要一步。每一个幼儿来自不同的家庭，是其家庭系统的缩影和代表。幼儿在幼儿园这样的小社会中进行交往，为他们后续走入更广阔的生活世界奠定了坚实基础。

山东科技大学幼儿园
与小伙伴说说悄悄话，我们都是好朋友

此外，幼儿的父母、其他家人，幼儿园的老师、保育员、厨师、保安，以及与幼儿生活密切相关的医生、警察、售货员、快递员等，都扮演一定的社会角色，并承担与角色相匹配的工作。他们是幼儿身边的社会人，有机会与他们交往，对开拓幼儿的视野、丰富幼儿的相关社会经验以及增进幼儿与社会的联系很重要。

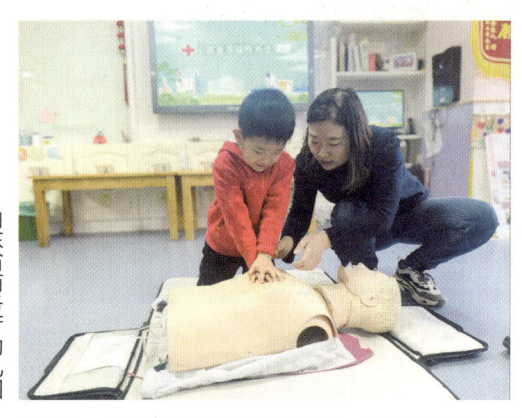

山东省商务厅幼儿园

山东省商务厅幼儿园

做医生、做警察的妈妈来到幼儿园，向孩子们介绍自己工作的内容和趣事，一下子拉近了孩子们与社会的距离

2. 幼儿园课程不能独立于社会生活而存在

当下，有些幼儿园的课程存在与社会生活脱节的现象，比如：片面地强调由成人为幼儿架构所谓完整的、系统的知识体系；基于安全等因素的考虑，封闭办学场所，甚至取消了外出参观活动；等等。从儿童发展的视角看，来自教材（文本）的课程远远不能满足幼儿发展的需要，开放多元的社会资源不仅可以丰富幼儿园课程的内容，而且可以让幼儿园课程更具有生命力和生活化的特点。比如，很多农村幼儿园的外面就是大片的农田，幼儿在这里可以春赏菜花、夏探秧苗、秋看收稻、冬寻霜露雪。走进农田，幼儿可以观察比较油菜花、萝卜花、豌豆花的异同；访问当地农民，幼儿可以了解抛秧、插秧的不同种植方法。此外，幼儿还可以调查了解各种农具的发展变迁历史，感知天气变化对农作物的影响等。

> **案例　快乐渔村行**
>
> 　　我们幼儿园所在的区域毗邻胶州湾，具有得天独厚的海洋自然资源和人文资源。在"快乐渔村行"主题活动中，教师带领大班幼儿分成"渔民采访组"和"渔村探秘组"，走进社区周边的渔村，观看渔民织网，参观海草房，认识捕鱼工具，在渔港码头亲眼见证并分享渔船归来时渔民收获的喜悦。在与渔民爷爷、奶奶以及织渔网的叔叔聊天中，幼儿了解到许多趣闻，比如：海草房距今有80多年的历史，具有冬暖夏凉的特殊功能；养殖的扇贝要住在9~10层的"楼房"里，每层"楼房"还带有确保扇贝呼吸的出气孔……这些趣闻激发了幼儿进一步探究渔村、了解海洋生物的愿望。
>
>
>
> 参观海草房
>
> ——山东省青岛西海岸新区第一幼儿园　蒲倩倩

3. 社会活动有助于培养幼儿正确的价值观、必备的品格和关键的能力

教育的根本任务是立德树人，培养幼儿正确的价值观、必备的品格和关键的能力既是国家提出的要求，又是幼儿个人自身成长的需要。比如，幼儿是否能分辨好与坏、善良与邪恶，能否理解什么是真正的勇敢、奉献、友爱、互助并付诸行动。传统的说教不可能实现育人的目标，教师应让幼儿在丰富多彩的社会活动中体验和领悟，逐渐内化为自己的态度并转化为行动。

> **案例　共读一本书**
>
> 当孩子们从老师的口中了解到偏远山区的小朋友几乎没有一本像样的图书时，他们非常震惊。为了让山区的小朋友也拥有美好的阅读时光，孩子们在老师的带领下开展了"共读一本书"志愿行动。孩子们将自己喜爱的图书带到幼儿园，一起赠送给山区的小朋友。他们在书上贴了漂流卡，上面记录着他们的祝福。当山区的小朋友拿到这些书时，他们不仅看到色彩鲜艳的画面、生动有趣的故事，更重要的是感受到远在千里之外的同龄小伙伴的祝福，因此每个看过这些书的小朋友都会在漂流卡上留言。一年后，这张承载着爱与美好祝福的漂流卡会再次回到赠书的孩子手中。孩子们赠出的每一本书如同一颗幸福的种子，会在他们的心中慢慢地生根发芽。
>
> ——山东省淄博市汇英幼儿园　周英

实践链接：请你调查自己所在幼儿园的周边有哪些社会资源，并思考如何让这些社会资源与幼儿相链接。在开展相关活动时，你会面临哪些困难？如何有效地解决这些困难？

八、父母的影响至关重要，家园协调一致更有实效

正如美国作家爱默生（Emerson）所说："孩子最终会成为什么样的人，主要取决于他从第一个教育者那里所接收到的爱的质量、陪伴和榜样示范。"父母是幼儿的第一任教师，也是幼儿终生学习的榜样，对幼儿的影响至关重要。好的生活教育需要幼儿园和家庭紧密结合、协调一致，共同助力幼儿的自我成长。

（一）父母是帮助幼儿与生活链接的重要他人

想让孩子成为什么样的人，父母首先应让自己成为那样的人。那么，父母什么样的品行能对孩子产生积极的影响，成为他们最好的榜样呢？

1. 生活态度积极向上

父母积极向上的生活态度表现为他们对生活的热爱以及充满活力的精神状态，这是给孩子最好的示范。比如：父母对自己的工作充满热情，不断地学习和提高自己，以实现职业发展的目标；在生活中会主动关心家庭成员的需求和感受，愿意为家庭付出时间和精力；乐于参与家庭活动，如烹饪、园艺、旅游等；在节假日乐于和家人共度美好时光；在面对家庭困难和变故时能勇敢、坚强地面对，不抱怨、不推诿……父母所持的积极乐观的人生态度一定会传递给自己的孩子。

2. 待人接物真诚友善

父母待人接物的态度同样会对幼儿产生影响。如果父母待人接物真诚友善，那么孩子就能学会如何与人友好相处。作家莫言曾讲过一个关于自己母亲的故事："在困难时期，家人难得吃一顿饺子，每人不足一碗。可是，当一位素未相识的老人乞讨到门口时，母亲却把自己的饺子都给了他。"莫言的母亲虽然没有文化、自己处境艰难，但她用行动为孩子做出了善良助人的榜样。

3. 对孩子信任和放手

信任和放手不仅会让孩子感到自己被认可和重视，从而激发其积极主动性，而且会让孩子在独立做事的过程中感受到自己成长的力量，提升其独立生活的能力。

案例　希希学习使用筷子

作为父母，谁不想有一个可以自主进食、吃饭香香的宝宝呢？于是，从给希希添加辅食开始，我就尝试让希希自己进食。希希爱吃面条，勺子用起来不方便，所以学会使用筷子也就成了她的一项必备技能。

刚拿到筷子时，2岁8个月的希希很好奇，一番摸索后，她使用双手打开筷子夹面条。之后，我帮助她把手指伸进筷子上的指环里，但因手部力量不够，她无法单手打开筷子夹食物。可是，希希没有放弃，在我的鼓励下，她反复尝试，每次吃饭前都先练习将筷子打开与合上。在练习了几天后，希希终

于可以单手打开筷子并夹起食物了，只不过夹起来的都是比较轻且好夹的食物，筷子夹得也不紧，导致食物很容易掉落。大约一周后，希希就能自己熟练地把手指伸进筷子上的指环里，夹起食物。两周后，希希不仅可以更加熟练地使用筷子，还能夹起肉丸子、小西红柿这样圆溜溜的食物。

仅仅半个月左右的时间，孩子就发生了这么大的变化！这让我不禁感慨：适当地放手，我们就可以发现孩子具有无限的潜力。孩子在自主进食的过程中，不只学会了自己吃饭，还培养了动手能力、手眼协调能力、力量感、控制感、专注力和自信心。

让孩子自主进食，也考验了父母的心理承受能力。我们不要害怕孩子弄脏衣服、把饭粒掉在地上，也不要催促孩子，更不要用成人的能力来衡量孩子。父母不可能照顾孩子一辈子，当孩子产生自主意识时，父母要做的就是顺水推舟、因势利导。

——希希的妈妈 张玉

在以上案例中，妈妈在孩子不到3周岁时就能放手让孩子学习使用筷子，并独立用餐。也正是因为妈妈对孩子的信任、鼓励和支持，孩子不仅习得了熟练使用筷子的生活技能，也感受到了自我成长的力量。

（二）家园协作是实现幼儿自主生活、快乐成长的关键

《幼儿园教育指导纲要（试行）》指出，家庭是幼儿园重要的合作伙伴。幼儿的生活具有"两点一线"的特点，家庭与幼儿园是幼儿生活的主要场域。要达成自主生活教育的目标，家园双方只有协同一致，才能实现1+1＞2的教育效果。在幼儿园里，教师会在生活情境中鼓励幼儿自主穿脱衣服、独立整理床铺、合作整理玩具等，将幼儿自主生活能力的培养融入常规教育中。基于此，在家庭教育中，家长也应践行相同的教育理念，鼓励幼儿做好自我管理，如引导幼儿自主穿脱衣服、自主收拾玩具等。此外，教师还可以将幼儿在家庭生活中遇到的问题与幼儿园课程结合起来，实现家园同步教育。

案例　今天，我要自己睡

绘本故事《第一次自己睡觉》引发大班幼儿围绕"自己睡觉"这一话题展开了热烈的讨论，为了了解幼儿自己睡觉的情况，我分别向家长和孩子进行了调查。调查结果表明，大部分幼儿在家里都不是独立睡觉的，因为他们害怕自己睡觉。与此同时，我也了解到家长"不敢放手"的顾虑。于是，我们开展了"我自己睡觉"的活动。

今天，我要自己睡

针对"你愿意一个人睡觉吗?"这个问题,孩子们将自己的想法投到投票箱里。第一次投票后,我发现仅有1/2的幼儿愿意接受独自睡觉的挑战。针对孩子们的担心,我组织他们进行了讨论。经过老师和同伴的鼓励与开导,有2/3的孩子愿意接受这个挑战。

之后,我与家长们一起开启了支持幼儿独自睡觉的行动。第一天晚上,家长拍摄了孩子独自睡觉的情景。第二天,我把这些照片和视频在班级进行了分享,并请挑战成功的幼儿讲述自己独自睡觉的感受。在这些小朋友的带动下,陆续有更多的小朋友加入这个挑战。一个月后,共有9名小朋友坚持独自睡觉,我为他们颁发了"小勇士"勋章。

独自睡觉是孩子开始摆脱依赖、学会独立的重要一步。在这个过程中,家长的密切配合起到了关键作用。

——山东省淄博市博山区实验幼儿园 翟艳慧

以上案例体现了家园携手共育的重要性,幼儿园应本着尊重、平等的原则,引导家长了解并认同让幼儿自主生活的理念,合作培养出爱生活、会生活、有责任感的小公民。

案例 家园共赴、共享节气生活的美好

在"跟着节气去生活"课程中,我们依据节气的脉络,通过"五个一"(即一封节气来信、一份节气日历、一个节气视频、一张节气书签、一片种植园地)引导家长和孩子们一起跟着节气去生活。

一封节气来信。在每个节气来临前,我们都会向家长发出一封信,信中有关于节气物候特征的介绍,有即将进行的节气生活的介绍,也有游戏、绘本、美食的推荐,目的是引导家长和孩子一起循时穿衣、循时饮食、循时游戏,倡导家长慢下来"静待丰收",给儿童的童年留白。

一份节气日历。我们也把美育渗透到节气生活中,设计了与四时节气有关的美食、游戏、绘本日历。像图画书一样的绘本日历,不仅可以帮助幼儿了解相关的节气知识,还可以让幼儿浸润在一种美感中。

一个节气视频。每个节气,我们都会围绕亲子手工制作活动(如冬至的"小橘

制作节气书签

灯"、小满的"花瓣手环")、亲子游戏、亲子美食制作活动等录制视频,并推送到班级群。

一张节气书签。我们会随时捕捉节气生活中幼儿的精彩瞬间,并添加上文字记录和描述制成节气书签,它既是对幼儿当下生活的记录,也为家长提供了一种记录孩子成长的新思路。

一片种植基地。我们在幼儿园周边建立了一片种植基地,方便家长和孩子在此体验春耕、秋收的过程,并随时观察动植物的变化。

——山东省淄博市齐丰幼儿园　胡丽华

在以上案例中,幼儿园的做法让我们感觉到,家园协调一致并不是一味地要求家长配合幼儿园的活动,也不是把家庭变成幼儿园,而是期待父母、老师和孩子能"同频共振",共赴美好生活之旅。

实践链接: 请你回顾班级近期家园共育的相关工作,调查和了解家长对培养幼儿自主生活能力的态度和认识,反思问题并分析影响因素。然后,根据你自己对班级幼儿的观察和记录,结合本班工作的需要,自主制订一份关于培养幼儿自主生活能力的家园共育工作计划。

本 章 小 结

本章核心内容如下。

- 好的生活就是好的教育。幼儿园教育就应该让幼儿在园期间过好的生活。幼儿在生活中有没有选择权和掌控感,有没有获得幸福,是衡量幼儿教育成效的最根本的标准。
- 与幼儿一起生活是教育的起点,让教育充满生活的气息是幼儿教育追求的目标,以自主生活为幼儿一生幸福奠基是所有幼教工作者的责任和使命。
- 教育的核心目标之一是发展幼儿自主创造美好生活的能力。生活是最好的练习场,幼儿对生活的热爱和生活能力的提高不需要过多的说教和规训,而是在生活的过程中逐步形成的。
- 游戏是幼儿幸福的童年生活最重要的组成部分。幼儿园需要扎实地开展自主游戏,让游戏成就幼儿幸福而有意义的童年。
- 好的生活教育不应割裂与自然和社会的链接,好的生活教育也需要家园紧密结合、协调一致,共同助力幼儿的自主成长。

第五章

生活环节：寻常时刻里的自主成长

老师，今天可以听我喜欢的音乐吗？

轻柔的音乐响起，孩子们的早餐时光开始了。

若曦盛好饭来到我身边说："李老师，我们每天都听你选的音乐，今天可以听我喜欢的音乐吗？"听到她的想法后我愣了一下，因为新学期一开始，我就向孩子们介绍过这学期的进餐音乐，我选的是莫扎特的几首比较优美舒缓的钢琴曲，会循环播放，当时孩子们很自然地接受了，并没有提出不同的意见。今天，若曦提出的问题让我意识到我一直都在选自己认为合适的进餐音乐，从来没有想过也可以听听孩子们的意见。同时，我也为若曦能够提出自己的想法而感到惊喜和欣慰。孩子们在自由自主的班级氛围中，越来越有自己的思想和主见，并能够大胆地表达出来，这不正是我希望达成的目标吗？我回应她说："当然可以了，你想听什么音乐？""我想听《知否知否》。"于是，我马上找到这首曲子开始播放。

伴随着《知否知否》的音乐，若曦一边吃饭，一边轻轻晃动着身体，脸上露出了满足的笑容。其他孩子也因为今天不一样的进餐音乐而有些兴奋。橦橦问我："老师，这是什么音乐啊？我觉得很好听。"还没等我回答，彩虹就大声告诉他："这是《知否知否》，我还会唱这首歌呢。"我告诉孩子们，这是若曦提出的要求，她想在进餐的时候听自己喜欢的音乐。这时候，一直在用心听音乐的诚诚说："老师，我也想在进餐的时候听我喜欢的音乐，我想听《孤勇者》。"孩子们都笑了，好几个孩子附和道："我们也想听《孤勇者》。"听到孩子们的要求，我和另外两位老师相视而笑，我找到《孤勇者》开始播放，几乎所有孩子都跟着唱起来，有的孩子还站起来边舞动身体边唱。在听完一段后，我就将音乐停了下来，问他们："《孤勇者》是一首非常棒的歌，你觉得它适不适合在进餐的时候听呢？"孩子们都笑了，有人摇头，有人摆手，大家都意识到这首歌不太适合作为进餐音乐。于是，进餐音乐又回到《知否知否》，孩子们安静下来开始进餐。

利用睡前的谈话时间，我带领孩子们进行了一次音乐欣赏活动。我们一起欣赏了几种不同风格的音乐，如古典音乐、爵士音乐、摇滚音乐、民族音乐等，讨论了不同音乐所表达的不同情绪，如欢快的、平静的、激昂的、忧伤的等，然后一起商量什么样的音乐适合作为进餐时的背景音乐。

我们做了这样一个约定：每个人都可以选择一首自己喜欢的适合进餐听的音乐放到电脑桌面的文件夹里，并做好标记；每次进餐时轮到谁，谁就可以播放自己选的音乐作为这一天的进餐音乐。孩子们开心极了，他们不仅自主商量每天听谁的音乐，还提议把每个人的音乐编上序号，方便查找，并自主播放音乐，调控音量。

自主播放音乐，并听着自己喜欢的音乐进餐

孩子们由此对音乐产生了浓厚的兴趣，也对每天各个环节的背景音乐有了自己的想法。他们对幼儿园的入睡音乐和起床音乐提出了自己的见解。听家长说，孩子们还会在外出进餐时对餐厅的背景音乐进行一番评价，主动在自己家里挑选合适的音乐来营造氛围。我为孩子们爱上音乐而高兴，也为他们自主意识和能力的增长以及自主创造好生活的愿望而感到欣慰。

——山东省淄博市汇英幼儿园　李琳琳

幼儿园一日生活的每个环节都蕴含着很多促进幼儿自主性发展的契机。作为教师，我们要从内心深处认识到自主生活能力对幼儿一生成长的重要性，认识到日常生活在幼儿自主性培养中的重要价值，充分利用幼儿园生活环节中的教育契机助推幼儿寻常时刻中的自主成长。

为了营造良好的进餐氛围，很多幼儿园会在幼儿进餐时播放背景音乐，但音乐曲目的选择基本上是由教师决定的，幼儿很少有发言权。在上面这个案例中，"老师，今天可以听我喜欢的音乐吗？"这个问题的提出，让我们看到幼儿具有非常强的自主意识以及教师对幼儿的尊重。教师对幼儿自主意识的保护，也让我们从另一个方面看到了这个班级的氛围和师幼关系，看到了一位教师在生活中推动幼儿自主成长的教育智慧。

幼儿生活在一个怎样的氛围里才敢于提出自己的想法？什么样的生活环境更有利于幼儿的自主成长？影响幼儿自主生活的因素有哪些？我们怎样才能在一日生活中的寻常时刻找到促进幼儿自主成长的契机？本章，我们将针对这些问题进行阐述。

一、营造自由、平等、宽松的精神氛围

幼儿能够自主生活的前提,是要有自主的意识和能力。一个幼儿只有生活在被尊重、被接纳、被允许、被鼓励、充满安全感的环境中才能够有机会"做主"、有可能"有想法",也只有在他的想法有人倾听、有机会去尝试、真的能够实现的时候,他的自主意识才会得到保护、才会有机会生长,他也才有可能拥有自主生活的能力。所以,为幼儿营造自由、平等、宽松的精神氛围,让幼儿在一日生活中充分体验到被尊重和被接纳,体验到安全感和存在感,对幼儿自主意识和能力的提升很重要。

在充满爱与温暖的精神氛围中,孩子们心灵舒展,在快乐自主的生活中成长和发展

山东省淄博市汇英幼儿园

(一)教师自身的准备

只有一个从内心里尊重幼儿,重视幼儿的自主性发展,能在一日生活中的寻常时刻找到促进幼儿自主成长契机的成人,才能营造出适合幼儿自主性发展的精神氛围。因此,教师首先要从自身做好准备。

1. 对自身自主性的审视

只有自主的教师才能培养出自主的孩子,教师自身自主性的发展对幼儿的影响是潜

移默化的。因此，教师非常有必要对自身的自主性有一个了解和审视，比如，"我的自主意识强吗？""我的自主能力如何？""在工作和生活中，我是一个自主的人吗？"《自主游戏——成就幼儿快乐而有意义的童年》一书导言部分详细阐述了自主性的含义，教师不妨对照以下七点进行自我审视。

* 独立照顾和管理自己的生活
* 自我判断，拥有独立观点
* 独立做出选择和决定
* 独立制订计划并推动行动进程
* 独立调控行为过程
* 独立制定活动规范，并约束自己的行为
* 对自己的行为结果负责任

2. 信任的力量

被信任是一个人自主性发展的重要前提之一，对幼儿而言更是如此。作为教师，我们首先要由衷地相信每一个幼儿都有与生俱来的自主意识，相信每一个幼儿都是主动的、有能力的学习者和沟通者。我们在与幼儿互动时，要敢于放手、学会等待，给予幼儿更多自由、自主的时间和空间，宽容他们的错误和失败，坚定地相信"信任"在幼儿自主生活意识和能力发展中的强大力量。

同时，我们也需要在生活中赢得幼儿对我们的信任，让幼儿感受到我们的信任。只

山东省淄博市汇英幼儿园

教师的信任与放手，让孩子们每天都自信、热情地参与到一日生活中，成为自己生活的主人

有幼儿信任教师,他们才会拥有最基本的安全感,才能放心大胆地表达自己的想法,展露自己的兴趣,按照自己的想法做事,即使做错了、失败了也不担心会受到批评和嘲笑。

3. 充分认识自主生活的意义

如今,孩子们的时间被各种学习填满,他们无权规划和安排自己的生活。久而久之,孩子们正在萌芽的自主意识就会像缺氧的房间里的烛火一样渐渐熄灭,自主生活能力的发展也就无从谈起了。如果孩子眼中无光,那么即使到了成年阶段,他们也不知道自己喜欢什么,不知道自己为什么活着,不知道自己该怎样去生活。这并非我们想要的结果。我们把孩子带到这个世界并用十几年的时间让他们接受教育,是希望他们成为热情的、积极主动的、有能力去创造幸福生活的人。这个目标的实现必须基于孩子们的自主性发展和自主生活能力的形成,而童年期正是奠定这一基础的关键时期。因此,深刻地理解自主生活对幼儿的成长、发展乃至一生幸福生活的重要意义是所有教师必须做的功课。

(二)师幼关系

要营造支持幼儿自主性发展的精神氛围,教师需要经常审视和反思自己与幼儿的关系:是平等尊重的还是高高在上的?是宽松友好的还是冷漠高控的?是善于倾听和协商的还是武断专横、颐指气使的?……教师还需要观察幼儿在自己面前的状态:是自在放松的还是紧张焦虑的?是充满兴趣的还是无聊麻木的?是积极愉悦的还是消极沮丧的?

山东省淄博市汇英幼儿园

一个能与幼儿一起趴在草地上玩的老师,对幼儿来说就是爱、温暖和信任

是自信大方的还是自卑退缩的？……持续的反思有利于我们改善师幼关系，从而营造有助于幼儿自主性发展的精神氛围。

（三）班级文化

班级文化在某种程度上决定了一间教室的精神氛围。因此，班级的所有教师要在幼儿自主性的培养方面达成共识，将支持和推动幼儿的自主生活、自主成长作为共同的目标，并通过倾听幼儿的心声、与幼儿共同讨论班级规则以及与幼儿讨论他们在与教师、同伴互动时的感受等方式，引导幼儿与老师、同伴一起创建相互尊重、自由平等、有松弛感的、彼此欣赏和鼓励的班级文化，共同营造支持性的精神氛围，以促进幼儿的自主性发展和自主生活能力的提升。

比如，当同伴间亲密友好又彼此信任的时候，它在某种程度上会影响孩子们的乐观、自信等积极心态的形成，也是孩子们拥有内在力量、积极主动投入生活的一种动力。

那么，如何创建有利于幼儿自主性发展和自主生活能力提升的班级文化呢？

* 教师与幼儿之间、幼儿与同伴之间彼此尊重、彼此接纳、相互欣赏
* 鼓励幼儿拥有自己的想法，并勇敢、自信地表达自己的观点
* 鼓励并支持幼儿积极探索自己感兴趣的事情
* 鼓励幼儿自己的事情自己做，并肯定和欣赏幼儿服务他人、服务集体的行为
* 营造有松弛感的班级氛围，允许犯错和失败
* 少控制、多放手，少批评、多建议
* 不取笑，多鼓励
* 培养幼儿的同理心，学会共情
* 师幼共同建立对班集体的归属感、价值感

一起玩儿、一起做事、一起努力、一起快乐……亲密友好又彼此信任的同伴关系是孩子们童年生活里不可或缺的一种心理支持

实践链接： 亲爱的老师，请你对照书中关于自主性的含义与同班教师一起分析自己的自主性发展的情况，评价一下自己是不是一个自主的人。

请你分析一下，自己与幼儿的关系以及本班的班级文化，是否有利于幼儿自主意识的发展以及自主生活能力的提升。

二、建立让幼儿自由呼吸的生活节律

陶行知早在20世纪就提出了"六大解放"思想，他强调"时间的解放是顶急需的解放"，也就是说时间的解放是前提和基础，没有时间的解放，前面的其他"解放"都无从谈起。只有解放了孩子们的时间，他们才有可能享受自由闲暇的幸福生活。

反观当下，对于时间的解放，我们还做得非常不够。孩子们的时间被精细地分割，被成人认为的各种重要事情填满。他们无权规划自己的时间，也无权掌控自己的生活。许多孩子的生活中没有闲暇、没有自由、没有自主，他们每天都被不断地催促和驱赶着，紧张、焦虑的心情充斥着他们的生活，他们无法拥有属于自己的可以自由呼吸的生活节律，因而也不能有尊严地享受童年的生活。因此，重视幼儿时间的解放，基于幼儿主体性发展的需要安排作息，建立让幼儿自由呼吸的生活节律，就显得尤为重要。

没有整齐划一的集体行动，没有老师喋喋不休的催促，孩子们掌握着自己的时间，自由自在、悠闲惬意地享受着草坪上的水果时光

山东省淄博市汇英幼儿园

（一）什么是自由呼吸的节律

所谓节律，就是节奏与规律。这里所讲的节律是指幼儿在园生活的节奏和规律，也就是幼儿在园一日生活中已经形成规律的时间安排与作息安排。每个幼儿园都有自己的生活节律，但由于园长和教师的儿童观、教育观以及对生活节律的价值理解的不同，各个幼儿园的生活节律呈现出非常大的差异。

自由呼吸的节律是指能够充分尊重幼儿的感受，让幼儿拥有大段的自由时间，支持幼儿自在、从容地按照自己的兴趣和需求去生活、游戏和学习的作息安排。华德福教育强调幼儿生活节律的"呼"与"吸"，它把一日生活中那些学习性的、输入性的、集体行动类的活动看作"吸"的过程，把那些自由的、游戏性的、娱乐性的、输出性的活动看作"呼"的过程。呼吸就是节奏，小的节奏聚合起来组成大的节律。中国传统文化认为有"呼"有"吸"才是健康的，才是平衡的。因此，能够自由呼吸的节律既尊重幼儿的兴趣与需求，让幼儿能够有权利、有机会按照自己的节奏"呼"与"吸"，形成让幼儿感到舒服与愉悦的生活节奏与规律，又关注一日活动中整体输入与输出的平衡、动与静的平衡、紧张与放松的平衡、室内与室外的平衡、教师主导活动与幼儿自主活动的平衡。

能够自由呼吸的节律一定不是自上而下统一制定的、碎片化的、死板的，而是灵活的、大段的、师幼都有权利自主调整的。

山东省淄博市汇英幼儿园

专注的探究性学习与放松的自由玩耍性质不同，对幼儿的要求也不同，但都是幼儿发展所需要的，所以一日活动的安排需要动与静平衡、输入与输出平衡、教师主导的活动与幼儿自主的活动平衡

实践链接：你如何理解时间的解放？在幼儿园里，可以自由呼吸的节律应该是怎样的？请分析自己幼儿园和班级的作息安排是否能够支持幼儿从容自在地生活。如果有问题，请尝试调整一下。

（二）生活节律与自主生活

什么样的生活节律才能支持幼儿的自主生活？《幼儿园教育指导纲要（试行）》指出："科学、合理地安排和组织一日生活，尽量减少不必要的集体行动和过渡环节。""时间安排应有相对的稳定性与灵活性，既有利于形成秩序，又能满足幼儿的合理需要。"《幼儿园保育教育质量评估指南》的第 20 个考查要点指出："一日活动安排相对稳定合理，并能根据幼儿的年龄特点、个体差异和活动需要做出灵活调整，避免活动安排频繁转换、幼儿消极等待。"由此可见，在幼儿的一日生活安排方面，相对的稳定性和灵活性是非常重要的，也只有具备这两个特点的生活节律才可以让幼儿自由呼吸，才能够支持幼儿的自主生活。

1. 稳定

这里的稳定是指幼儿的一日生活安排在基本环节上要保持相对的稳定性，也就是说要有一个基本的生活节律。比如，每天什么时间入园、吃饭、游戏、午睡、离园等要有一个相对稳定的安排，因为幼儿需要知道一天中的基本流程与活动安排，知道自己接下来可以做什么，这样他们就可以对自己一天的生活有预期、有掌控感和胜任感，从而产生安全感。这样的安排有利于幼儿生活节律的形成，也能够帮助幼儿自主规划和安排自己的一日生活。

2. 灵活

稳定不代表幼儿的作息安排必须是死板的、不可改变的。"毋庸置疑，严格的时间表会设置障碍，把儿童囚禁在固定的时间里思考和行动。"[1]英国颇具影响力的早期教育专家格雷格·博特尔（Greg Bottrill）在《现在，我可以去玩了吗？——儿童、游戏与早期教育》一书中，强调了死板教条的作息时间表带给幼儿的伤害，他讲道："当我们这样做时，我们就剥夺了儿童的自由，限制了他们的兴奋、语言、参与、快乐和机会，用时间表'杀死了'儿童。"[2]他说："究其本质，时间表忽视了儿童的热情、梦想和渴望，带来了一个'你必须'的世界而不是'你可以'的世界。"[3]

我们可以在相对稳定的基础上根据幼儿的兴趣与实际需求及时地调整作息安排。保持灵活和弹性才是形成可以自由呼吸的生活节律的关键，这样的安排有助于幼儿主动地掌控自己的时间，而不是被时间控制和裹挟。一个"你可以"的世界比一个"你必须"

---

[1] 博特尔. 现在，我可以去玩了吗？——儿童、游戏与早期教育[M]. 陈欢，译. 北京：中国轻工业出版社，2021.
[2][3] 同[1].

的世界更有松弛感和安全感，灵活的、有弹性的作息安排更有利于幼儿自主意识的发展，也能够更有效地支持和推动幼儿自主生活能力的提升。

> **案例　那就读完再睡吧**[①]
>
> 　　在花草园，午餐后是孩子们的一段自主活动时间，他们可以阅读自己喜欢的书、做自己喜欢的事情。
>
> 　　今天中午，我们班的诺诺到了睡觉的时间还在看书，我叫了他三遍，他都没有听到我的声音。当时，我的第一反应并不是生气而是特别羡慕他，因为我觉得能够这样全身心地沉浸在一本书里是多么难得又多么美好的感觉啊！在今天这个碎片化的时代，恐怕只有孩子才能做到吧！于是，今天中午我就破例让他一直读书，读完再去睡觉。当他心满意足地合上书的时候，我问他："你有什么样的感觉？"他说："我太高兴了，太痛快了！可以一直把这本书看完！"
>
> 　　我觉得，这种在作息时间上的灵活和弹性安排在孩子们的生活中是必不可少的。也只有这样，孩子们的这份美好阅读体验才不会被破坏掉。跟孩子在一起生活，也让我从他们那里学到如何沉浸在当下，把心安顿下来。
>
> ——中华女子学院附属实验幼儿园　张蕾

实践链接：亲爱的老师，读完上面这个案例，你有怎样的感觉？你认为，什么样的老师才会允许孩子一直把书读完再去睡觉呢？如果是你，面对那个被你喊了三遍都没反应的孩子，你会是什么感觉？你是否也会羡慕那个孩子沉浸于阅读的状态？你在和孩子一起生活的过程中，是更紧绷些还是更松弛些？你喜欢怎样的状态？你觉得自己可以从哪些方面做出努力？

请分析你所在幼儿园的一日生活作息安排中哪些环节是可以相对稳定的。与同班教师一起回顾在组织幼儿一日生活时是否有时间上的灵活性和弹性，并尝试给自己和孩子一些时间上的解放。

（三）怎样建立可以自由呼吸的生活节律

"钟表的发明和运用使得时间和事件脱离了关系，时间成了一种机器的隐喻，反过来对我们的生活形成严格的控制。时间切分的单位越小，控制的精度就越高，对人的行动的控制就越严密。"[②]的确，碎片化的、必须严格执行的作息时间表无疑会加剧我们的紧张感，与我们建立"可以自由呼吸的生活节律"的初衷背道而驰，它会让我们与幼儿都处

[①] 节选自"中华女子学院附属实验幼儿园"微信公众号2024年3月12日发表的文章《圆桌对谈丨短视频盛行的时代，读书的意义在哪里？》。

[②] 黄进. 重塑时间生活：幼儿园时间制度化现象审思[J]. 中国教育学刊，2019（6）.

在一种时间的困境之中。我们需要建立一种大时间观，重新审视作息时间表对幼儿自主生活的影响。

其实，一线的幼儿教师大都不喜欢那种碎片化的、统一由园领导严格控制的时间安排，因为在这样的安排下教师没有自主的机会，内心总被那个时间表控制着，紧张、焦虑成为他们的一种典型生命状态，而在这样的状态下，教师不太可能给予幼儿自由和自主，也很难用心地观察、分析幼儿，也就不可能给予幼儿真正需要的支持。在这种令人窒息的状态下，教师很难体验到职业幸福感，幼儿也无法自在从容地生活和学习。

幼儿园如何建立让教师和幼儿都能自由呼吸的生活节律呢？

1. 从碎片化时间到大块的时间段

碎片化的作息安排在当前的幼儿园里还是普遍存在的，比如，有的幼儿园一天有将近 20 个环节，喝水、洗手、如厕都是独立的环节，有时候 5 分钟或 10 分钟就要进行一次环节的转换。在这种碎片化的时间安排下，教师因为害怕耽误接下来的环节就会不断地催促孩子，赶时间、赶环节就成为教师的日常处境，教师和幼儿也因此都处在一种紧张、焦虑与匆忙的状态。在这样的时间安排下，幼儿的活动基本以集体行动为主，幼儿没有自由自主的机会，也无法获得安全感。由此可见，碎片化的时间安排对幼儿的自主生活、自主游戏和自主学习都是非常大的干扰，导致幼儿没有充分的时间沉浸在自己想做的事情中，更不可能有机会思考和安排自己的生活，也就无法生长出自主的意识和能力。

要改变这种碎片化的时间安排，我们首先需要为幼儿的户外活动、自主游戏和自主学习留出足够的大段时间（至少在 1 小时以上），其次需要将幼儿园的各个生活环节进行整合，比如，将早上的入园、晨练、进餐、盥洗、整理等多个环节合并为一个晨间活动，时间从几分钟、十几分钟的碎片化状态整合为一个大块的时间，而包含在其中的每项活动早一点或晚一点开展无须苛求。同时，将喝水、如厕等非必要的整齐划一的集体行动

山东省淄博市汇英幼儿园　　广东省深圳市龙岗区龙城街道公园大地第一幼儿园

幼儿园每天都有 2 小时左右的大段且连续的户外活动时间，没有催促和打扰，孩子们可以自由地沉浸在自己喜欢的事情中

取消，改为由幼儿按照自身的需要自主进行。再比如，将自主学习活动时间与水果时间合并，将集体吃水果改为幼儿在这段时间内自主安排，只要将水果吃完即可。当我们将多个碎片化环节整合为一个拥有大块时间的环节时，我们就会为教师和幼儿"松绑"（见表 5.1）；当教师和幼儿都不再被时间表束缚时，他们的内心就不再急躁和焦虑，就有了自由呼吸的可能。

表 5.1 某幼儿园从碎片化时间到大块时间段的一日作息时间安排对比

调整前		调整后	
7:30—7:50	晨间活动	7:30—8:40	晨间活动、早餐时光
7:50—8:00	如厕、洗手	8:40—9:50	个别化学习、吃水果
8:00—8:40	早餐	9:50—11:20	户外自主游戏
8:40—8:50	餐后洗手、漱口	11:20—15:10	午餐、午睡、点心时间
8:50—9:30	集体教学	15:10—16:20	集体教学与户外活动
9:30—9:40	如厕、洗手、喝水	16:20—17:00	离园活动
9:40—9:55	吃水果		
9:55—10:15	洗手、如厕		
10:15—11:05	户外游戏		
11:05—11:10	收器械		
11:10—11:20	如厕、洗手、喝水		
11:20—12:00	午餐		
12:00—12:10	餐后散步		
12:10—14:30	午睡		
14:30—14:40	起床、盥洗		
14:40—15:10	午点、喝奶		
15:10—15:40	集体教学		
15:40—15:45	喝水、如厕		
15:45—16:30	体育活动		
16:30—16:40	盥洗整理		
16:40—17:00	离园活动		

2. 从全园统一安排到班级灵活把握

越是低龄的幼儿越不应该过整齐划一的生活，越不应该生活在刻板的时间表里。幼儿园可以尝试取消统一的作息时间安排表，在保证基本环节的基础上，由各班教师根据自己班级幼儿的兴趣、需求、课程开展情况以及自己班级所在的位置自主安排本班的作息时间，每个班级的安排可以有所不同。比如，在山东省淄博市汇英幼儿园，有的班级吃过早餐后会直接到户外活动，整个上午的学习和游戏都在户外进行，有的班级则将户外活动放到下午进行；有的班级会在幼儿午餐前安排集体活动，有的班级则在幼儿午睡起床后进行。经过一段时间的尝试，每个班的教师和幼儿都逐渐找到了自己的生活节奏。这样的改变带给教师的感受是"太好了，终于体验到慢生活的感觉，找到了和孩子一起过日子的幸福感"。

山东省淄博市汇英幼儿园

同一时间段，不同的班级有着不一样的作息安排，有的班级在户外游戏，有的班级在活动室里开展自主学习活动，每个班级的孩子都有自己的生活节奏

要培养自主的孩子首先要有自主的教师，因此我们需要尊重教师的职业生活，相信教师的自主能力。其实，谁都不希望自己的生活一直被别人安排和指挥，真正有质量、有幸福感的生活一定是有掌控感、有创造性的。每一位有责任感的教师对于自己和孩子们每天的生活都会有想法、有期许，当把这个权利交给他们的时候，当作息安排表由全园统一制定变为班级灵活把握的时候，教师就会对自己的工作有更多的思考、热情和责任感。

当然，给予班级教师时间安排的自主权并不意味着管理者就撒手不管了。灵活也需要把握底线，时间自主的前提是要把握一日作息安排的大原则，比如，每天既要保证户外体育活动、自主游戏、自主学习等活动的最低时长要求，也要关注季节、气温的变化，还要尽可能保持动与静、教师主导活动与幼儿自主活动的平衡。比如，虽然幼儿喜欢玩沙游戏，但在寒冷的冬天不能让幼儿一直蹲在沙池里玩耍。同时，管理者需要在前期通过跟班观察、教研等方式为教师提供必要的支持和引导，帮助每个班级形成科学的生活节律。

3. 从教师决定到幼儿自主

有掌控感的不被驱赶的生活是美好的，当教师体会到时间自主带来的内在愉悦时，他们就会愿意把这种感觉带给幼儿。在一日生活中，教师应该更多地思考如何让幼儿对自己的时间有掌控感，怎样让幼儿的生活从教师决定变为由幼儿自主安排。

很多教师对幼儿园一日生活中的过渡环节感到苦恼，因为幼儿不愿意听指挥，并且经常出现消极等待的现象。其实，当我们让幼儿明确地知道自己在这段时间可以做什么，并把自主安排时间的权利交给幼儿时，我们就会发现，生活环节的转换变得自然顺畅了，一日生活也如流水一般地自在从容。

案例　午睡前的自主时光

在一日生活过渡环节的组织中，我们发现取消整齐划一的集体行动，让孩子们自主安排可以做的事情后，这些生活环节的转换过程不再像以往那样需要教师喋喋不休地指挥，变得从容流畅了。

午睡前的自主时光

比如，午睡前的这段时间，我们会与幼儿讨论需要做好哪些入睡前的准备工作以及还可以做些什么，然后就完全交由幼儿自主安排。他们可以在这段时间里照料自己养的小动物和植物，可以做观察记录，可以跟好朋友聊天，可以看书，可以跟同伴分享自己"宝贝瓶"里的宝贝，可以把小床铺好，可以做值日照顾环境，可以上厕所……只要在上床前做好入睡的准备工作就行，至于先做什么再做什么，完全让幼儿自主安排。就这样，午睡前的时间就成了孩子们一段自在从容的幸福时光。

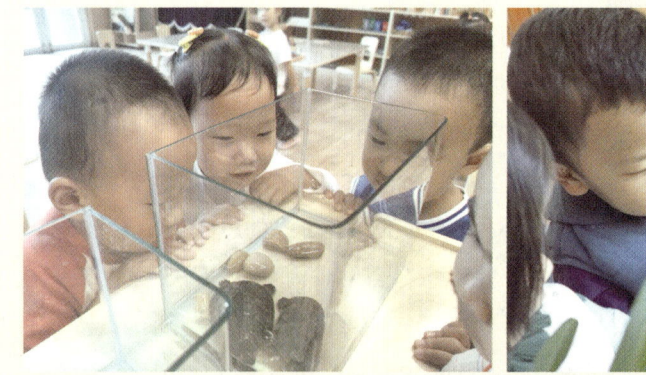 

观察、照料自己养的动植物

——山东省淄博市汇英幼儿园　邢宁、袁珂

当然，教师也需要关注和提高幼儿生活自理的能力，培养幼儿的时间观念，让幼儿明白提高效率、不拖拉，才能有充足的时间去做自己想做的事。

总之，时间的解放会带来师幼心灵的解放、生命的舒展，建立让幼儿自由呼吸的生活节律，是幼儿能够自主生活的重要保障。我们希望更多的管理者能够关注作息时间的变革，用时间的解放推动幼儿的头脑、双手、眼睛、嘴巴的解放，把教师和幼儿从一张张被精细分割的、标准化的作息时间表中解放出来，一起感受自由呼吸、自由思考、自主生活的幸福与美好。

广东省深圳市龙岗区龙城街道公园大地第一幼儿园

把幼儿从标准化的作息时间表中解放出来，让他们尽情地享受自由呼吸、自由思考、自主生活的快乐与美好，积蓄一生幸福的力量

实践链接：亲爱的老师，你在工作中体验过慢下来的感觉吗？你觉得幼儿园的作息安排对你和幼儿的生活感受影响大吗？如果幼儿园把幼儿一日作息安排的权利交给班级，你将怎样安排属于你和孩子们的一日生活？

《午睡前的自主时光》案例带给你怎样的感受？幼儿园的一日生活中还有哪些环节让你感觉不好组织？这里面是否有教师的高控？请试着放手，取消那些不必要的集体行动，把自主活动的机会交给幼儿，看看会有什么变化。

三、创设支持幼儿自主生活的物质环境

适宜的物质环境是幼儿自主生活的重要支持和保障。幼儿园应为幼儿提供适合他们的年龄特点、身体条件的设施设备，做好空间规划，关注环境的提示功能，以方便幼儿使用，利于幼儿生活；也需要带领幼儿了解环境，熟悉物品的收纳摆放位置及取放方式，让幼儿对整个环境有掌控感；同时，在创设环境的过程中还需要提升安全意识，确保幼儿在环境中的安全。

四川省成都市锦江区润心善育幼儿园

教室里专门设置的生活操作区,专为教师、幼儿设置的不同高度的操作台,以及其他各种方便幼儿使用的设施,为幼儿的自主生活提供了重要支持和保障

(一)空间规划与设施设备

不管是室内环境还是户外环境,合理的空间规划、流畅的动线设计以及适合幼儿的年龄特点、身体条件且方便实用的设施设备对于幼儿的自主生活来说都非常重要。教师需要站在幼儿的角度审视各个空间的布置,试着在空间中走一走,感受一下动线的安排及设施设备是否能够满足全班幼儿共同生活、自主生活的需求。比如,如果幼儿午睡用的小床过重,或者需要摞高摆放,那么它们就不适合幼儿自主摆放、收纳。当采用装有轮子的一拖四或一拖八的小床时,幼儿自己就可以轻松地拉出、推进,自主地进行午睡前的准备工作。再比如,生活操作区是否靠近水源,操作空间能否满足几名幼儿共同活动的需要,水池、操作台面和材料橱的高度是否适合班级幼儿,设施工具是否方便幼儿使用,材料取放与活动空间的动线是否有过多的交叉,容易产生碰撞等,都是教师需要考虑的因素。

有时候,空间规划与设施设备的一些细节考虑不到位会给幼儿带来不便,影响他们的自主生活。比如,洗手池台面过高、过宽,会导致幼儿洗手时要么够不到水龙头开关需要老师帮忙,要么需要趴到台面上打开水龙头,把衣服弄湿;水龙头过高或者毛巾悬挂得过高,会导致幼儿洗手、擦手时需要把手举高,让水流到袖子里。此外,幼儿的衣橱、鞋柜的高度,以及供他们使用的一些抽屉的松紧等细节,也会影响幼儿自主生活的质量。

幼儿园管理者和教师需要用心地观察环境对幼儿自主生活的影响,发现问题后及时调整,有时甚至需要创造性地解决问题,以便为幼儿的自主生活提供支持性环境。比如,在幼儿自主进餐环节,取餐桌(台)的高度、宽度,盛餐盆的高度,取餐勺、夹子的大小和样式,勺柄的长度，取餐的动线安排，甚至垃圾桶的摆放位置等都会影响幼儿的自主取餐、进餐。

山东省淄博市汇英幼儿园
当用教室里原有的桌子做取餐桌时，因为桌子中间摆放盛餐盆，导致桌面两边的宽度不够，所以两边的幼儿拿着餐盘取餐时很容易把餐盘打翻，于是，幼儿园专门定做了宽度合适的取餐桌

另外，户外环境中游戏材料摆放的位置和方式，运送材料的工具，水源及户外厕所的位置、数量等也会对幼儿的自主生活产生影响，这就需要园所根据幼儿的人数、活动需求、户外场地面积及地形特点等有计划地进行布局和设置。

山东省淄博市汇英幼儿园　　山东省淄博市汇英幼儿园

户外厕所的设计方便孩子们在户外如厕，有效地支持了他们的自主生活

第五章　生活环节：寻常时刻里的自主成长 ● 185

（二）让环境具有提示功能

幼儿的年龄特点决定了他们所生活的环境需要具有一定的提示性、诱导性，尤其是对刚入园的幼儿而言。比如，在洗手池的墙壁上展示七步洗手法的步骤图，其中洗手后双手并拢、手指朝下甩水的图示就会引导幼儿知道洗手后还有甩手这一个步骤，避免弄湿洗手间的地面。刚入园的幼儿在排队接水时控制不好与前面小朋友的距离，容易导致前面接水的幼儿被烫伤，那么，在饮水机前面的地板上贴上几排小脚印就可以轻松地解决这一问题。等到小班后期，幼儿形成习惯和能力后就可以撕掉它们了。此外，关于材料收纳的问题，教师也可以在幼儿入园初期通过贴标志的方式引导他们将材料一一对应、物归原位，等幼儿熟悉后再将标志去除。

当幼儿来到一个新的环境时，教师需要有意识地带领他们熟悉环境及设施设备的使用方法和规则，让他们了解物品摆放的位置，知道哪些物品可以根据他们的需要自由取放，哪些物品有危险不可以碰触，哪些物品需要询问老师后才可以使用。教师也需要在幼儿生活过程中有目的地进行观察，及时发现环境中影响幼儿自主生活的问题并及时解决。

实践链接：请你与同事一起审视自己班级的环境及设施设备，从支持幼儿自主生活的角度进行调整和完善。

从幼儿的视角观察班级及户外环境是否具备对幼儿自主生活、自主游戏、自主学习的提示性功能，这些提示性的设置有必要吗？适宜吗？也请你在一日生活中注意观察幼儿与环境互动的情况，并做出必要的调整。

四、培养独立生活能力：为自主生活做准备

自理才能自立，自立才能自主，自主才会幸福。对于一个缺乏独立生活能力的人，我们无法称其为一个自立的人，而一个不能自立的人必将无法自主。因此，从小培养幼儿独立生活的能力是为幼儿自主生活做准备，也是为他们长大后能够拥有独立自主的幸福人生而进行的能力储备。

我们在这里谈的独立生活能力，包括幼儿应该具备的不依赖他人、自己的事情自己做的独立意识，以及独立生活所必须具备的基本生活能力。

从小班开始,教师就鼓励幼儿自己穿脱衣服、整理物品

(一)培养幼儿独立自主的意识

幼儿在具备行动能力之前就有了独立做事的意识,比如,幼儿在 1 岁左右就有想自己吃饭、自己走路的强烈愿望。如果成人不尊重孩子独立自主的意识,总是因为担心孩子撒饭、弄脏衣服、吃不好或摔倒而包办代替,那么幼儿的独立自主意识非但很难得到保护并发展起来,反而容易养成事事依赖他人的习惯。因此,要想培养幼儿的独立生活能力,独立自主的意识和基本的生活自理能力的培养同样重要。

1. 保护幼儿自主意识的萌芽

当幼儿产生"我要自己来"的意愿时,成人要认识到这是幼儿的自主意识在萌芽,是幼儿要成长为一个独立自主的人的开始,因此,首先需要做的就是保护幼儿的这种想独立自主做事的意愿,不否定、不打压,在确保幼儿安全的前提下,尽可能充分尊重他的想法,允许并鼓励幼儿去尝试。

2. 帮助幼儿形成独立自主的意识

在一日生活中,我们可以创造很多机会让幼儿表达自己的想法,自主进行选择,独立做出决定，按照自己的意愿独立做事。同时，多从正面引导幼儿，积极肯定他们不依赖他人、自己的事情自己做的意识，鼓励和支持他们独立自主的行为，允许他们失败、允许他们做得不够完美，从而更好地帮助他们形成独立自主的意识。

实践链接：请你在一日生活中观察本班幼儿自主意识发展的情况，比如，有多少幼儿有较强的自主意识，哪些幼儿的自主意识比较薄弱。然后，分析原因并与家长沟通，引发家长的关注，共同保护和促进幼儿自主意识的形成。

（二）培养幼儿基本的生活能力

基本的生活能力对幼儿的自信心、独立性、责任感、问题解决能力等有着重要的影响，是幼儿成长的必需，也是幼儿自主生活的前提。我们需要了解儿童在幼儿阶段必须具备的基本生活能力，并在一日生活过程中有目的、有计划地进行引导。

1. 了解幼儿需要具备的基本生活能力

在幼儿阶段，儿童需要具备的基本生活能力主要包括自我服务能力、人际交往能力、环境适应能力、情绪管理能力、时间管理能力、自我保护意识与能力等。

* 自我服务能力：包括进餐（安静进餐、细嚼慢咽、不暴饮暴食等）、饮水（按需饮水等）、盥洗（早晚刷牙、饭前便后洗手、餐后漱口等）、穿脱衣服、如厕以及整理书包、清洁餐具、分类归纳等照顾自己的能力。
* 人际交往能力：包括基本的倾听、表达、沟通、合作等能力，以及能够运用沟通能力解决遇到的问题等。
* 环境适应能力：包括对气温的感知能力，能根据环境温度穿脱衣服，能遵守不同环境中的行为规范、礼仪等。
* 情绪管理能力：能了解自己的基本情绪，能初步用恰当的方式表达情绪，具有初步的情绪调控能力，不乱发脾气。
* 时间管理能力：能初步地感知时间，建立基本的时间概念，做事不拖沓，能在一段时间内自主计划和安排自己的活动，知道要守时，不迟到。
* 自我保护意识与能力：有初步的安全意识，认识基本的安全标志，了解基本的安全常识，愿意学习安全自护知识，积极参加安全演练。

2. 在一日生活中培养幼儿的基本生活能力

幼儿的基本生活能力需要教师有目的、有计划地在幼儿的一日生活中进行培养，也需要教师根据幼儿的年龄特点、个体差异，采取适当的方式方法有针对性地进行培养。

山东省济南市槐荫区泉景嘉园幼儿园

在生活中引领幼儿慢慢地感知时间的流逝,感悟时间的珍贵,鼓励幼儿有意识地管理和掌控自己的时间,并引导他们在这个过程中领悟什么才是生命和生活中重要的东西,然后坚定地把时间花在那些真正重要而美好的事物上

(1)学会放手,耐心等待

在培养幼儿基本生活能力的过程中,教师要避免包办代替,学会放手,鼓励幼儿独立做事,学会等待幼儿成长。在这个过程中,教师耐心、宽容的心态会让幼儿更有安全感,而这种不着急、不比较、被信任的感觉更有利于幼儿专注于当下,用适合自己的方式学习和掌握基本生活能力。在培养幼儿基本生活能力的过程中,教师还需要对幼儿抱有合理的期待,对不同年龄段幼儿的要求有所区别,比如,刚入园一个月的小班幼儿能够清楚地用语言表达自己的需求就可以,大班幼儿则需要有条理地表达自己的观点,并通过沟通和交流解决同伴间的矛盾或冲突。

四川省成都市锦江区润心善育幼儿园

每周的清理环境时间,教师都会放手让幼儿自主参与到活动中。有了教师的放手和鼓励,幼儿建立了"这就是我们自己的事情,这就是我们自己的生活"意识,他们的生活能力也正是在这样的生活中慢慢得到提升的

（2）找准方法，有效培养

①善用示范。教师可以通过亲身示范和同伴示范的方式帮助幼儿提高各种生活能力。比如，关于洗手的正确步骤，取餐进餐的基本要求，如何打喷嚏，如何擦鼻涕，如何通过沟通与别人共享玩具，以及如何表达自己的情绪等，幼儿都可以通过教师的正确示范或者对同伴的观察模仿来习得。

②在游戏中学习。关于某些生活技能，幼儿也可以通过游戏的方式来习得。比如，教师可以设计"玩具回家"的游戏来引导幼儿练习管理物品、物归原位等。再比如，年龄小的幼儿可以通过儿歌和游戏的方式来学习穿衣服、叠衣服。

案例　我会叠衣服了

"老师，我的衣服不见了！""哎哟，我的屁股下面怎么鼓着一个小山丘？躺都躺不下去。""这个衣服的袖子怎么不见了？我都不会自己穿衣服了。"此起彼伏的声音在小班的寝室里响起，这似乎已经变成日常。孩子们会因为不能有序地整理衣物而导致自己的小床乱七八糟，或者导致自己的衣服无故"失踪"，也会因为没有提前翻好衣服的袖子而影响起床穿衣服的速度，于是我想和孩子们一起解决这些问题。

小衣服，大学问

通过观察，我发现分不清衣服的正反面是影响孩子们整齐叠衣服的重要因素，于是，我根据孩子们具体形象思维的特点，提供衣服实物，引导他们对不同款式的衣服进行正反面对比观察，然后和他们一起总结出：有更明显的、完整的图案或花纹的一面，或者有扣子或拉链的一面是衣服的正面；有标签的或布条凸出来的一面是反面。孩子们说："找正反，看衣领，小月亮是正面。"

观察衣服的正反面

叠衣服，趣探究

虽然衣服的正反面问题解决了，但是新的问题随之而来，孩子们又遇上了袖子、裤脚"堵"住的问题。看着他们涨红了小脸着急的样子，我尝试通过创编《钻山洞》和《叠衣服》的儿歌来教幼儿叠衣服。所以，午餐后的寝室里呈现出一片繁忙的景象——孩子们嘴里念叨着儿歌，手上不停地操作着。

过家家，练叠衣

根据小班幼儿对角色游戏有着天然兴趣的特点，我们开展了"宝爸宝妈来当家"

活动，孩子们被赋予了情境化的角色扮演任务。他们化身为细心体贴的宝爸宝妈，模拟为娃娃穿衣服、叠衣服等日常照料场景。

在幼儿学叠衣服的过程中，我见证了他们从最初的混乱无序到逐渐掌握衣服整理技巧的蜕变过程。我深刻地体会到，在日常教育的涓涓细流中，微小而意义深远的转变潜藏着孩子们对世界认知的启蒙与深化。教师能做的，就是为他们创造更多实践的机会，耐心引导、巧妙启发，将生活能力的学习融入生活实践之中。

附：儿歌

钻山洞

小火车，钻山洞，
钻出山洞捏衣角。
小火车，往回开，
抖抖衣服翻好啦。

叠衣服

衣襟对整齐，小手抱一抱，
点点头、弯弯腰，衣服睡大觉。
拎起小裤腰，平铺摆放好，
两路小纵队，一路摞一路，
裤脚碰裤腰，裤子折叠好。

——四川省绵阳市花园实验幼儿园　王梦潇

③设计专门的活动。设计专门的活动帮助幼儿进行练习，也是培养幼儿基本生活能力的常用方法。比如，为了帮助幼儿学会通过语言沟通的方式来解决同伴间的矛盾或纠纷，教师可以在教室里设置一张"和平桌"，并在桌上摆放"和平玫瑰"，让幼儿知道谁先拿到玫瑰谁就可以先讲话，而对方必须耐心倾听，一方表达完感受后要把玫瑰递给另一方，并耐心倾听对方的表达，这类活动能够帮助幼儿学会用语言而不是暴力来解决问题。再比如，关于幼儿时间管理能力的培养，教师可以设计诸如"1分钟有多长""10分钟可以做什么"之类的活动来进行。

案例　"1分钟有多长"体验活动

建立时间观念，成为自我管理时间的小主人，对于大班幼儿有着重要的意义。

一天，乐怡说："马上就要毕业了，我们要珍惜在幼儿园里的每1分钟。"宇飞和硕硕疑惑地问："那1分钟到底有多长啊？"于是，我趁机和孩子们一起展开了讨论。凡凡说："我觉得1分钟很短！当妈妈让我看5分钟的电视时，时间过得很快，1分钟就更快了。"天天说："1分钟是很快的，妈妈早上催我穿衣服，让我1分钟之内穿完。我刚穿好上衣，时间就到了。"

我请孩子们预估自己1分钟可以做多少事，然后用计时的方式开始体验。有的孩子选择了跳绳，有的孩子选择了搭积木，还有的孩子选择了拼拼图……随着计时器响起，孩子们开始投入到自己的活动中。1分钟的体验结束，跳绳的孩子说："我1分钟跳了40下。"拼拼图的孩子展示了自己1分

用跳绳的方式感受1分钟有多长

钟内完成的作品，虽然简单却充满了童趣。搭积木的孩子则在1分钟内搭建了一座小房子。他们都为自己的成果感到自豪。

在对1分钟有了真切的感知和体验后，孩子们共同思考1分钟在日常生活中的价值，有的孩子说："1分钟可以用来刷牙。"有的孩子说："1分钟可以用来整理书包。"通过体验，孩子们开始意识到了1分钟在生活中的重要性，意识到了1分钟虽然短暂却可以做很多事情，进而体会到时间的宝贵，知道要珍惜时间，并能够在日常生活中有效地利用时间。

——山东省潍坊市奎文区樱园幼儿园　李佳丽

④分享和展示。有时候，组织幼儿进行一些生活自理方法的分享和展示活动也能有效地促进幼儿基本生活能力的提升，比如，请幼儿分享自己用什么样的方法管理时间不迟到，怎样在游戏时间完成自己的计划，在生气或伤心的时候如何调整情绪，如何关注天气并根据天气情况穿适宜的衣服等。教师也可以组织幼儿进行一些生活能力的展示，如穿衣服、穿鞋子、整理床铺、剥鸡蛋等。有的教师会用比赛的方式来促进幼儿自理能力的提升，需要注意的是，这一方式有可能让教师忽视幼儿的个体差异，让幼儿的关注点聚焦在输赢上，容易导致能力弱的幼儿在比赛中遭受打击，产生挫败感，对自理能力的学习和提升失去兴趣，这样就得不偿失了。教师应该更多地邀请每个幼儿选择自己做得最好的方面来向大家分享和展示，以引发幼儿对自理能力的重视，激发他们提高自理能力的兴趣和热情。

案例　元旦联欢会上的自理能力展示

升入中班，孩子们的自主意识更强了，自己的事情自己做已经成了他们的习惯。

除了自己穿脱衣服、自己清理餐后环境外，在每两周一次的被褥换洗过程中，他们打包被褥带回家、返回幼儿园时将被褥铺床的能力也发展得越来越好。我非常希望有机会让家长亲眼看到孩子们的进步，一方面能让家长更加相信孩子的能力，在家庭中也能够学会放手，有意识地培养孩子的自理能力；另一方面，通过展示以及准备展示的过程，让孩子们的自理能力得到进一步提升。能够得到老师、家长的鼓励和肯定，一定会让孩子们对做自己力所能及的事情更自信，更有热情。

元旦联欢会上的自理能力展示

在和孩子们商量元旦联欢会上的节目内容时，我把我的想法告诉了他们，得到了孩子们的热烈响应。于是，我们在联欢会中增加了"展示我的本领"内容。我邀请每个孩子都选择两项自己愿意展示的内容：有的孩子要展示剥鹌鹑蛋，有的孩子要展示剥虾，有的孩子要展示自己整理书包，有的孩子要让爸爸妈妈看看自己整理袜子的速度，更多的孩子想要展示打包被褥和铺床……他们想让爸爸妈妈看到"我很能干！"。

孩子们根据选好的展示内容，自然地分成几个项目小组。在准备联欢会的日子里，小组内的孩子每天都找时间练习，还互相提醒和指导。自主学习时间往往会有好几组孩子选择"练习本领"，热火朝天的练习场面让我倍感欣慰。

小组儿童练习剥虾

元旦联欢会上，孩子们自信地展示自己最拿手的本领，先展示完的孩子会主动地帮助同伴，直到所有人都完成展示任务，然后大家一起站到台前，接受台下观众的掌声。家长们又是鼓掌又是竖大拇指，一个劲儿地感叹："孩子们真是太厉害了！"

元旦联欢会上自理能力的成功展示，让孩子们更自信，更愿意做事，也更有热情地学习新的本领。孩子们的自主生活能力培养，也得到了家长们更有力的支持和配合。

——山东省淄博市汇英幼儿园　孙百灵

实践链接： 分析上面的案例，你觉得教师的哪些做法保护了幼儿练习自理能力的热情？生活中，你是如何帮助幼儿提升自理能力的？

经常会有教师通过"看谁穿得快""我是自理小能手"等比赛的形式来促进幼儿自理能力的提升，你觉得这样做的好处是什么？会带来什么样的问题？请跟同事一起分析和讨论一下吧。

（3）融入生活，持之以恒

幼儿基本生活能力的培养一定要在生活中，通过生活来进行。教师要树立"生活即教育"的意识，心中装着培养幼儿独立生活能力的目标，将这些能力的学习融入幼儿的一日生活中，并及时抓住教育契机进行引导和培养，比如：在入园、离园、进餐、盥洗、午睡等环节培养幼儿照顾自己的能力；在与老师、同伴的交往中引导幼儿学习交往能力；在幼儿自己或同伴有不良情绪的时候帮助他们了解情绪，并学习如何表达和控制情绪；等等。

另外，需要注意的是，幼儿基本生活能力的培养和良好生活习惯的形成不是一蹴而就的，需要教师持之以恒地关注、提醒，也需要幼儿不断地在生活中练习，在经常运用中巩固和提升。

> **案例　晨间的自主时光**
>
> 幼儿入园后的晨间 1 小时，包含了生活中大大小小的各种事情，如入园、吃饭、喝水、如厕、盥洗、户外活动准备等，这是培养幼儿生活自理能力的机会，也是培养幼儿的责任感、自信心、解决问题能力以及独立做事能力的好时机。
>
> 入园后的 1 小时，我们给予幼儿自我选择和决策的机会，把自主权最大限度地还给幼儿，让他们学会自我管理。
>
> 幼儿可以按照自己的意愿与节奏开展活动，他们可以观察记录植物的生长情况、天气情况、游戏计划情况等，可以在室内选择喜欢的玩具和材料游戏，也可以自主去盛饭、吃饭，还可以先和同伴或老师聊聊天，再去吃饭。我们把这段时间放手交给幼儿自主管理，自主调控时间和节奏，建立自己的生活习惯，让晨间活动变得从容而有序。
>
> ——山东科技大学幼儿园　迟增喆

（4）家园一致，协同培养

对幼儿基本生活能力的培养离不开家庭的配合，因此，教师需要通过家长会、专题沙龙等多种形式尽早与家长达成共识，形成一致目标，用科学的方法一起携手培养幼儿的基本生活能力，为幼儿的自主生活做好能力方面的储备。

这种共识的达成和对幼儿基本生活能力的协同培养越早开始越好。在这方面，山东省淄博市汇英幼儿园老师们的做法值得参考。他们在新生报名后就建立了班级群，并以

"预备课程"的方式，在幼儿还没有入园的时候就开始了基本生活能力的培养。他们会在班级群召开家长会，向家长讲明培养幼儿自主生活能力的重要意义，然后将幼儿在入园后的生活中需要具备的基本生活能力，以小视频的方式制作成微课程，逐一发到班级群中。幼儿需要具备的基本生活能力包括：认识班级教师、安保人员、保健医生，了解幼儿园和班级的环境，了解入园的基本流程，知道如何洗手、如何搬椅子、如何自主进餐、如何自主吃水果点心、如何取放玩具、怎样加入别人的游戏、如何拒绝别人等。这样一来，幼儿入园前就在家长的陪同下通过视频开始了对基本生活能力的学习，然后在班级群分享与展示，形成良好的学习氛围。同时，幼儿在入园前就具备了这些基本生活能力，有助于他们从容自信地独立入园。家园携手，让新生入园工作变得不再忙乱，而是更加平稳与有序，让教师和幼儿都拥有良好的体验，也更体现出基本生活能力的培养对幼儿自主生活的重要意义。

在培养幼儿基本生活能力的过程中，教师还需要关注幼儿个体的表现，及时与家长沟通，共同促进每个幼儿基本生活能力的提升，助力幼儿的自主生活。

实践链接：请你根据幼儿阶段基本生活能力的主要内容分析本班幼儿基本生活能力的发展状况，谈一谈如何更有效地帮助幼儿提升基本生活能力。

五、开展安全教育：为幼儿自主生活护航

安全教育是幼儿教育中不容忽视的内容，对幼儿的成长和发展有着重要的影响，可以说幼儿的健康成长及自主生活都离不开扎实有效的安全教育工作。幼儿园需要通过开

山东省青岛西海岸新区第一幼儿园

幼儿园的安保叔叔边操作灭火器边向孩子们介绍它的使用方法，幼儿的健康成长和自主生活离不开扎实有效的安全教育工作

展安全教育让幼儿具备初步的安全意识，了解必要的安全常识，形成基本的自我保护意识与能力，从而为幼儿的健康成长和自主生活保驾护航。

（一）现阶段幼儿园安全教育存在的问题

幼儿园安全工作备受关注，安全教育也越来越受到重视，但是在幼儿园安全教育方面还存在不少问题，影响和制约着安全教育的实效。

1. 安全教育流于形式

当前，幼儿园的安全教育存在流于形式的问题。不管是幼儿园还是上级主管部门，往往更多地关注安全教育做了多少，却忽视做得如何，重数量轻质量。只要建立了安全教育档案，必要的各种预案和总结材料完备，必须完成的各种活动完成就万事大吉了，幼儿园或上级主管部门没有从深层次认识到安全教育对幼儿成长与生活的意义，也没有关注和重视所开展的安全教育到底对幼儿产生了什么样的影响，安全教育的目标是否真正落实，安全教育的方式是否合适等。

2. 重视课堂却脱离生活

幼儿园的安全教育还存在一种问题，就是重视专门的安全教育课，习惯于对幼儿进行说教和灌输，忽视贴近生活、重视体验、在生活中随机进行的安全教育。这种脱离现实生活、与幼儿实际经验相割裂的安全教育，往往很难吸引幼儿的兴趣，枯燥乏味的说教和灌输也很难让幼儿入脑入心。此外，还有一些幼儿园一边在安全教育课和安全演练活动中强调听到警报后要赶紧进入紧急避险状态，一边又因为维修警报器等原因导致幼儿园经常出现警报空响的情况，这种课堂与现实生活相脱节的做法，致使师生听到警报后习以为常，完全失去了现实生活中警报的报警提醒作用。

3. 过度保护，忽视幼儿自护能力的培养

在"安全第一"的压力下，幼儿园的安全教育存在扭曲和变形的现象，比如：有的幼儿园把环境中所有物体的棱角都包了起来；在开展安全教育时，一再重复和强调的语言是"不要……""不能……""不可以……"；在开展活动时，将冒险的活动全部取消；等等。在一些幼儿园，过度保护幼儿成为常态，幼儿自我保护意识和能力的培养却被严重忽视。

4. 安全演练忽视幼儿的年龄特点

安全演练是幼儿园安全教育中必不可少的内容，但如果忽视幼儿的年龄特点，不顾

幼儿的心理感受，只追求演练任务的完成，那么非但起不到教育的作用，反而有可能给幼儿带来心理阴影甚至创伤。比如，有些幼儿园在组织防暴演习时，教师会给幼儿播放充满暴力行为的视频，甚至让扮演坏人的教师直接蒙面冲进小班幼儿的教室，导致多名幼儿被吓哭，连续几天夜间被噩梦惊醒、哭闹。

幼儿园进行安全演练的目标是希望幼儿在遇到紧急情况时能够快速地做出反应，知道如何一步步紧跟教师逃生，尽可能保护自己。这一目标对幼儿园的孩子们来说非常具有挑战性，而实现这一目标的关键首先是幼儿园各岗位的成人要非常清楚地知道，当发生紧急情况时，每个人的职责是什么，应急疏散流程是什么，并且通过演练熟悉流程，快速做出反应，及时组织孩子们顺利到达安全的地方。也就是说，安全演练其实是希望教师和幼儿都能形成一种条件反射式的习惯行为。而要达到这个目的，关注幼儿的心态和反应，帮助幼儿在保持冷静的前提下记清楚要做的事情，远比教师过度强调和渲染事情的危险和恐怖重要得多。

（二）基于自主生活理念的安全教育路径与方法

幼儿园的安全教育如何开展才更有实效？基于自主生活的理念并与幼儿自主生活能力的培养相结合，应该是一条可行的路径。

1. 千般呵护莫如自护

千般呵护莫如自护，这是人们在幼儿园安全教育工作中早已形成的共识。安全教育最终的目标是让幼儿学会自护，也就是说让幼儿通过安全教育建立自我保护的意识，形成初步的自我保护能力，为他们的健康成长和自主生活保驾护航。因此，在针对幼儿实施的所有安全教育中，我们需要始终坚定这一目标，才能避免安全教育流于形式、走过场。

2. 基于真实，融入生活

自主生活理念下的幼儿园安全教育应该避免那种脱离实际生活的、生硬的说教和灌输，要基于幼儿真实的生活，并将安全教育融入与幼儿密切相关的一日生活。比如：在每次体育活动中帮助幼儿掌握热身、放松等必要的科学运动知识，知道从高处往下跳时不仅要先拿垫子做好保护，还要掌握正确的落地动作要领；在盥洗环节，随时提醒幼儿尽量不要把水洒到地面上，防止滑倒；在升班换教室后，及时带领幼儿观察新教室的环境和在楼层中的位置，观看新教室的逃生路线图并进行实际演练，熟悉逃生路线；在幼儿园开展大型活动（如"六一"国际儿童节庆祝活动）时，带领幼儿自主查找安全隐患，做好安全方面的预防工作；等等。

山东省淄博市汇英幼儿园要为孩子们的自主生活保驾护航，幼儿园扎实有效地开展安全教育是必不可少的

案例　怎样保障"合宿"活动的安全

"合宿"活动就是大班幼儿在毕业前夕离开爸爸妈妈，在幼儿园里集体住一夜。"合宿"活动是我们幼儿园难忘童年系列活动中最受孩子们喜欢的活动。在活动开展过程中，我们也将幼儿自我保护意识和能力的培养融入其中。我们会提前带领孩子们熟悉活动场地和流程，提醒他们一定要注意安全。

合宿安全说明书

在选择野餐场地时，孩子们发现了"安全隐患"：旧木桩上有木刺，草地上有虫子……他们由此展开了积极的讨论："合宿中怎样更安全？""合宿中还有哪些隐藏的危险？"

孩子们一起预想、查找各个环节中的安全隐患，一起讨论解决的方法。比如，面对燃烧的篝火，怎样保持安全距离？天黑了，散步时要注意什么？寻宝时怎样保证自己和同伴的安全？……孩子们的自护意识和水平，在现实的场景和实际的需求中得到了实实在在的提升。孩子们非常喜欢他们自制的《合宿安全说明书》，一遍遍地翻阅着，他们还计划把这本书留给中班的弟弟妹妹。

——山东省淄博市汇英幼儿园　白黎明

3. 让安全教育课的形式和内容更丰富、更适宜

基于自主生活理念的安全教育并不排斥安全教育课，而是更倡导形式和内容的丰富性、适宜性。教师可以根据幼儿的年龄特点，结合安全教育的目标，开展丰富多彩的、

能够引发幼儿学习兴趣的安全教育活动，比如：邀请安保叔叔、警察叔叔进课堂给幼儿讲述安全教育的小故事；教师为幼儿表演或组织幼儿表演安全教育情景剧、手偶剧；邀请消防车进校园或者参观消防队；等等。

山东省青岛西海岸新区第一幼儿园

安全教育应该摒弃空洞乏味的说教，丰富多彩的、能够引发幼儿学习兴趣的安全教育活动能够更有效地实现安全教育目标

4. 成人示范，家庭、幼儿园和社区共育

在面对安全问题时，成人的反应就是给幼儿的最直接的安全教育示范，因此，成人自己的安全意识以及自我保护的能力非常重要，比如：家长在遇到陌生人搭讪推销时，如何警惕性地又有礼貌地拒绝；在拥挤的人流中，如何避免被挤倒踩踏；外出到宾馆住宿时，会不会观察环境、查看逃生路线；遇到危险时，是否会正确求助；等等。再比如：教师在进餐环节是否会关注饭菜的温度，预防被烫伤；在带领幼儿去户外游戏时，是否会先检查环境和器械的安全性；在各种演练中是否能保持冷静沉着；等等。成人这些或正确、或错误的做法都会成为幼儿模仿的对象，因此，成人要注意提升自己的安全意识和能力，为幼儿提供正确的示范。

要培养幼儿的安全自护意识和能力，家庭、幼儿园和社区的携手共育非常重要，三方要达成共识，明确安全教育与幼儿自主生活的关系，共同围绕目标开展教育。比如，可以组织参观消防大队、消防车进校园、警察叔叔进课堂等活动，通过家庭、幼儿园和社区的携手努力以及必要的示范、讲解和演练，让安全教育取得实效。

实践链接： 你认为，安全教育对于幼儿的自主生活有什么价值？请你与同事一起梳理一下可以在一日生活中的哪些环节渗透安全教育，并将安全教育自然地与生活结合起来。在组织各种安全演练时请关注一下幼儿的感受，并及时地调整组织方式。

六、实施劳动教育：幼儿自主生活的重要部分

"德、智、体、美、劳"的五育方针是我国现代教育的重要理念，劳动教育是其中一个重要的构成部分。近年来，劳动教育更是受到全社会的高度重视。2020年3月20日，中共中央、国务院印发了《关于全面加强新时代大中小学劳动教育的意见》（以下简称《意见》），《意见》指出："劳动教育是中国特色社会主义教育制度的重要内容，直接决定社会主义建设者和接班人的劳动精神面貌、劳动价值取向和劳动技能水平。长期以来，各地区和学校坚持教育与生产劳动相结合，在实践育人方面取得了一定成效。同时也要看到，近年来一些青少年中出现了不珍惜劳动成果、不想劳动、不会劳动的现象，劳动的独特育人价值在一定程度上被忽视，劳动教育正被淡化、弱化。对此，全党全社会必须高度重视，采取有效措施切实加强劳动教育。"

一直以来，中外教育家都非常强调劳动教育的价值。陈鹤琴在"活教育"的教学原则中提出了两个"凡是"，即凡是儿童自己能够做的，应当让他自己去做；凡是儿童自己

山东省潍坊市寿光世纪幼儿园

幼儿参与劳动，不仅仅是为了获得劳动技能，体会劳动者的辛苦，更是为了充实生活，获得人生的价值感和幸福感

能够想的，应当让他自己去想。也就是说，要把生活的权利还给孩子，不要剥夺孩子劳动的权利。从众多关于劳动教育的研究中，从我们身边的实际生活中，我们不难发现，越是从小热爱劳动的人，越容易获得人生的掌控感、充实感、价值感和幸福感。劳动教育是幼儿认识自我、探索世界、培养责任感和合作精神的重要途径，也是为幼儿终身发展和人生幸福奠基的教育，是支持幼儿自主生活不可或缺的教育内容。

（一）从自主生活的角度看幼儿劳动教育的意义

一个人对劳动的态度及劳动的能力会直接影响其自主生活的质量，劳动教育让幼儿的自主生活更完整。作家路遥曾说："一个人精神是否充实，或者说活得有无意义，主要取决于他对劳动的态度。"而在现实生活中，劳动教育的缺失让很多孩子乃至成人很难体会到这种充实的精神和生活的意义感。在家庭与学校中，劳动的独特育人价值被忽视、被弱化。社会中屡屡出现孩子不爱劳动、不会劳动、事事依赖他人以及逃避劳动、对劳动者不尊重、漠视他人劳动成果的现象，令人担忧。这不得不让我们重新反思教育的终极目标，重新从自主生活、从人一生幸福的角度认识劳动教育的价值和意义。

1. 劳动教育帮助幼儿形成自我认知

幼儿天生就有劳动的意愿，劳动也是幼儿的权利。幼儿通过劳动可以锻炼自己的肌肉和动作，更好地感知自我，看到自己的力量，也通过在劳动过程中与他人的互动，形成对自我的认知，体验被需要的感觉。

2. 劳动教育为幼儿储备自主生活的能力

在幼儿阶段，劳动教育的主要内容是以生活自理能力为主的自我服务性劳动，包括：自己穿脱衣服、鞋袜，洗手洗脸，刷牙漱口，收拾玩具、材料等。这些内容也恰恰是幼儿的自主生活所必需的基本自理能力。实践证明，从小喜欢做家务、爱劳动的孩子会更坚忍、更能吃苦、更自信、对生活更有热情，人际交往能力和社会适应能力也更强。因此，劳动教育就是为幼儿当下乃至一生储备自主生活所必需的能力。

案例　运被子

孩子们每个月都要把自己的被褥带回家清洗，这么大一包，怎样才能把它运到幼儿园门口，又怎样再把它运回教室呢？以往这些事情都是由老师们来做，这次我们把问题抛给孩子们，请他们来想办法解决。孩子们的热情高涨，他们一起讨论、查看路线、制订计划、寻找工具……他们造滑梯，做担架，一人背，两人抬，

运被子

甚至连三轮车、小木梯、扭扭车、轮胎和滑轮都被他们用上了。我们一起来看看孩子们是怎么运被子的吧!

用三轮车运被子

用绳子拉被子

——山东省淄博市汇英幼儿园　胡芹、石娜

实践链接：请你分析以上案例中劳动带给幼儿的发展，你赞同教师的做法吗？你觉得你们班的孩子喜欢劳动吗？你觉得班级中还有哪些事情可以交给幼儿做？请在实践中尝试一下吧。

3. 劳动教育帮助幼儿形成幸福人生所需要的价值观、品格与能力

从自己的事情自己做，乐意进行自我服务的独立自主意识，到愿意为群体和他人效力的公益心；从在劳动中体验到自我效能感、成就感，到获得快乐的积极情感体验；从对劳动的热爱，到对劳动者及他人劳动的尊重；从在劳动中经历磨炼所形成的坚强意志，到与他人共同劳动学会分工协作；从慢慢养成劳动习惯，到逐渐形成正确的劳动价值观；从道德涵养、性格发展，到社会性成长……这些对幼儿自主生活乃至人生幸福都有着深刻影响和重要意义的品格与能力，将在科学有效的劳动教育中逐渐形成。

因此，我们需要认识到劳动素养也是人的核心素养，家庭、幼儿园和社区应一起携手实施劳动教育，为幼儿的自主生活乃至幸福人生赋能。

实践链接：请你回顾自己的成长经历中来自家庭、学校和社区的劳动教育，你觉得这些劳动教育成功吗？你现在是一个喜欢劳动的人吗？请你与同事一起聊聊这个话题。

你如何看待当前全社会对劳动教育高度重视的现象？你觉得劳动教育在育人方面有什么价值？请你结合自己的成长体验谈谈自己的看法。

（二）让劳动教育助力幼儿的自主生活

我们所倡导的幼儿自主生活离不开劳动教育，而劳动教育也无法孤立于生活而进行，融入生活、与生活密切结合的劳动教育才更有实效、更有生命力。幼儿园需要重视并扎实地开展劳动教育，为幼儿的自主生活助力。

1. 营造劳动教育的良好氛围

家庭、学校乃至整个社会对劳动和劳动者的态度，会对幼儿产生重要而深远的影响。现实生活中，有些成人一方面教育孩子要热爱劳动、尊重劳动者，另一方面却在言谈举止中处处表现出对劳动的厌恶和对劳动者的鄙视。这种说一套做一套的虚伪表现，非但无助于培养幼儿对劳动的积极态度，反而会影响幼儿正确价值观的建立。因此，我们应该反思自己的劳动观，审视我们让幼儿感受到的是一种怎样的劳动教育氛围，然后不断地进行调整和完善。

我们可以尝试从以下几点入手，营造劳动教育的良好氛围。

* 在家庭中，全家人带着喜悦的心情分担家务，并经常对家人的劳动付出由衷地表达感谢。
* 鼓励和带动幼儿参与家务劳动，并与幼儿一起满怀喜悦地欣赏和享受劳动成果。
* 在班级中，鼓励和肯定幼儿自己的事情自己做，以及愿意为班级、为他人服务的表现。
* 引导幼儿体验劳动带来的成就感和愉悦感。
* 让幼儿看到包括老师在内的每个人每一天都会劳动，引导他们感受到劳动是生活的一部分，是每个人的责任，劳动是快乐的、光荣的、自然而然的事情。
* 对幼儿在劳动中的表现给予更多的肯定和鼓励，允许他们做得不那么完美，还要及时对幼儿付出的劳动表达感谢，让幼儿体验被需要的感觉。

2. 为幼儿劳动做好物质准备

要想吸引并支持幼儿参与劳动，物质方面的准备也很重要。教师可以结合幼儿自主生活所需要的物质环境，为幼儿准备一个劳动工具区，给他们提供适合其年龄与能力的、能够吸引他们使用的各种劳动工具，并将这些工具有序地放在方便他们取放的位置。教师还可以专门为幼儿设置适合他们身高的洗衣台、晾衣架等。

山东省济南市槐荫区泉景嘉园幼儿园
方便幼儿取放的劳动工具区

3. 开展生活化的劳动教育

基于自主生活理念的生活化劳动教育就是结合幼儿阶段劳动教育的目标和主要内容，在幼儿的一日生活中、通过生活、为了幼儿更好地自主生活而开展的劳动教育。它符合幼儿的年龄特点、学习特点以及劳动教育的基本规律和原则，是幼儿园劳动教育开展的有效路径，也是幼儿自主生活不可或缺的部分。

（1）与幼儿的生活相融，与幼儿基本生活自理能力的培养密切结合

在幼儿园一天的生活活动、游戏活动和学习活动中，有许多工作是幼儿力所能及的，教师可以通过示范、讲解、练习等方式帮助幼儿掌握方法，然后放手让幼儿去做，比如，让幼儿自己取餐具盛餐、清理餐后环境、清洗餐具，自己铺床、整理被褥，与同伴一起布置点心桌、收拾卫生，自己取放游戏材料、整理学习用具、照料动植物等。就这样在每天的日常生活中，培养幼儿的独立意识和劳动意识，帮助幼儿掌握基本的生活和劳动技能，自然而然地实施劳动教育，劳动教育目标也就水到渠成地实现了。教师还可以抓住幼儿园生活中的一些契机，引导幼儿自主地参与劳动，比如：冬天来了，为幼儿园的大树穿上"保暖衣"；升班换教室时，一起搬家；当幼儿园的沙池需要换沙子时，一起运沙子。

案例 "搬"出来的成长

幼儿园的灯光环境改造工程在晚上进行,这就需要我们在前一天把教室里的所有东西搬出来,第二天再恢复原样。我和班里的其他老师一致认为,既然教室是孩子们的,那么作为教室主人的他们有权利了解教室即将发生的变化,并且参与决策和行动,这就是他们的生活。

"搬"出来的成长

于是,就有了下面的对话。

老师:"孩子们,我们的班级要进行灯光改造,要把现在的灯换掉,新的灯光更有利于保护我们的视力。"

孩子们:"什么时候呢?"

老师:"今天晚上。我们现在需要把教室里的物品搬走,因为换灯时会有很多的灰尘。明天我们再搬回来,你们就可以继续游戏了。"

孩子们:"那我们一起搬吧!"

老师:"教室里有这么多东西,需要我们分工合作。大家自由结队,一起把教室里的所有东西搬到寝室里。你们有没有信心?"

孩子们:"有!"

说干就干,"搬空计划"开始了!首先,在老师的组织下,班级小朋友进行了分组,一组小朋友负责搬运一个区角,每一组的人数由区角的大小决定。分组完成后,孩子们挽起袖子开始忙碌起来:他们有的将材料筐垒起来搬运,有的和小伙伴一起抬柜子,有的将地毯卷起来再搬运……在把自己的区角东西搬空后,他们还会主动帮助没搬完的小朋友。在老师和孩子们的齐心协力下,教室很快变得空荡荡的了。

齐心协力搬空教室

第二天,孩子们来到幼儿园后发现教室里的灯已经换好了。"我们要把东西放回原位。"于是,"还原计划"开始了!这次,孩子们熟练多了,他们掌握了搬东西的窍门，并且在搬运之前会观察和思考：这是哪个区的柜子？美工区的材料，应该放在美工区的桌子上吗？他们有计划、有目标、有思考地将物品还原到相应的位置。

老师将搬运东西的视频分享给孩子们，他们在视频中欣赏着能干的自己，看见了自己的力量，感受到了自己对集体做出的贡献，享受到了劳动的快乐和成就感！

——四川省成都市第十六幼儿园　张玲

当然，我们强调将劳动教育融入日常生活并不排斥开展一些专门的劳动教育活动。比如，利用幼儿园内外的资源组织专门的除草、翻土、播种、收获活动，开展植树活动，组织幼儿在生活馆、小厨房、木工房里劳动等。除了在日常生活中渗透尊重身边劳动者的情感外，教师还可以结合"五一"国际劳动节、教师节、护士节、警察节等节日组织专门的活动，引导幼儿了解各行各业的劳动者，并对他们表达尊重和感谢。

生活馆里做美食

植树去

（2）在劳动教育中充分体现对幼儿自主性的尊重

基于自主生活理念的劳动教育，应该充分体现对幼儿自主性的尊重。在激发幼儿劳动热情的同时，教师应允许幼儿根据自己的特长和兴趣选择劳动内容，尤其是那些为他人、为集体服务的劳动内容。比如，针对值日生的工作，教师可以让幼儿自主选择是擦桌子还是拖地，或自主选择想要照料哪些植物或动物等；也可以让幼儿自主商量在哪一天、跟谁一起做值日，如果某一天出现人太多或太少的情况，或者值日过程中出现其他问题，教师可以引导幼儿一起想办法解决。教师们可以通过教研活动等方式共同思考关于值日生工作的一些问题，比如，值日对幼儿的价值是什么？幼儿在做值日生的过程中可以获得哪些方面的成长？怎样调动幼儿做值日生的积极性？为了鼓励幼儿做值日生，

山东省青岛西海岸新区第一幼儿园
幼儿每周都有机会在木工房做木工，练习钉、锤、锯、刨等技能

可以用奖励的方式吗？为什么？一定要有值日生吗？即使安排了值日生，也依然有幼儿不愿意值日，应该如何解决这个问题？不安排值日生是否也有可能实现我们的目标？怎样才能让孩子们发自内心地愿意为他人、为集体服务？除了值日生工作外，教师还可以在班级里开展劳动日、大扫除、小菜园等活动，与幼儿一起确定活动开展的时间、内容以及劳动成果的分配方案等。只有充分尊重幼儿的自主性，幼儿才会更愿意参与劳动、爱上劳动。

实践链接： 一谈到劳动教育，我们就会想到值日生活动。请你回顾班上的值日生工作，你觉得开展得如何？对于"要警惕把手段当作目标"的观点，你是怎么理解的？

如何在值日生工作中更充分地体现对幼儿自主性的尊重？你不妨尝试与孩子们聊一聊，听听他们真实的感受和想法，然后开始进行一些调整和完善。

4. 开展劳动教育需要注意的问题

* 劳动教育一定要融入幼儿的一日生活，日常化、生活化的劳动教育更有利于幼儿劳动习惯的养成。
* 一定要避免机械地训练幼儿掌握劳动技能，尊重幼儿的自主性，灵活地采用游戏、示范、鼓励、肯定、表扬、感谢等方式引导幼儿，保护幼儿对劳动的积极性。
* 避免窄化劳动教育的目标和意义，单纯地把劳动教育等同于品德教育，或者仅仅把劳动教育的意义归为利他，而忽视劳动对于我们自己人生的意义，比如我们自己可以在劳动中获得归属感、价值感、成就感等。
* 不要用讲大道理和说教的方式让劳动在幼儿的心目中变成一种道德压迫和负担，这样的做法无法让幼儿由衷地喜欢上劳动。
* 不要把劳动和享受生活对立起来，更不要把劳动作为惩罚幼儿的手段，比如有孩子迟到了，就罚他做一周的值日等，这样只会让幼儿厌恶劳动。
* 避免让幼儿开展超出他们身体条件和能力范围的劳动内容，劳动时间、难易程度要适当。
* 避免只为追求课题成果或者园本课程特色而开展劳动教育，却忽视幼儿对劳动的真实感受。
* 重视当前全社会对待劳动的看法和态度对幼儿的影响。

实践链接： 在一次教学活动展示时出现这样一幕：教师请每个孩子说说自己爸爸的职业，孩子们一个接一个地说，有警察、有出租车司机、有公务员、有外卖员……教师一直点头微笑，但当一个孩子说到自己的爸爸是大学教授时，教师情不自禁地用夸张的语气感叹道："哇！你的爸爸太厉害啦！"你认为教师这样的回应有问题吗？你会怎么做？日常生活中，我们也经常听到家长跟孩子说："你如果不好好学习，将来考不上好大学，就去送外卖、拧螺丝！"如果班里的幼儿向你转述家长的话，你将如何回应？

劳动教育在幼儿的成长中有着独特的教育价值，它甚至会影响幼儿的价值观和人生观。作为教师，你如何在班级开展劳动教育？如何引领家长重视劳动教育？

在幼儿园一日生活的各个环节，幼儿到底怎样做才是在真正自主地生活？表5.2 给出了一些建议。

表 5.2　幼儿在园自主生活

生活环节	幼儿自主生活的表现	备注
入园、晨练	1. 自主入园，主动向保安、保健医生问好，主动配合晨检。 2. 自主到达本班晨练场地，将水壶、书包放好，自主签到，自主选择运动器械参加晨练。 3. 自主收拾整理器械，拿好自己的水壶、书包回教室。 4. 将水壶、书包放到固定位置，换室内鞋，进入教室。	没有晨练的幼儿园，自主签到可以在教室里进行；自主签到并不是必须进行的活动。
早餐	1. 自主摆椅子、洗手，值日生布置餐桌（摆放桌花、垃圾盘、抹布）、准备餐具，自主取餐、进餐。 2. 自主收拾垃圾、送回餐盘、整理桌面卫生、搬椅子，值日生整理餐后卫生。 3. 穿外衣、换户外鞋、带好物品（水壶、游戏计划、放大镜、记录本等），跟随教师到户外场地。	
户外游戏	1. 按照自己的游戏计划自主开展游戏。 2. 自主推进游戏进程。 3. 自主整理、收纳游戏材料。 4. 带好个人物品回教室。	
室内自主学习	1. 值日生洗手与保育老师一起准备水果、点心。 2. 值日生自主布置点心桌（铺桌布，摆桌花、水果、点心，水果数量标志牌，摆放椅子）。 3. 其他幼儿陆续洗手、喝水，自主安排做游戏记录、吃水果、在区角自主学习等活动。 4. 自主整理活动材料，进行餐前准备。	幼儿可以先吃水果再进入区角工作，也可以先工作一会儿再吃水果；此环节可视天气情况放在户外与游戏活动结合进行。
午餐、午睡	1. 陆续进行餐前准备（同早餐）。 2. 自主进餐、餐后整理（同早餐）。 3. 自主开展睡前活动，如阅读图书、照料小动物和植物、做观察记录、聊天、做好睡前的准备工作（如放小床、拉窗帘、上厕所、准备好睡前故事书、播放入睡音乐）。 4. 上床，听故事午睡。 5. 起床，整理床铺，拉开窗帘。 6. 洗手、喝水、（女孩）梳头，自主吃午点、开展区角活动。 7. 自主整理，准备集体活动。	睡前活动可由幼儿自主安排，只要在上床之前做好必需的睡前准备工作即可。

（续表）

生活环节	幼儿自主生活的表现	备注
户外体育活动	1. 根据气温、活动量和自己的感觉自主穿脱衣服。 2. 自主选择、取放运动器械。 3. 自主调整自己的活动量。	在教师组织的体育活动中也尽可能关注到层次性和个体差异，尽可能放手，给幼儿更多自主选择的空间。
离园活动	1. 与老师一起回顾一天的收获和感受。 2. 做好离园的准备工作：收拾玩具和材料，清理室内卫生，将小动物和植物搬至走廊，整理自己的仪容、个人物品，穿好外衣。 3. 离园。	晚上不需要紫外线消毒的教室，动植物可不用搬到走廊。

本 章 小 结

本章核心内容如下。

- 幼儿园的一日生活中蕴含着培养幼儿自主性的契机。教师应从内心深处认识到自主生活能力对幼儿一生成长的重要性，并能充分利用生活环节中的教育契机助推幼儿寻常时刻里的自主成长。
- 如果我们期待幼儿成为热情的、积极向上的、有能力去创造幸福生活的人，那么我们必须培养幼儿自主生活的能力，而童年期正是奠定这一基础的关键时期。
- 幼儿只有在被尊重、被接纳、被允许、被鼓励且充满安全感的环境中才有机会"自主"，才有可能发展出自主生活的能力。教师可以通过支持性的师幼关系和良好的班级文化来营造自由、平等、宽松、相互尊重的精神氛围。
- 幼儿园应重视幼儿时间的解放，基于幼儿的主体需要安排一日活动内容和顺序，建立让幼儿可以自由呼吸的生活节律。
- 适宜的物质环境是幼儿自主生活的重要支持和保障。幼儿园应为幼儿提供适合他们的年龄特点、身体条件的设施设备，做好空间规划，关注环境的提示功能，以方便幼儿使用，利于幼儿自主管理自己的生活。
- 幼儿园需要通过开展安全教育培养幼儿具备初步的安全意识，了解必要的安全常识，形成基本的自我保护意识与能力，从而为幼儿的健康成长和自主生活保驾护航。
- 劳动教育是幼儿认识自我、探索世界、培养责任感和合作精神的重要途径，也是为幼儿终身发展和人生幸福奠基的教育，是支持幼儿自主生活不可或缺的教育内容。

江苏省无锡市滨湖区水秀实验金色江南幼儿园

第六章

自主创造美好生活

我的毕业典礼我做主 ①

在大一班的教室里,我、王琼老师和陈羽老师一起向孩子们宣布:"我们班要在6月23日举行毕业典礼。"孩子们欢呼起来——为自己的长大而欢呼!

我提醒道:"在毕业典礼上,要做些什么呢?"孩子们有点懵懂:"要拍照。""要表演。"……

我随即展示了上届孩子毕业典礼时的照片,说:"请你用2分钟的时间,看看毕业典礼上要做哪些事。"

很快,孩子们交流起自己的所见和理解,我则边记录边解释:"穿着毕业服的时候,我们要念毕业诗、唱毕业歌;要有家长说话,也要有园长说话;还要授予毕业证书……"看到孩子们已有些知晓,我开始了毕业典礼的筹划总动员:"孩子们,这个毕业典礼是由你们来办,还是由我们老师来办?""我们自己来办!"孩子们异口同声地回答。

"好!"我竖起大拇指,"你们先决定表演哪些节目。我建议,大家合作表演。那么,你们的合作是按照原来的小组进行,还是重新组合?"

孩子们的意见出奇得一致:"重新组合!""给你们5分钟时间,重新组队。"

一阵兴奋的忙乱之后,五个小组出现了。我一看,乐了:有一个小组的6个人全是男孩,有一个小组由6个女孩和1个男孩组成。他们会表演些什么呢?

24小时后,孩子们以记录的方式,递交了各自的演出内容。两位教师给每个小组都拍了"全家福",制作成"演出单"布置在墙面上。

这一天,我们三位教师看似放手不"管",实则私下里时有沟通和交流。

男孩小瑞要带领6个女孩跳印度舞;以天天为首的6个男孩要念诗歌《春雨》;不会说上海话的孩子要表演上海话童谣……我建议:用韵律感较强的《云彩和风》代替《春雨》,从而表现男孩的铿锵有力;上海话童谣可以连用两首,也歌颂一下到场的爷爷奶奶。小瑞坚持要跳印度舞,他说:"我会跳印度舞,所以,我负责教大家。演出时,我也可以化装成女孩。"他的队员一致拥护,我只好赞同。

---

① 应彩云. 我的毕业典礼我做主[J]. 上海托幼,2016(7-8).

在接下来的一个月里，毕业典礼的排练和准备基本没有影响到教育教学。一到自由活动时间，如餐前餐后、睡前睡后、活动间隙，孩子们就立刻自选一个角落进行排练。

在我们三位教师的提示和建议下，孩子们自主完成了排练、服装准备、道具准备等一系列准备工作，彩排活动也由当日的值日生自主管理。

看着他们在彩排活动中时而相互喝彩，时而互相责怪的模样，我欢喜地说："孩子们真的长大了！真该毕业了！"

毕业典礼，如期举行。因为节目是孩子们自己想表演的，所以每个孩子都倾尽全力。

——上海市杨浦区本溪路幼儿园　应彩云

自主的生活强调允许幼儿以自己的节奏度过丰富多彩的一日生活。上述案例中，教师从宣布毕业典礼的时间开始，就将整个活动的自主权交给了幼儿，由幼儿自主制订计划、确定演出内容、与小伙伴组队、排练、准备服装和道具、彩排……当然，幼儿怡然自得的背后，离不开教师的循循善诱。我们欣喜地看到，针对关键的问题，教师会通过私下沟通、交流、提示或给出建议的方式提醒幼儿，充分发挥教师的引导作用。这个案例让我们看到幼儿真的是有主见、有能力的个体，当教师信任他们并充分放手时，他们就会展现出更独立、更富有创造性的一面。幼儿在自主创造美好生活的同时，获得了在集体中生活的安定感、归属感、幸福感，并成长为更自信、更有责任感、更具合作意识与能力的社会人。

一、节庆活动：给平凡生活加点"蜜"

节日，是指生活中值得纪念的重要日子，是世界人民为适应生产和生活的需要而共同创造的一种民俗文化，是世界民俗文化的重要组成部分。节日让每一个民族都拥有了自己独特的文化意蕴和生活节奏。另外，每个民族都有独属于自己的传统节日，如傣族的泼水节、彝族的火把节、藏族的藏历年等。节日不仅包含庆祝仪式和活动，还有着深刻的文化内涵，如对民族精神的传承、对美好生活的追求、对大自然的感恩与敬畏等。节日中，无论是休息、度假还是举行团聚、欢庆活动，都会给我们日复一日的平凡生活增添更亮丽的色彩和一份甜蜜。

节庆活动既是幼儿园教育的重要手段和方法之一，又是幼儿自主创造美好生活的重要活动。在我国，幼儿园通常会特别关注以下几种节日。

* 传统节日：春节、清明节、中秋节、重阳节等。
* 纪念日："五一"国际劳动节、"三八"妇女节、母亲节、"六一"国际儿童节等。
* 园本节日：童话节、阅读节、丰收节、运动会、园庆等。
* 专属于幼儿的特别纪念日：掉牙的日子、学会跳绳的日子、和爸爸妈妈分床的日子等。

山东省潍坊市奎文区樱园幼儿园

春节前夕,幼儿园邀请爷爷们来园和孩子们一起书写福字与春联,这不仅能帮助幼儿体验中国书法与中国节日融合的美,还能帮助幼儿感受到祖孙同乐的浓浓情

四川省绵阳市花园实验幼儿园

每年11月18日,幼儿园都会举行"柚子节"。从春天柚子树开花到11月果子成熟,孩子们会进行护"柚"行动,并围绕柚子的养护开展一系列研究活动。柚子生长过程中的每一个"变身",都是孩子们关注的焦点和热门话题,柚子已成为孩子们一生铭记的朋友

山东省潍坊市寿光世纪幼儿园

端午节,当孩子们用青青翠翠、飘着浓浓香气的粽叶细心地包裹浸泡过的圆滚滚的糯米、红枣、花生等食材时,似乎也把对美好生活的向往缠绕在五色丝线里,倾注在双手的一圈圈捆扎中,融入香甜软糯的粽子里

第六章 自主创造美好生活 · 213

四川省绵阳市花园实验幼儿园

"淘淘节"是幼儿园自己的节日之一,孩子们自主制订计划、合作创作作品,然后进行售卖。售卖所得经过幼儿的集体协商讨论,用于毕业典礼等活动

案例 春日读书会

4月有两个与孩子和图书相关的节日——国际儿童图书日和世界读书日。4月的幼儿园,真的是满园的图书香。幼儿园的班级里、功能室里、走廊里甚至户外游戏场上,都增添了很多漂亮、有趣的书架,新增了1000多本绘本。孩子们和老师一起把阅读活动搬到了户外游戏场上,开展了一场"春日读书会";把阅读活动带到了公园里,在春日美景中读读画画,既读书里的故事,也创作自己的故事;还把阅读活动带回家里,在亲子共读中享受彼此温馨的陪伴。自主阅读、师幼共读、幼幼共读……孩子们在一日生活的碎片化时间里,自主地拿起一本书阅读,阅读也成为孩子们生活中甜蜜又美好的时刻。

春日读书会——
让阅读点亮童年

户外游戏场上的"春日读书会"

当然，绘本不仅是用来读读画画的，还可以演绎成情景剧，孩子们在参与布景、准备道具、演出故事的过程中，不仅深入理解了故事，而且提高了审美素养、交流能力、合作能力、动手动脑解决问题的能力等。

"春日读书会"不仅让孩子们感受到阅读的乐趣、爱上阅读，还提升了孩子们的生活品质，打造出一个富有情趣与童趣的美好幼儿园。

——山东省济南市童林堡幼儿园　付燕、李洪春

此外，二十四节气是中国古代人民在长期的农耕生产中对自然节律变化和气候特点的观察与总结，是中国农历中表示时令、气候和物候变化的特定节令。它们准确地反映了自然节律的变化，在人们的日常生活中发挥了极为重要的作用。二十四节气不属于节日的范畴，但是像清明既是节气，也是我国重要的传统节日。此外，还有很多地域会把立春、冬至等节气当作节日。因为二十四节气蕴含着悠久的文化内涵和历史积淀，所以很多幼儿园会把二十四节气纳入园本课程和幼儿的生活之中。

（一）节庆活动与幼儿的自主生活

节日是人们日常生活的一部分，幼儿园的节庆活动尤其会让孩子们感受到共同生活的美好，体验到节日带来的非同寻常的快乐心情，成为童年生活中最闪亮的日子。

在幼儿园的节庆活动中，让幼儿有机会参与计划的制订、环境的布置以及各种操作与体验活动，对促进他们的全面发展具有重要意义。

* 节庆活动让幼儿感受到生活的美好和快乐，有助于培养幼儿对美好生活的积极态度和感知力。
* 节庆活动既能让幼儿感受到传统文化的魅力和民族精神的力量，又能让幼儿感受到世界文化的多样性和差异性。
* 任何一个节庆活动都具有综合性的特点，是幼儿园最具魅力的课程资源，有助于幼儿获得多领域的学习经验。
* 能让幼儿积极参与和自主掌控的节庆活动，有助于发展幼儿的自主性和多元能力。
* 节庆活动能更生动、有效地帮助幼儿建立与家庭、社会的深度链接。

实践链接：近年来，将节庆活动引入幼儿园课程逐渐掀起了一阵阵热潮，然而，"节庆热"还有很多值得我们深思的问题：是否所有的节日都值得幼儿园过？教师在甄选节日时如何兼顾幼儿的个体发展特点与社会文化需要？如何设计贴近幼儿的生活、富有儿童情趣的节庆活动？

（二）当下幼儿园节庆活动存在的问题

与寻常的日子相比，节日被赋予了与众不同的意义与内涵，可以使幼儿园生活多姿多彩、有滋有味，更富有意义。可是，原本让人期待的节日，为何教师和幼儿感受到的却是"过节疲劳"？有教师将"过节"视为"过关"，有幼儿将"过节"当作"渡劫"。如果节庆活动对教师和幼儿来说是一种负担，那么，我们有必要重新审视现阶段幼儿园节庆活动的实践。

1. 成人主导，缺乏儿童发展视角

尽管"我的节日我做主"的口号铺天盖地，然而真实情况却不尽如人意。即使是属于幼儿的"六一"国际儿童节，在很多幼儿园仍是由成人大包大揽，按照成人的思维模式去设计活动。教师承担了节庆活动准备、组织的全过程，幼儿则扮演着被动参与的角色。最常见的就是幼儿园打着让孩子"自信展示"的旗号费尽周折地组织一台文艺演出，活动背后却是幼儿日复一日的机械训练，忽视了幼儿的主体参与和体验。

那么，节庆活动如何从"成人本位"到"儿童本位"，体现"儿童视角"与"发展视角"？在基于儿童视角的节庆活动中，教师应该扮演什么样的角色？

> **案例　复盘"六一"国际儿童节：如何找到"儿童视角"与"发展视角"？**
>
> 现实中，虽然有不少幼儿园从成人本位出发设计"六一"国际儿童节的庆祝活动，但是我们很喜悦地看到"倾听""尊重""快乐""陪伴""成长"等关键词正成为越来越多的幼儿园"六一"国际儿童节活动追求的目标。
>
>
> 复盘"六一"国际儿童节
>
> 我们幼儿园每年都会举行"六一周"活动，教师会提前一个月与幼儿进行讨论，通过各种调查充分了解每个幼儿的愿望，再通过投票确定"六一"国际儿童节活动的最终方案。2023年"六一周"，我们开展了"畅阅童话帐篷日""畅探科学嘉年华""畅快萌趣艺术乐园""畅玩水枪大战""畅游大唐市集"等活动。在"畅阅童话帐篷日"中，幼儿可以用自己喜欢的一个绘本故事确定帐篷日主题，并自主设计帐篷日主题的各种游戏，师幼共同打造帐篷日、玩转绘本、乐享游戏；在"畅快萌趣艺术乐园"活动中，教师把舞台彻底交给幼儿，舞台布置、节目申报和节目筛选都由幼儿来完成，教师只需要把可以合作展示的节目进行合并，这样做既能让幼儿感受到艺术表达的自主性、多样性和创造性，又能让他们充分释放自己，感受共同过节的快乐。在"六一周"活动结束后的回顾中，幼儿纷纷表示"六一周"太开心了，因为他们自己说了算。我们相信，这样有童趣、

有温度、能自主的儿童节活动才是孩子们真正需要的。

"六一"国际儿童节愿望调查

畅阅童话帐篷日

畅探科学嘉年华

畅玩水枪大战

畅游大唐市集

——山东省青岛西海岸新区第一幼儿园　高永兰

2. 缺乏价值判断，盲目跟风

幼儿园为什么要开展节庆活动？这是在开展节庆活动前最值得我们思考的问题，而这个问题的答案体现了管理者和教师的价值判断。比如，对于"六一"国际儿童节，当有的幼儿园以"享受与愉悦"为口号搞出了"吃大席""捉泥鳅""家长吃西瓜比赛""爸爸表演跳芭蕾舞"等活动时，我们必须思考这些活动的价值何在。幼儿教育工作者的价值判断决定着节庆活动的本质与样貌，折射出我们的儿童观、教育观、课程观，以及每个节庆活动带给幼儿的发展意义。

* 吃大席：近几年，这种节庆活动形式在幼儿园"六一"国际儿童节活动中比较盛行。活动中由成人做菜、传菜，幼儿递交礼金，围坐成一席，模仿成人"推杯换盏"、大吃大喝。这种节庆活动形式表面上看来热热闹闹，却不知不觉间将节日的价值简单地等同于感官刺激带来的快乐，将成人世界的吃喝、浪费等陋习传递给了幼儿。

* 捉泥鳅：在"六一"国际儿童节中，很多幼儿园会专门购买泥鳅放在水池中，让幼儿捉着玩。这种活动形式看起来满足了幼儿的游戏需要，但呈现出对生命的漠视，与我们倡导的生命教育背道而驰。

"六一"国际儿童节的价值是唤起社会各界对儿童权益的关注，因此我们有必要思考：学前阶段的儿童应该拥有哪些权利？我们无形中剥夺了他们的哪些权利？当我们认为幼儿拥有自主权、对话权时，我们就会主动地将节庆活动规划的权利还给幼儿，倾听他们的想法，允许他们表达；当我们认为幼儿拥有变脏的权利时，我们就会允许他们尽情地扔泥巴、在草坪上打滚、捡小树枝等，而不是让他们穿着漂亮的衣服乖乖地坐在椅子上；当我们认为幼儿拥有游戏的权利时，我们就会允许他们按照自己的想法玩自己喜欢的游戏，如爬树、装扮自己、追逐打闹……而不是让他们站在舞台上表演着统一的动作。

案例　让"六一"国际儿童节变得更有意义

今年"六一"国际儿童节，我们想摒弃那种儿童为成人表演节目的模式。我们一直在思考：还能进行哪些更有意义的探索呢？我们认为，"六一"国际儿童节不应该只有快乐，还应该让幼儿为自己主张权利。经过一番讨论，我们确立了"我为儿童发声"的活动主题。

活动一　全世界小朋友的家

受国外某一摄影展的启发，我们搜集了全世界各地小朋友的家的图片，将其张贴在在2米×1.2米的巨大展板上，并配上相应的文字说明。"六一"国际儿童节当天，我们将展板摆放在幼儿园门口，邀请家长和幼儿一起观看。有的家长看后说："一路走过来看完这18张图片,我感到很震撼。幼儿园在'六一'国际儿童节通过这样的摄影展让孩子们了解世界的不同,是多么好的切入点啊!"

活动二 我为儿童发声

"如何发声?""围绕什么内容发声呢?"这是我们在活动前思考的问题。我们仔细阅读了联合国《儿童权利公约》,并最终确定了4个更贴近幼儿生活的内容。

1. 儿童有不受暴力侵害的权利,即"不能任意打骂惩罚我"。
2. 儿童有独立自主的权利,即"我能行,请让我自己做"。
3. 儿童有表达情绪的权利,即"难过的时候请抱抱我"。
4. 儿童是独一无二的,即"请不要把我和别人比较"。

我们选定了人流较多的植物园,并为孩子们制作了"我为儿童发声"的T恤衫。"六一"国际儿童节当天,孩子们分组来到植物园,向在这里游玩的家长进行宣讲。1小时内,他们共向275个家庭进行了宣讲。整个过程中,虽然孩子们有过胆怯、害怕,但是他们最终鼓足勇气战胜了困难。有的孩子说:"当孩子做错事的时候,请不要打骂或指责他,这样只会让他感到害怕,而且不知道怎么做才是对的。你支持这个权利吗?"还有的孩子说:"当孩子哭的时候,请不要打骂或指责他,这样他只会把情绪隐藏起来。你应该蹲下来抱抱他,安慰他。你支持我的观点吗?如果支持,就在这张卡片上盖个章。"

我为儿童发声

活动结束后,孩子们纷纷说:"我感觉很累,但是我很开心,因为我得到了很多家庭的支持。""我会害怕、担心,中间也遇到问题,但是我不想放弃,因为我知道我可以帮助别的小朋友。"一位妈妈说:"'六一'国际儿童节虽然已经过去好几天了,但是孩子不舍得把那件T恤衫换掉,昨天晚上她还主动给小区里其他小朋友的爸爸妈妈分享她的T恤衫和T恤衫背后的故事。"

教育博主小马君对此评价道:"这个非常大胆、与众不同的'六一'国际儿童节活动会在孩子的心里埋下种子,让他们知道自己的独特,为自己的独特感到骄傲,知道可以为自己争取权益。"

——新疆乌鲁木齐市水磨沟区巴学园幼儿园 秦洪涛、刘虹

3. 功利主义导向让节日索然无味

在幼儿园的节庆活动中，教师普遍关注幼儿对节日的认知以及节日主题中各领域目标的达成，很多幼儿园教师会给幼儿讲解节日的来历，引导幼儿背诵相关的古诗词，过于追求节庆活动的教育意义。即使让幼儿参与一些动手操作的活动，也仅仅是为了展示给别人看；为了完成宣传幼儿园的任务，甚至会让幼儿摆拍、提前过节，功利心太强，失去了节日应有的童趣和快乐。

4. 深层文化内涵缺失，过节只是表面的热闹形式

节庆活动开展的有效性，与教师对节日的理解和认识有很大的关系。比如，传统节日蕴含着深刻的文化和情感内涵，很多教师因为缺乏对中华传统文化的深入了解，对传统节日的认识仅仅停留在表面。他们简单地认为，春节就是剪窗花和贴福字，元宵节就是吃元宵，端午节就是吃粽子……导致幼儿园的节庆活动千篇一律、千园一面，只追求表面的热闹和形式，却忽略了节庆活动应传递的价值观。

比如，中秋节时，很多教师会把重点放在带领幼儿做月饼、吃月饼的流程上，还有的教师会组织幼儿学习相关的歌曲、古诗。教师更关注幼儿是否学会演唱歌曲、背诵古诗，而忽视了中秋节原本蕴含的团圆、丰收、感恩、审美等更重要的内涵。

5. 节庆活动与生活、课程脱节，给幼儿和教师增添了很大负担

节庆活动原本就是生活的一部分，也必然是幼儿园课程的一部分。然而，很多幼儿园的节庆活动与课程是脱节的，教师既要实施原本的课程计划，又要筹备、开展各种节庆活动，造成了诸多任务的叠加，导致教师不堪重负，幼儿也被指挥得团团转，失去了节庆活动应有的轻松、愉悦。

案例　幼儿园过生日啦

我们幼儿园将园庆活动与园本课程相结合，每年为时两周的园庆活动也是各个班级开展"幼儿园过生日"的园本课程活动。"园长妈妈讲幼儿园的故事""参观姐妹园""采访老教师"等活动是幼儿园多年积淀下来的固定的课程内容。

通过"园长妈妈讲幼儿园的故事"活动，孩子们了解到幼儿园的年龄、初建时的模样、发展历程等。

在每年幼儿园生日来临之际，教师还会组织孩子们围绕"如何为幼儿园庆祝生日"充分展开讨论，并最终基于孩子们的兴趣开启系列课程，如布置庆祝活动现场、亲手制作蛋糕、吉祥物、贺卡、装扮自己、载歌载舞等。全园有相同内容的活动，

幼儿园过生日啦

同时各个班又有独属于自己的生成活动。

听园长妈妈讲幼儿园的故事

——山东省青岛西海岸新区第一幼儿园　刘青青、杨丰语、臧晓宇

实践链接：请你结合自己所在幼儿园的现状思考，当前幼儿园开展的节庆活动是否也存在上述问题？是什么原因导致了以上问题的发生？应该如何应对幼儿园节庆活动中"形式轰轰烈烈""价值平平无奇"的现实困境？

（三）让节日成为幼儿生活中闪亮的日子

现实中，我们经常听到教师抱怨现在的节庆活动越来越多，不管是成人还是幼儿都感觉很累。的确，传统节日、纪念日以及园本的童话节、科技节、图书节、游戏节等节日繁多，但并不是所有的节日都需要开展节庆活动。幼儿园管理者和教师应学会根据幼儿的年龄特点和发展需要，有目的地选择一些适合幼儿的、有意义的节日开展活动，让节庆活动既为幼儿的生活带来甜蜜与美好，又成为培养幼儿的自主意识和自主创造美好生活能力的助推器。

1. 挖掘节日的内涵与价值，明确节庆活动的具体目标

每个节日的背后都蕴藏着丰富的文化内涵，涉及文学、历史、地理、艺术、科学等方面。幼儿园教师对节日的文化内涵理解不足，就可能导致节庆活动的形式化、肤浅化甚至异化，比如，前面谈到的过节就是"吃节"的问题。很多教师把清明节、端午节、中秋节等凸显中国文化特色的节日，变成了吃青团、吃粽子、吃月饼的节日，即使会让幼儿参与制作食物，也脱离不了吃吃喝喝的范畴，无法在节庆活动中传递其应有的文化

内涵。

又如，有的幼儿园将"三八"妇女节过成了"母亲节"，然而，当我们深入挖掘"三八"妇女节的内涵时不难发现，"三八"妇女节是为庆祝妇女在经济、政治和社会等领域做出的重要贡献和取得的巨大成就而设立的节日，体现了对女性的尊重。幼儿生活中的女性众多，除了妈妈，还有老师、奶奶、姥姥、医生、售货员等。

如果教师的文化底蕴不足，节庆活动就会创新乏力，教师即使查阅了节日的相关资料，也很难理解其中的文化内涵和价值，只能照搬别人设计的活动方案，导致很多节庆活动"千园一面"的现象。

由此看来，《幼儿园教师专业标准（试行）》将"通识性知识"作为幼儿园教师专业知识中的一部分是很有必要的。关于节日历史和文化内涵的知识属于通识性知识的范畴，教师对其了解和掌握的程度会直接影响幼儿园节庆活动方案的设计，进而影响幼儿的学习与发展。

那么，在组织每个节庆活动前，教师应该如何挖掘节日的文化内涵与价值呢？

* 教师可以利用书籍、网络、电视、广播、博物馆等多种媒介，掌握必要的文化知识，以丰富自己的文化底蕴，理解和深化节日文化的内涵与价值。关于节日，教师至少可以从节日名称、节日起源和发展、节日意义、节日时间、节日庆祝方式、节日饮食、节日装扮、节日趣闻、典故传说、诗文礼乐等方面丰富自己的知识。
* 借助教研等方式，将节日内涵与幼儿发展相结合，讨论并明确节庆活动的具体目标。

> **案例　孩子们眼中的运动会是什么样子的？**
>
> 我们幼儿园每年都会组织"小豆豆运动会"，已经连续组织10多年了。运动会前，老师们会聚在一起围绕"爱上运动，建立自信"的主题，一起讨论、分析班里每个孩子在运动兴趣、运动习惯、运动能力以及自信心等方面的具体情况，然后有针对性地制定明确具体的目标，即让每一个孩子尤其是不那么自信的孩子能在运动会中体验到"我能行"。
>
> 比如，"小豆豆运动会"除了20米往返跑保留项目外，其余项目由孩子们自己选择，他们也自己挑选对手。有的孩子特意选择比自己强的对手，有的孩子挑战自己不太擅长的项目。我们从每个孩子坚毅的眼神中，从他们奋力奔跑的小小身影上，看到了拼搏精神；也由此可知，这种拼搏精神所带来的自我效能感要远远胜过那些轻而易举的"赢"，实现了让幼儿"爱上运动，建立自信"的初衷。
>
> 又如，运动会前，大班幼儿接到了中班幼儿的求助，为此老师们围绕"志愿者可以做什么？可以给幼儿带来哪些成长和发展？"展开了讨论，并激发大班幼儿萌

孩子们眼中的运动会是什么样子的？

生了成为一名合格志愿者的愿望。随后，大班幼儿开始了一系列的准备工作，包括：自主选择任务，学习使用秒表、练习读数；尝试和中班弟弟妹妹配合，反复练习提高搬运器械的速度，模拟比赛现场……在"小豆豆运动会"的赛场上出现了一群美丽的志愿者，他们积极主动、认真负责、一丝不苟、努力自信的样子，感染着每一个人，让人不由得感叹："小豆豆运动会"的价值不仅仅是让幼儿爱上运动，更重要的是促进幼儿的全面发展。

自主选择运动项目

运动会上奋力拼搏的小小健儿

——山东省淄博市汇英幼儿园　张文慧

在上面的案例中，幼儿园的做法源于教师对"小豆豆运动会"的理解，也源于他们为自己设定的"以支持和推动幼儿发展为中心"的课程目标。教师们通过讨论在节庆活动价值、具体活动目标方面达成的一致意见，为他们设计有趣、有料的节庆活动方案奠定了基础。

我国重要节日的文化内涵和节庆活动具体目标如表 6.1 所示。

表 6.1　我国重要节日的文化内涵和节庆活动具体目标

节日名称	文化内涵	节庆活动具体目标
元旦	每年公历 1 月 1 日，标志着新一年的到来，人们习惯将这一天称为"元旦"，俗称"公历年""阳历年"或"新历年"。它蕴含着辞旧迎新、团圆美满、庆祝与喜悦、期待与展望等内涵，体现了一元复始、万象更新、时间来之不易需要珍惜的意义。	1. 了解元旦是每年的 1 月 1 日，感知时间的周而复始，懂得珍惜时间。 2. 自主查阅资料，了解人们庆祝元旦的方式。 3. 表达与表征对新的一年的期待、愿望和祝福。 4. 感受与家人、朋友庆祝元旦的快乐。

(续表)

节日名称	文化内涵	节庆活动具体目标
"三八"妇女节	这是为庆祝妇女在经济、政治和社会等领域做出的重要贡献和取得的巨大成就而设立的节日。每年的3月8日，全世界许多国家都会用不同的方式庆祝，不但体现了对女性的尊重、欣赏和爱意，更展现了女性在经济、政治和社会领域的成就，它蕴含着自由与平等、认可与尊重等内涵。	1. 知道每年的3月8日是"国际劳动妇女节"，也被称为"三八"妇女节，是所有妇女的节日，感知妇女的辛苦。 2. 了解女性家庭成员和周围生活中的教师、厨师、会计、医生等妇女工作者，感知她们的性格特点和她们为大家做出的贡献，萌发感恩之情。 3. 认识自己的性别，了解性别间的差异，建立自我性别认同感。
植树节	植树节是按照法律规定宣传保护树木，并组织动员群众积极参加以植树造林为活动内容的节日。中国的植树节被定为每年的3月12日，其内涵为：爱护树木，保护森林；植树造林，人人有责；美化环境，清新空气。	1. 乐于参与种植活动，喜欢亲近大自然，对周围的植物感兴趣。 2. 了解常见植物的基本特征，知道植物对人类的重要作用。 3. 发现不同植物的美，能用不同的方式进行艺术创造。
"五一"国际劳动节	"五一"国际劳动节是世界上80多个国家的全国性节日，定在每年的5月1日。它是为了纪念劳动者的贡献和国际工人运动的胜利而设立的，是全世界劳动人民共同拥有的节日。它强调劳动创造了财富和文明，呼吁人们尊重劳动者，重视劳动者的社会地位和劳动的意义。	1. 了解"五一"国际劳动节的含义，知道自己的家人和周围人都是不同职业的劳动者，了解不同职业的工作特点以及对社会做出的贡献。 2. 掌握适合本年龄段的简单的劳动技能，乐于参与力所能及的劳动，感受劳动是光荣的，有自我服务和为集体服务的意识。 3. 尊重、珍惜别人的劳动成果，能运用多种方式表达对劳动者的感激之情。
"六一"国际儿童节	为了悼念1942年6月10日的利迪策惨案和全世界所有在战争中死难的儿童，1949年11月，国际民主妇女联合会在莫斯科举行理事会议，决定每年的6月1日为国际儿童节。 作为一个专为儿童设立的节日，它具有极其重要的意义和价值，旨在唤起社会各界对儿童权益的关注，推动儿童健康、幸福和全面发展的实现。	1. 知道"六一"国际儿童节的意义，体验被关爱的幸福感。 2. 体验儿童节的欢乐氛围，感受大家一起庆祝节日的快乐。 3. 能够积极、主动地参与节庆活动。 4. 参与维护儿童权益的活动，为保护儿童的健康成长发声。

（续表）

节日名称	文化内涵	节庆活动具体目标
教师节	我国在1985年确定9月10日为中国教师节，旨在肯定教师为教育事业所做的贡献。教师节进一步提高了教师的政治地位和社会地位，逐步使教师的工作真正成为社会上最受人尊重、最值得羡慕的职业之一，形成尊师重教、尊重知识、尊重人才的社会风尚，有利于全社会关心教育事业，也有利于提高整个中华民族的科学文化素质。	1. 了解教师节的含义，感受教师的辛苦，萌发对老师的感激之情。 2. 知道身边教师的外形和性格特征、爱好等，为自己的老师感到骄傲。 3. 能用实际行动为老师做一些力所能及的事情，表达对老师的爱。
国庆节	国庆节是国家的一种象征，也是一个独立国家的标志。1949年10月1日伴随新中国的成立，我国将这一天确立为中华人民共和国国庆节。国庆节不仅是一个重要的纪念日，也是一个进行爱国主义教育的时刻，人们会铭记国家的历史、民族的尊严，并通过各种庆祝活动抒发爱国情怀，增强民族自信心和自豪感。此外，国庆节还具有传承文化、展示国家实力、增强国民信心、体现凝聚力、发挥号召力等时代价值。	1. 了解国庆节的意义，爱祖国，为自己是中国人而感到自豪。 2. 丰富对祖国的认知，知道祖国的全称、国歌，认识国旗，知道中国是一个多民族的大家庭，了解国家的一些名胜古迹、重大成就。 3. 通过自主查阅资料了解人们庆祝国庆节的方式，乐于参与幼儿园、社区组织的庆祝活动，体验节日的欢乐氛围。

实践链接：请你回顾刚刚结束的一个节庆活动，反思幼儿园的节庆活动如何不流于形式、止于热闹。请你与同事围绕以下问题进行讨论：你们组织了哪些活动？活动的具体目标是什么？反映出哪方面的节日文化内涵和价值？能够给幼儿带来什么样的发展？

结合未来要组织的节庆活动，了解节日文化与内涵，并与幼儿发展相结合，讨论、制定节庆活动的具体目标。

2. 与幼儿共同设计有趣、有料的节庆活动方案

节庆活动方案既要考虑幼儿园的实际条件与现实需求，又要突出活动内容的代表性、趣味性及幼儿的参与性，以确保节庆活动具有教育价值和可借鉴意义。

(1) *通过节日调查、节庆日历、倒计时牌，激发幼儿的节日愿望*

幼儿园可以通过节日调查、节庆日历、倒计时牌等激发幼儿的节日愿望，使其成为幼儿参与节庆活动的内驱力。

①节日调查。节前,教师可以引导幼儿自主调查节日的来源、传说故事、相关习俗等,鼓励幼儿通过访谈爸爸妈妈(或祖辈家长)、参观博物馆、阅读相关图画书等方式,丰富对节日的了解。

②节庆日历、倒计时牌。教师可以投放节庆日历、设置节日倒计时牌,以帮助幼儿清晰地感知时间的变化,了解每个节日的具体时间,并感受期盼带来的甜蜜。

案例 花草园的园历①

每学期开学前,孩子们都会得到一份定制版园历,这也是花草园多年来的传统。在孩子们的心中,园历已经成为他们生活的一部分,我们希望借助儿童的能量和他们共同完成新学期的创造。

打开盛放园历的盒子,映入眼帘的是一句话——"重要的东西是眼睛看不见的,一起用心体会"。我们希望孩子们在使用这份园历的过程中,能够用心去感知生活,用心去理解爱、理解美,汲取生活的养分来成长。园历上印有值得关注的节日和节气,每月园历卡片的背后印有当月寄语和给爸爸妈妈的小建议,孩子们还可以和家长一起在卡片背后记录下本月的感受与收获。

此外,家长还可以陪伴孩子用贴纸标记自己认为值得关注的日子,并了解这一天的意义,在有爱的亲子互动中帮助孩子更加深刻地理解节日和生活的意义。

花草园的园历

实践链接:陈鹤琴曾说:"儿童的世界是儿童自己去探索与发现的,他自己所求来的知识才是真知识,他自己所发现的世界才是他的真世界。"回顾自己所在幼儿园最近开展的一项节庆活动,反思:幼儿是否有机会参与方案的设计?体现的是"幼儿需求"还是"教师便利"?请尝试与幼儿共同设计一份有趣味性、有价值、有意义的节庆活动方案。

(2)巧妙利用身边的资源,让节庆活动的情感体验更真切

大部分节庆活动都涉及幼儿的情感和态度,如爱祖国、爱老师、爱父母等。体验是幼儿学习的重要方式,是他们的认识和态度形成的基础。然而,现实工作中,幼儿虽然

---

① 节选自"中华女子学院附属实验幼儿园"微信公众号 2022 年 8 月 30 日发表的文章《开学季|用喜悦的能量,开启新的学期》。

在热热闹闹地过节但缺乏真实情感体验的现象屡见不鲜，比如，"母亲节"是为了感谢母亲而设置的节日，在这一天，很多教师会设计让幼儿扮演"孕妇"、集体帮妈妈洗脚等节庆活动方案。不过，很多妈妈参与活动后的感受不尽如人意，她们认为对母亲的感恩不是作秀，更多地应该体现幼儿的真情实感，亲子互动应该自然、不做作。

巧用幼儿园、社区等身边的资源，教师可以帮助幼儿获得直接的、深刻的、个性化的感受和领悟，避免节庆活动方案的千篇一律，让活动变得更贴近幼儿，更富有创造性和意义。

案例 "不一样的母亲节"活动方案

一、设计思路

《3—6岁儿童学习与发展指南》指出："引导幼儿尊重、关爱长辈和身边的人，尊重他人劳动及成果。"母亲节作为一个感谢母亲的节日，是对幼儿进行感恩教育的重要时刻。因此，我们借助饲养角中两只要做爸爸、妈妈的小兔子，与幼儿共同设计以"爱"为主题的母亲节活动方案，旨在引导幼儿通过亲历兔爸爸和兔妈妈生

不一样的母亲节

育、照顾兔宝宝的整个过程，回顾自己成长过程中爸爸妈妈对自己的付出，从而对伟大的母爱产生真切的感受，进一步深刻理解妈妈的辛劳，萌发感恩妈妈的情感。

二、活动目标

1. 持续观察兔爸爸和兔妈妈生育、养育兔宝宝的过程，以及兔宝宝在成长过程中的变化，感受父母之爱的伟大。

2. 回顾自己的成长过程，感受妈妈的辛苦，萌发对妈妈的感激之情。

3. 能用实际行动表达对妈妈的爱。

三、活动时间

4月第二周至5月第二周

四、活动过程

（一）引导幼儿观察兔爸爸、兔妈妈为了迎接宝宝的出生而准备小窝的过程，并鼓励幼儿思考以下问题

1. 兔爸爸和兔妈妈爱自己的宝宝吗？你是从哪里看出来的？

2. 在你出生前爸爸妈妈也在忙着做准备，他们做了哪些准备？你的爸爸妈妈爱你吗？

（二）鼓励幼儿观察出生后一周内的兔宝宝，了解父母的辛苦付出

鼓励幼儿观察兔宝宝刚出生时的样子以及出生后一周内每天发生的变化，发现兔宝宝喜欢挤在一起睡觉，引导幼儿自主观看自己刚出生时的照片、视频等资料，了解自己刚出生时是怎样睡觉的……感受自己成长的过程，了解父母的辛苦付出。

（三）引导幼儿继续观察、照顾兔宝宝，感受爸爸妈妈对自己的爱

在兔宝宝出生一周后，引导幼儿持续观察兔宝宝什么时候会爬、什么时候睁开眼睛以及兔妈妈是怎样照顾兔宝宝的。

邀请幼儿给兔宝宝起名字，和兔爸爸、兔妈妈一起照顾兔宝宝，和它们一起玩耍；引导幼儿通过询问爸爸妈妈来了解自己的成长过程，比如，当你还是小宝宝的时候，爸爸妈妈是怎样照顾你的？你什么时候会爬？什么时候能站起来？什么时候会走路？……以此引发幼儿获得"爸爸妈妈都很爱自己的宝宝"的深刻体验，并感受到爸爸妈妈的爱。

细心照顾兔宝宝

（四）鼓励幼儿在母亲节表达对妈妈的爱

当母亲节来临的时候，教师鼓励幼儿给妈妈一个大大的拥抱，并告诉她："我知道你一直都爱我，我也会永远爱你。"

——山东省淄博市汇英幼儿园　陈凌燕

在上面的案例中，教师巧妙利用了饲养角中"兔妈妈生宝宝"的资源，引导幼儿在持续观察兔宝宝出生、亲身参与照顾兔宝宝长大的过程中，真切地体会到父母对孩子的爱以及父母养育孩子的辛苦与不易，继而在母亲节用拥抱、语言等最质朴的形式表达对母亲最真切的情感。

实践链接：你在过去的节庆活动中是如何利用身边的资源组织开展节庆活动的？幼儿在节庆活动中是否获得了具体真实的情感体验？在即将到来的节庆活动中，你还可以充分利用身边的哪些资源提升节庆活动的质量？

（3）与幼儿一起讨论、制订节庆活动计划

邀请幼儿参与制订节庆活动计划，不仅有助于幼儿实现自己的愿望，还有利于他们学会有计划、有目的地做事情，帮助他们开启独立自主的生活方式。教师可以在过节前带领幼儿制订节庆活动计划，鼓励幼儿通过语言或符号表征等方式把自己想要做什么、怎么做、跟谁一起做、需要做哪些准备等抽象的想法表达出来，这个过程有助于幼儿明确节庆活动主题，丰富节庆活动内容，让节庆活动更具有可行性和目标性。

教师在引导幼儿制订节庆活动计划时应注意以下两个方面。

* 制订计划的过程绝非一蹴而就，需要循序渐进。教师可以根据幼儿的发展水平和兴趣需要，引导幼儿确定计划的主题和内容。制订计划的过程之所以需要循序渐进，是为了确保计划具有可操作性。比如，在篇首案例《我的毕业典礼我做主》中，教师先后两次引导幼儿制订计划。第一次针对"毕业典礼需要做什么？"的问题，教师采用了集体讨论的方式——幼儿交流，教师边记录边解释。这种方式引发了幼儿间思维的碰撞，利用集体的智慧降低了第一次制订毕业典礼活动计划的难度。第二次针对"演什么？和谁演？"的问题，记录人由教师变为幼儿，参与讨论的范围由集体变为小组，计划的内容也更加具体。

* 计划绝非一成不变的，需要根据执行过程中出现的问题适当调整。再完美的计划在执行过程中都可能出现问题，因此教师一方面需要关注幼儿执行计划的情况，另一方面需要引导幼儿根据出现的问题随时调整。

山东省潍坊市寿光世纪幼儿园

幼儿小组制订节日计划，大胆地表达自己的想法，讨论得热火朝天

实践链接： 请你反思自己所在的幼儿园在刚刚过去的节庆活动中是如何做的。幼儿是否参与到节庆活动计划的制订之中？如何解决幼儿经验不足、缺乏全面系统的思考、彼此之间协作能力不足等问题？

3. 与幼儿一起享受节日的甜蜜

节庆活动应该让教师和幼儿感受到生活的美好和快乐，但是有时候成人功利主义的做法导致节日失去原有的甜蜜，变得索然无味。

（1）不追求完美的流程与结果，更关注幼儿获得的体验和成长

完美的流程与结果不应该是评价节庆活动是否成功的重要标准，节庆活动的最终目的是让其成为促进幼儿全面发展的手段，因此幼儿在活动中获得的体验和成长远比"完美的流程与结果"重要。当教师认识到这一点时，他们就会更关注幼儿在整个活动中的真实体验，为其提供自主决策、自主参与的机会，而非追求宏大的场面和宣传的效果。

案例　角色竞选——童话节里的大事件

我们幼儿园每年都会组织童话节，童话节有一个非常重要的环节——角色竞选。孩子们共同确定要表演的童话剧目，分析、了解童话剧中的各个角色，然后每个人选择自己想要扮演的角色，并做好参加角色竞选的准备。

为什么要进行角色竞选？由教师根据孩子的能力来指定角色不可以吗？那样的话，童话剧最终的演出效果不是会更好吗？

由教师来指定角色，肯定会更省事，童话剧最终的演出效果也可能会更好。但是，老师们发现，当童话节点燃了孩子们的表演热情时，每个孩子都会有自己心仪的角色。如果由教师分配角色，那么又如何支持孩子拥有自己的见解和主张呢？所以，老师们选择尊重孩子，认真倾听他们的想法，通过角色竞选让孩子有机会为了自己的角色去努力、去争取。

为了让孩子们在竞选过程中拥有更多的收获与成长，老师和家长用最认真的态度来对待竞选活动，这种态度也自然而然地传递给了孩子们。从竞选活动的流程设计到竞选现场的环境布置，从竞选表格的呈现形式到投票、唱票、计票方式，从孩子们的竞选感言到"小评委们"的评价鼓励……每一个孩子都认认真真对待自己的选择并愿意为之努力的态度，比最后的结果更重要。

选择想扮演的角色

为参与竞选的小伙伴点赞

——山东省淄博市汇英幼儿园　孙梓靖

案例　我们自己拍毕业照

拍毕业照作为各个幼儿园毕业季的必备项目，不仅是孩子们成长道路上的一种仪式，更是留住美好回忆、记录童年友谊的重要活动。但是传统的毕业照为了追求一种完美的效果，往往由幼儿园邀请专业的摄影师，按照一种模式化、流程化的形式拍摄所谓精彩的瞬间。这种拍摄真的是孩子们喜欢的吗？他们在这个过程中体验到了什么、收获了哪些发展呢？……带着这些思考，教师和大班幼儿开启了一场对话，并抛出问题："你觉得为什么要拍毕业照？""如果让你来拍毕业照，你最想和谁一起拍照、拍什么呢？"孩子们的兴趣一下子就被点燃了，他们争先恐后地说着自己的想法。

我们自己拍毕业照

看着跃跃欲试、眼神中充满了期待的孩子们，教师决定将毕业照的拍摄权真正交给他们。可是用什么拍、在哪里拍、谁来拍、需要收集哪些服装道具呢？孩子们在充分地讨论和规划之后，自主收集了拍照所需要的物品，同时小组合作布置了拍摄的背景……一切准备就绪后，他们开始了第一次拍摄。

但是，问题也随之而来：画面不清晰，没正确对焦，很多小朋友闭着眼睛……这该怎么办呢？幼儿针对问题展开讨论，他们结合自己的生活经验给摄影师提出了很多好的建议，并用图片和符号制作了温馨提示板，比如：拍照时不能背光；拍摄时提醒小朋友睁开眼睛看镜头；每个场景要连续拍摄好几张作为备选；等等。

把小伙伴美美的样子拍下来

就这样，孩子们按照自己喜欢的方式拍摄毕业照。也许他们拍出来的照片在成人看来并非那么完美，但是在整个过程中，孩子们亲身参与、自主拍摄、合作探究，在感到快乐的同时，也拓展了经验、提升了能力、获得了"我能行"的成就感和价值感。

——山东省商务厅幼儿园　寻晓光

在以上两个案例中，幼儿的表现让人欣慰、令人感动。正是因为有了教师们"以儿童为本，不追求完美的流程与结果"的价值追求，才让我们看到了幼儿在这个过程中所展现出来的认真与专注、执着与坚持、纯真与善良、与同伴间美好的友谊以及对待胜败得失的态度。

实践链接： 幼儿园节庆活动中"表演"的现象一直存在，其背后反映的是"功利主义"与"儿童权利"之间的冲突。对于这个观点，你有什么看法？你认为"完美的流程与结果"

与"幼儿的参与体验"哪个更重要?如何在节庆活动过程中让幼儿有更多的机会参与?是关注幼儿"参与表演活动"还是关注他们"参与自主设计、自主活动"?

(2)成人热情和投入,像伙伴一样与幼儿共同享受节日的快乐

幼儿对于节庆活动的美好体验,还来自成人的热情和投入。试想一下,如果教师的心里没有欢喜,没有对节日的期盼,只关注如何指导幼儿或者只专注于成为"安全巡查员",那么节庆活动就会流于形式,变成一种"为了过节而过节"的样态。正如北京市天下溪青蓝森林幼儿园郝冰园长所言:"如果老师自身没有对生命的郑重态度和热情的话,那么他所组织的活动是没有什么生命力的。当老师带着精气神带领孩子做窗花而不仅是在面对一张纸和一把剪刀这样有形的东西时,他就能够给孩子传递出这种盼望。"①

山东省淄博市汇英幼儿园

冬至,教师用心设计活动并与孩子们一起全身心地投入到活动中,用一盏温暖的小橘灯让孩子们体验从黑暗到光明的过程,感受冬至节气的内涵,感受来自老师的温暖和美好的祝福

(3)提供必要的物质条件,满足幼儿自由选择、自主创造的愿望

自主创造没有固定的格式,当我们赋予幼儿自主权时,节庆活动中无时无刻不充满创造的机会。教师要为幼儿提供相应的物质支持,以满足幼儿的兴趣与需要。比如,过春节时,如果教师仅提供剪刀和红纸,那么幼儿的活动就局限在剪窗花上。如果除此之外,教师还能和幼儿一起搜集福字、春联、灯笼、拉花等各种节庆装饰材料,并提供各种颜色的彩纸和丰富的低结构材料,那么幼儿就有更多选择的空间,创作出更多元的作品。此外,音像制品、图画书等资料,也可以丰富幼儿的经验,激发他们自主创造的愿望。

实践链接:对于幼儿园将节庆活动纳入园本课程的做法,你持怎样的态度?请你结合自身的经验,思考教师在节庆活动中应该扮演怎样的角色,才能给幼儿带来一段美好、深刻的体验。

---

① 节选自"日敦社幼师学园"微信公众号2023年1月18日发表的文章《幼儿园的"过年活动"如何不流于形式、止于热闹,传递更深刻的文化和教育?|日观察》。

（4）让每一个幼儿都感受到节庆活动的甜蜜

幼儿之间存在个体差异，他们的兴趣和需要各不相同。当每一个幼儿都感觉到自己的意见被尊重、自己的需要被关注时，他们就会表现出更加积极的状态，并能更真切地感受到经过自己的努力而获得成功的快乐。比如，在《角色竞选——童话节里的大事件》案例中，每个幼儿都通过"角色竞选"来争取自己喜欢的角色而非教师指定的角色，他们为了实现自己的角色梦想而全力以赴，自觉地反复练习每一个动作、每一个站位、每一个表情和眼神、每一句台词的语调语气……无论遇到什么样的挑战，他们都能积极面对。

案例　专属毕业愿望

毕业在即，教师邀请大班每个孩子讲述自己的愿望。有的孩子说想当一次老师，有的孩子说想搜集幼儿园的某一样物品当作纪念，有的孩子说想继续品尝幼儿园的大餐……其中，有几个小朋友的愿望是和老师一起吃一次午饭，想尝尝老师的午餐是什么味道的。

专属毕业愿望

这一天终于来了，他们和老师一起走到厨房的窗口取餐，然后自主摆放、布置餐桌，包括铺上漂亮的桌布、摆上好看的桌花等，与老师共进午餐。

饭后，老师和孩子们围坐在一起畅谈感受，有的孩子说："老师的午餐中的鸡翅是辣的，我们小朋友的是甜的。"有的孩子说："老师的饭菜比我们的稍微咸一点。"还有的孩子说："和老师吃饭真开心，我的愿望实现啦！"孩子们的真实表达让我们看到个体需求得到满足后的幸福感。

和老师共进午餐真开心

——山东省商务厅幼儿园　杨芳芳

实践链接：回顾以往的节庆活动并思考：每次活动内容的设计是否体现了一定的层次性，考虑了每一个幼儿的特点？在节庆活动中，幼儿是否都能积极地参与其中，感受到节庆活动的甜蜜？可能有哪些原因会导致幼儿在节庆活动中体验感不强，游离在活动之外？

4. 回顾与分享：让节日的教育价值得以深入与延展

与成人不同的是，对于那些有意义的节日和特殊时刻，幼儿并不会因为它们结束了就停止探索，他们会将节庆活动中感兴趣的内容进行延续，这也为教师提供了拓展节日教育价值的机会。

（1）表征与布展

在拥有了各种各样的节庆活动体验后，幼儿的调查、表征、分类、设计、比较的意识和能力就会慢慢萌发。节后，教师应支持幼儿创造性地运用图像和符号将自己或同伴的活动体验记录下来。当幼儿的表征越来越丰富，积累到一定数量的时候，教师可以鼓励幼儿从对节日的认知、情感体验、收获和成长等维度入手进行布展，向成人和同伴展示自己在节庆活动中的创造性学习。

（2）在回顾与分享中延续"甜蜜"

幼儿在节庆活动中获得的小小成功、收到的特殊礼物、习得的有意义认知……都是值得珍惜的美好体验。教师可以采用小组或集体的形式，鼓励幼儿大胆地将这些体验与他人分享，和同伴一起讨论感兴趣的话题，让美好延续下去。节庆活动之后的回顾与分享，不仅可以帮助幼儿整理零散的经验，延续节庆活动的快乐，还可以引导幼儿提出、分析和解决问题，拓展和提升幼儿节庆活动的经验，帮助其获得多方面的发展。

教师可以采用以下方式引导幼儿进行回顾与分享。

* 利用视频资料帮助幼儿回顾节庆活动，有助于他们回忆活动的更多细节。
* 将整个节庆活动过程以思维导图的方式呈现，有助于幼儿回顾活动的流程。
* 师幼共同为班级制作一本节庆活动图书，内容包括照片、表征以及教师做的文字记录，引发幼儿分享活动中的趣事。
* 引导家长与幼儿一起制作个人节庆活动相册，家长可以帮助幼儿记录他们的真实体验和感受。

（3）让美好的体验延续到生活和未来的节日中

幼儿是按照自己的时间表体验节日的，他们对于某些节庆活动的兴趣在节日之后通常还会保持一段时间，并延续到游戏和生活中。比如，国庆节的花车巡游虽然结束了，但是在户外活动时幼儿仍然很喜欢玩这个游戏，并且一直延续到元旦。又如，对于在春节期间看过的歌舞表演，幼儿可能会讨论几星期，甚至延续到下一个节日。

美好的体验是幼儿生活中的宝贵财富，这种"延续"不但会强化幼儿的愉快体验行为，而且会帮助幼儿不断积累经验，支持他们在未来的生活中体验更多温暖和喜悦。

实践链接：在以往自己幼儿园组织的节庆活动中，你是否会在活动结束后引导幼儿进行回顾与分享？如果有，那么请你根据自身经历谈谈你从节庆活动后的回顾与分享中得到的收获。

（四）关注传统节日：在体验中传承

每个传统节日都有自己独特的文化内涵，教师在为某一传统节日设计庆祝活动时，应首先了解该传统节日的历史渊源，把握它的核心内涵。

1. 唤醒传统节日中的文化记忆

现在，幼儿园里有一种比较普遍的现象，即把过节变成"吃节"，比如，中秋节吃月饼、冬至节吃饺子等。教师忙着带领幼儿做东西、吃东西、拍照、发布到幼儿园微信公众号上，而忽视了节庆活动中的情感体验与文化传承。节庆活动不仅仅是为了让幼儿感到兴奋、好玩，或者学习一些与节日相关的知识，更应该引导幼儿深入地了解节日的历史渊源与精神内涵，通过某些固有的仪式，唤醒传统节日中的文化记忆。

比如，中秋节阖家团圆的幸福美满、圆月当空的美好意境、圆圆月饼的圆满与甜蜜，无不渗透着我们中国传统文化中对"团圆""圆满"的特有情感，以及"圆"这一形象带给中国人的特殊美感体验；传统的祭月或拜月活动是人类对自然应有的敬畏与感恩，赏月、吟诗和那些美丽的传说更体现了我们中国人骨子里所独有的诗情与雅趣。

四川省绵阳市花园实验幼儿园

在花朝节庆祝活动中，孩子们身着汉服到户外游览赏花，小女生剪五色彩纸粘在花枝上，称为"赏红"

实践链接：你是怎样看待"过节如吃节"这一现象的？你所在的幼儿园是否也存在这种现象？你认为是什么原因导致了节庆活动流于形式，忽视了其更深层次的内涵与价值？

2. 文化传承蕴含在节庆活动带给幼儿的独特经历与体验中

节日是我们与幼儿所共有的、需要我们共同经历的生活。中国的传统节日有许多美丽的传说、故事、诗词、民谣和习俗，这是文化的一部分，具有育人的价值。在开展传统节日的庆祝活动时，教师应结合幼儿的年龄特点，把文化传承的目标蕴含在幼儿节庆活动的经历与体验之中，让幼儿在感知、体验、操作、交往、观赏、游览等具体活动中感受文化、了解文化、传承文化。

山东省商务厅幼儿园

龙不仅是十二生肖之一，也是汉族的图腾，是"龙腾虎跃"的精神象征；龙年庆祝活动让孩子们有机会参与舞龙表演，触摸庞大的龙身，带给他们童年深刻的体验

对于我国重要的传统节日，教师可以为幼儿设计哪些体验活动呢？表6.2供大家参考。

表6.2 我国重要的传统节日活动设计参考

节日名称	文化内涵	适合幼儿参与的活动
春节	阖家团圆 普天同庆	1. 参与家庭中的"忙年"，如除尘、挂灯笼、贴春联、置办年货、准备年夜饭等。 2. 体验除夕夜阖家团圆的氛围，如吃年夜饭、守岁、向长辈拜年等。 3. 和爸爸妈妈一起走亲戚、拜年、逛庙会等，感受节日的喜庆氛围。

(续表)

节日名称	文化内涵	适合幼儿参与的活动
元宵节	热闹 团圆 狂欢	1. 在参与制作元宵、品尝元宵的过程中，感受元宵节的美食文化。 2. 参与猜灯谜、赏花灯等节庆活动，体验元宵节热闹的节日氛围。 3. 中、大班幼儿可参与幼儿园元宵节的准备工作，如制作花灯、布置环境等，进一步感受这一传统节日的民俗魅力。
清明节	万物复苏 踏青赏春 哀思故人 感怀生命	1. 和成人一起看看盛开的繁花，找找萌出的嫩芽，感受清明时节所独有的满眼清明、处处生机。 2. 在成人的帮助下开垦土地，参与种植劳动，感受冬去春来、万物复苏的美好。 3. 品尝青团，有条件的幼儿园可以开展制作青团的活动，帮助幼儿了解青团的由来以及制作方法，感受清明节吃青团的习俗。 4. 欣赏《清明》《咏柳》《村居》等古诗，体会清明节人们祭扫和赏春时的不同心情。 5. 参与清明节传统的游戏活动，如玩蹴鞠、放风筝、荡秋千、拔河等。 6. 阅读《一片叶子落下来》《爷爷变成了幽灵》《再见了，艾玛奶奶》等有关生命教育的绘本故事。
端午节	民族精神 爱国情怀 防疫祛病	1. 在包粽子、品尝粽子的过程中，了解粽子的来历以及制作过程，感受端午节的饮食文化。 2. 参与挂艾草、插菖蒲、做香囊、拴五色丝线等驱除蚊虫、预防疾病的传统活动。 3. 听一听屈原的故事，欣赏并学说端午节的民谣，了解和体验端午节赛龙舟等传统文化习俗。
中秋节	赏月 团圆 丰收 感恩	1. 在做月饼、品月饼的过程中，感受中秋节的饮食文化。 2. 和家人一起赏月、吃月饼、赏桂花等，体验全家团圆的幸福。 3. 了解中秋节的来历、习俗，参与力所能及的节日准备工作。 4. 观察、记录月亮的变化规律。 5. 收集各种秋天的果实，感受丰收的喜悦，感恩大自然的馈赠。 6. 倾听各种关于月亮的传说故事，如《嫦娥奔月》《吴刚伐桂》等。

案例　浓情端午，艾叶飘香

自古以来，端午节就有挂艾草辟邪或"祛病防疫"的习俗。春天，教师带领孩子们在幼儿园的一角把艾草苗移栽进去，并和孩子们讨论："我们为什么要种艾草？""艾草可以用来做什么？"孩子们了解到艾草有很多作用，比如，端午节的时候可以用艾叶净面净手、悬挂艾叶、煮艾叶蛋、制作驱蚊香囊等。之后，孩子

浓情端午，艾叶飘香

们开始细心地照料这些艾草苗，每天给它们浇水，看着保安爷爷施肥，观察艾草一天天地长大，期盼着端午节的到来。

端午节前夕，教师带着孩子们一起收割艾草。孩子们把收割来的艾草送给园长妈妈、保安爷爷、中班和小班的弟弟妹妹们，以及他们的兔子朋友"哈康康"和"哈美美"。孩子们还用自己种植的艾草做了花草蛋、小香囊。

我们种植的艾草收割啦

小小艾草，大大用处

——山东省淄博市汇英幼儿园　魏美玲

与一场简单热闹的节庆活动不同，这样的节庆活动是教师在与幼儿一起"过日子"。这样的经历和体验一年年累积沉淀下来，就会成为幼儿对节日的独有记忆，而节日中所蕴含的被称为"文化"的东西也就这样一年年在幼儿的心里刻下印记、扎下根来、传承下去。

实践链接： 结合你最近开展的一项节庆活动反思：活动的组织是否体现了该节日的主要文化内涵？活动的设计是否具有适宜性，符合幼儿的年龄特点与发展水平？节庆活动过后，幼儿是否对节日有了独特的认识和深入的了解？

3. 节庆活动中的文化传承更需要家庭的参与

需要注意的是，关于节庆活动中的文化传承，家庭比幼儿园更有优势，对幼儿的影响也更为深远。因此，教师还应引发家长对传统节日的关注并提供可行性建议，这也是幼儿园在开展节庆活动时不可忽视的重要渠道。比如，中秋节前后，家长可以引导幼儿观察并记录月亮的变化。

案例　清明节给家长的一封信

亲爱的家长朋友：

从中国人的哲学情怀来看，我们的价值取向是重"生"的。自然宇宙的背后是四季更替、万物竞生、人类繁衍、绵延不息的"生生之德",个体的小小的"我"终将汇入自然宇宙的"大生命"之中。因此,清明节不仅是人们祭奠祖先、缅怀先人的节日,也是中华民族认祖归宗的纽带,还是一个远足踏青、亲近自然、催护新生的春季仪式。它有"感恩"的意味,有对"过去"的怀念和感谢,象征着新季节、新希望、新生命、新循环的开始,集中体现了自然生命与人类生命在生机勃发、生命涌动的春天相感应、相融通的特征。清明节的习俗繁多,而贯穿于其中的核心价值乃是中华民族对生命的热爱和关怀。从这一核心价值出发,我们在家庭的节日教育中不妨从"感受节气、感怀生命、传承文化"这三个角度去展开,与孩子们一起用心地过好这个节日。

清明节非常适合对孩子进行生命教育。当孩子看到大人为祭奠祖先而忙碌准备或跟随大人们给去世的亲人扫墓时,他们难免会产生"什么是死亡?人死之后去了哪里?"之类的疑问。家长不妨借助一些经典的绘本与孩子聊聊这些话题,把对所有生命的尊重与珍惜潜移默化地融入其中。

- 关于生命从哪里来的绘本有:《生命的一天:你我,宇宙和万物的故事》《小威向前冲》《妈妈成为妈妈的那一天》。
- 关于看见与尊重身边的生命的绘本有:《和我一起玩》《田野动物》《树真好》《田野的花和小精灵》《让路给小鸭子》。
- 关于为什么而活着的绘本有:《一片叶子落下来》《獾的礼物》《活了100万次的猫》《大象的算术》。
- 关于如何面对死亡的绘本有:《爷爷变成了幽灵》《爷爷有没有穿西装?》《再见了,艾玛奶奶》《我永远爱你》《当鸭子遇见死神》《小伤疤》。

亲爱的家长朋友,节日是人的节奏与天地的节奏相呼应的时候,人们通过节日来感受四季的轮回,体验本民族的传统文化。我们真诚地希望家长朋友们能够重视这些有着重要意义与悠久传统的节日,与孩子们一起去体验,让节日成为孩子们生命历程中的难忘记忆。我们也相信,通过这样一个个的节日、一年年的传承,我们的文化一定会在孩子们心中生根发芽,成为根植于他们生命中的永远无法磨灭的中华文化之魂。

——山东省淄博市汇英幼儿园　孙迪

实践链接:以往自己幼儿园开展的节庆活动有家庭的参与,还是仅为幼儿园自导自演的"独角戏"?幼儿园应该如何与家庭携手,让幼儿在节庆活动中体验文化的美好,感受文化的力量?

二、用艺术点亮生活

艺术是人类感受美、表现美和创造美的重要形式，也是人们表达对周围世界的认识、情绪和态度的一种独特方式。当听到"艺术"这个词时，我们的脑海中首先浮现的可能是绘画、音乐等专门的艺术活动，似乎只有这些活动才属于艺术的范畴，而这些活动大多需要专业的教师在专门的机构里使用专业的方法开展，好像与我们的日常生活没有太大的关系。如果幼儿教师也这么想，那么就大错特错了。其实，不只绘画、音乐、文学等专门的活动属于艺术活动，家庭的装修装饰、器物摆设、布艺床品甚至我们的穿衣打扮等也都无一例外地传递着艺术的元素，无声地诉说着生活和艺术之间割不断的联系。艺术，是帮助我们感受生活之美、提升生活品质、自主创造美好生活的重要途径和源泉。自古至今，中华民族就有着追求生活中的艺术美，强调生活美学的优良传统。那些展现了生活情趣、读起来朗朗上口的诗词歌赋，反映了市井生活、田园风光的大美画卷，以及线条流畅、端庄大方的汉服，都令今天的年轻人痴迷追随，不断模仿与传承。

> 根据北宋画家王希孟创作《千里江山图》的过程改编的舞剧《只此青绿》，呈现了900多年前中华民族的诗意生活。该画用长卷的形式展现了一幅以烟波浩渺的江河、层峦起伏的群山交相辉映而成的美妙江南山水图。渔村野市、亭台水榭、茅庵草舍、水磨长桥等静景，穿插着驾船、捕鱼、赶集、游玩等动景，有动有静恰到好处。在舞蹈演员用舞剧方式"绘制"的《千里江山图》中，厚重简约的色彩美学，衣袂飘逸、曲线流畅的服装美学，以及内敛含蓄、富有张力的古典舞蹈美学，令观众震撼、动容、沉醉、享受，向我们传递出强大的美学影响力。舞剧《只此青绿》以古典文学的叙事方式、传统艺术的当代表达以及对美好生活的渴望与热爱拨动着观众的心弦，传递出亘古不变的中华民族生活美学韵味，令我们感受到自古至今穿越而来的幸福生活味道。

（一）艺术与生活的关系

本章主题是"自主创造美好生活"，那么，什么样的生活才是"美好生活"呢？从字面上看，"美好生活"一定包含"美的生活"和"好的生活"。好的生活是美的生活的基础，美的生活则是好的生活的升华；好的生活无疑是有质量的生活，而美的生活有更高的标准，因为它是有品质的、富有审美韵味的生活[①]，也就是需要艺术点亮的生活。

---

① 刘悦笛. 中国人的生活美学[J]. 艺术广角，2022（3）.

山东省潍坊市寿光世纪幼儿园

春天,蒲公英长出了一颗颗小小的白毛球,白毛球聚在一起好似一个个"棉花团",美得让人移不开眼睛;善于从生活中发现美的幼儿选择一朵白毛球用嘴轻轻一吹,白毛球就离开了妈妈的怀抱四处飘散

1. 寻求艺术之美是生活的最高境界

当代著名美学家张世英把人的生活境界分为四个层次,分别是欲求境界、求知境界、道德境界和审美境界[①],他认为审美境界即是艺术的境界,是人生的最高境界。用艺术的视角去看待生活,才可能发现寻常生活中蕴藏的美好,进而去实现具有审美境界的幸福生活。德国哲学家海德格尔(Heidegger)借用诗人荷尔德林(Hölderlin)的《人,诗意地栖居》中的诗句由衷地感慨道:"人充满劳绩,但还诗意地栖居在这片大地上。"所谓"诗意地栖居",就是达到审美境界的生活,就像荷尔德林在小诗《远景》中描述的那样。

远　景

当人的栖居生活通向远方,

在那里,在那遥远的地方,葡萄闪闪发光,

那也是夏日空旷的田野,

森林显现,带着幽深的形象。

自然充满着时光的形象,

自然栖留,而时光飞速滑行,

这一切都来自完美。

---

① 张世英. 人生的四种境界[J]. 新华文摘,2010(7).

于是，高空的光芒照耀人类，

如同树旁花朵锦绣。

实践链接：回顾自己的日常生活，你在哪个时刻会有"生活真美好啊"的感叹？这个时刻自己在哪里，在做什么？为什么会有这样的感叹？

2. 艺术之美蕴含在广阔的生活中

法国雕塑艺术家罗丹（Rodin）曾说："生活中从不缺少美，而是缺少发现美的眼睛。"万事万物都蕴含着艺术的核心——美。庄子曾说："天地有大美而不言。"他大多是从生活中挖掘和发现美的，其中最动人的就是"庖丁解牛"的故事。在一般人的印象中，"庖丁"的工作似乎跟美毫无联系。可是，在"庖丁"认真专注"解牛"的过程中，其干净利落、体态优美的动作可以媲美"桑林之舞"；张弛有度、富有节奏的声音可

大自然里的艺术生活

山东省淄博市汇英幼儿园

大自然中蕴含着丰富的艺术之美

山东省商务厅幼儿园

山东省商务厅幼儿园

生活中从不缺少美，连孩子都会为之惊叹

以比肩"咸池之乐",甚至打动了在旁边观看的文惠君。由此可见,艺术不是凌驾于生活之上的,它和生活本身就是互融共通、彼此相依、你中有我、我中有你的关系,是生活催生了艺术,成为艺术生发的土壤。

实践链接: 跟同事聊一聊自己在生活中发现的美,体会"生活中从不缺少美,而是缺少发现美的眼睛"。

3. 艺术之美对幸福生活的影响无比强大

艺术能够点亮生活,让寻常生活焕发出不一样的光彩。带着艺术之美去发现生活中的美,去经营生活中的美,会让生活变得有滋有味、活色生香。在同样的生活环境中,有些人自得其乐,善于从生活中发现美好,让自己的生活过得富有生机与情趣;有些人则缺乏对生活之美的感知,总觉得生活枯燥乏味、了无情趣。因此,艺术之美是影响生活品位和生活质量的重要因素,有了艺术对生活的加持,会令我们时刻感受到满足、幸福和美好,让每一个平凡的日子都闪耀起来。

山东省济南市槐荫区泉景嘉园幼儿园

陶醉在自然之美里,令孩子无限喜悦和满足

实践链接: 著名绘本画家蔡皋曾说:"生活有时候确实像一地的鸡毛,一地的鸡毛真的是很烦啊。有时候生活还像石头那么硬,像钢筋水泥的墙那么堵。我也是心里堵得慌,那么我有什么样的办法可以调整吗?是有的。我找到了我的艺术,我感恩我的日常,感恩我的一辈子里那一地的鸡毛能够变成画面,变成现在我觉得是一地的锦绣。我真的是这样的感觉,这种奇妙的变化是一步一步来的。因为幸好我有一个挺好的童年,我的感觉和趣味其实都是童年就给了的。童年的第一口奶、第一本书、第一首儿歌、第一首摇篮曲,我都历历在目。"①请你与同事分享自己所经历的艺术对幸福生活产生影响的具体案例,从中找到艺术点燃幸福生活的高光时刻,回味当时的感受,并思考如何放大这些高光时刻。

(二)让艺术融入幼儿的自主生活

本书第二章阐述了杜威的"教育即生长"观点,杜威认为"儿童期的真正含义就是,它是生长和发展的时期"②。因此,对艺术的热爱和审美启蒙应从小开始。蒙台梭利的敏感期理论也指出,3—6 岁阶段是感官和审美的敏感期。因此,幼儿园阶段应让艺术在潜移默化中融入幼儿的自主生活,丰富幼儿对美好生活的感知,提升幼儿自主创造美好生活的意识和能力,从而为他们在未来创造属于自己的幸福生活埋下一颗美好的种子。

山东省济南市槐荫区泉景嘉园幼儿园
和老师一起装饰班级四季桌

1. 重视教师生活美学素养的提升

要让艺术融入幼儿的自主生活,一定离不开伴随幼儿生活与成长的重要他人——教师。只有拥有生活美学素养、热爱生活的教师,才能在潜移默化、身体力行和适恰引导中提升幼儿的审美能力和素养。那么,具备生活美学素养的教师有哪些表现呢?

* 热爱生活,能够感受平凡日子中的点滴美好。

---

① 节选自"李跃儿芭学园"微信公众号 2024 年 3 月 28 日发表的文章《我的感觉和趣味是童年就给了的》。
② 杜威. 学校与社会·明日之学校 [M]. 赵祥麟,任钟印,吴志宏,译. 北京:人民教育出版社,2005.

* 愿意花时间、投入精力让自己的生活变得整洁有序、富有美感。
* 能从平凡的生活中找到乐趣,享受热气腾腾的美好生活,例如:周末和家人、朋友走进大自然、大社会,感知万事万物中蕴含的美好以及人情世故中传递出的温馨;闲暇时光能够采买、择洗蔬菜,为家人烧一顿暖心的饭菜;等等。
* 有丰富的精神文化生活,周末和闲暇时愿意走进书店、茶馆、影院、剧场、音乐厅、展览馆,欣赏各种艺术活动,主动提高自己的审美素养。
* 富有想象力和创造力,愿意采用各种方式提升生活品位,创造独属于自己的美好生活。
* 知道自己的生活美学素养会极大地影响和带动家庭成员以及幼儿园的孩子,有不断提高自己美学素养的想法和行动。

> **案例 "重生"的油菜花**
>
> 小菜园里的油菜老了,都开花了,保育老师带领孩子们把油菜拔出来准备种植其他的蔬菜。看到被扔在一旁还在盛开着的油菜花,我带着孩子们用剪刀把花剪下来,插到花瓶里,摆到钢琴上、餐桌上,孩子们都说好漂亮啊!其他班级的老师和孩子们看到了,也如法炮制。于是,本来要成为垃圾的油菜花又在我们的教室里盛开了很久。
>
> ——山东省淄博市汇英幼儿园 韩冰川

上述案例中的教师因为拥有热爱生活、积极乐观的生活态度和能从平凡的生活中发现美、创造美的意识与能力,所以能够发现即将被扔掉的油菜花的美,并带领孩子们精心剪下油菜花,将其变成美丽的插花。教师的行为给同事和幼儿都带来了积极的影响。那么,我们怎样才能让更多的教师拥有发现美、创造美的意识与能力呢?

* 为教师营造"慢下来"的幼儿园生活环境氛围。
* 减少不必要的考核、评价,为教师的心灵"松绑"与"减负"。
* 引导教师体会和交流什么才是"好的生活""美的生活"。
* 组织教师开展以提升审美素养为核心的活动,如诗词赏析、名画欣赏、音乐舞动、插画布艺、电影欣赏等。
* 鼓励教师结合自身的特点和兴趣爱好积极参与专门的艺术活动,提升自身的艺术素养。
* 允许教师按照自己和班级孩子的想法创造一间"幸福教室"。
* 挖掘家长和社会资源,聘请对艺术和生活美学有研究的人员走进幼儿园。
* 带领教师走向更广阔的大自然和大社会,体悟其中的美,提升对美好生活的感知力。

* 引导教师关注和重视自己的家庭生活，为他们有时间、有精力、有能力美化家庭环境、与家人一起共享美好生活提供必要的支持。

山东省淄博市汇英幼儿园

山东省淄博市汇英幼儿园

大自然中的树叶、枝条以及新买来的图书的腰封都能成为教师们创作艺术作品的灵感和材料

实践链接： 读了上述内容，你最感兴趣的是从哪些方面提升自己的审美素养？尝试将想法落实在行动中吧。

2. 将艺术融入幼儿自主生活的实践策略

要将艺术融入幼儿的自主生活，教师可以从环境浸润开始，提升幼儿的审美感知力，并在日常生活的点点滴滴中，不断提高幼儿自主创造美好生活的能力。

（1）**让美的环境滋养幼儿的生活**

情境学习理论和蒙台梭利"有吸收性的心智"观点一再强调，幼儿具有从周围环境中潜移默化地吸收和学习的强大力量，因此，让幼儿沉浸在富有美感的环境中，不知不觉地获得对美的感知和理解至关重要。具体来说，幼儿园可以采取以下做法。

* 创设富有美感的幼儿园环境，让一景一物发挥潜在的美育功能，让幼儿自然地浸润在美好的环境中。
* 教师借助自身对美的良好品位和敏锐感知唤醒和激发幼儿，发挥示范、带动作用。
* 从视觉、听觉、触觉等多种感官入手，为幼儿提供富有美感、充满审美情趣的沉浸式生活体验，例如：在进餐环节通过精心布置的餐台、桌花，让幼儿从视觉上享受进餐的美好，优化进餐体验；为幼儿提供富有触感的餐具，而非仅仅为了消毒方便而让幼儿使用不锈钢餐具；在进餐过程中播放舒缓轻柔的背景音乐，让幼儿感觉松弛、幸福。
* 让幼儿有机会就如何创设美好环境发挥决策作用，能自主参与布置和装饰班级环

境。比如，允许幼儿自主选择进餐音乐，感受美好环境对进餐心情的影响，从而不断增长他们自主创造好生活的意识和能力。

山东省淄博市汇英幼儿园

充满自然气息、展现童心童趣的环境　　　　对美的追求和审美品位蕴藏在幼儿园的每一个细节中

（2）关注周围环境的变化，感受其中的美

《幼儿园教育指导纲要（试行）》艺术领域提出，应"引导幼儿接触周围环境和生活中美好的人、事、物，丰富他们的感性经验和审美情趣"。幼儿的生活中随处蕴藏着丰富多彩的美，如广博精巧、鬼斧神工的自然之美，四时有序、交叠更替的四季之美，民风淳朴、习俗各异的人文之美，风格多元、叹为观止的建筑之美，四季有别、滋味各异的饮食之美，先进智能、便利神奇的科技产品之美……教师应与幼儿一起走进"热气腾腾"的生活，感受美的神奇，体验美为生活注入的强大力量，为幼儿自主创造美好生活奠定基础。

在夏日的傍晚，等一朵花开

具体来说，教师可以采用以下方式引导幼儿。

* 看一看：能从周围的环境中发现什么？
* 找一找：生活中还有类似的美吗？
* 画一画：怎样将这些美表达出来，让更多的人感受到？
* 创一创：你还可以用怎样的创意去表现美？
* 说一说：回家向爸爸妈妈说一说自己的发现。

案例　美丽的花纹

饭后散步环节，茗哲在幼儿园的走廊里发现了地砖上的花纹图案，引发了几个

第六章　自主创造美好生活　● 247

孩子的探究兴趣。他们在教师的提议下成立了项目小组——"花纹小分队",任务是"找遍幼儿园里所有的花纹"。经过仔细搜寻,他们惊奇地发现走廊里的地砖、活动室的墙裙、桌布、窗帘、钢琴罩甚至瓷砖的腰线上都有花纹。

幼儿园地面铺设的地砖与活动室里储物柜上的花纹相互呼应,体现出"在园所建设过程中,办园者有意识地通过预设富有生长性的课程资源,为后续幼儿生成有意思、有意义的课程提供支持"的理念

慢慢地,孩子们的探究由室内逐渐延伸到室外。他们发现了幼儿园铁艺大门上的"树"形花纹、井盖上的"十"字花纹和栏杆上的"回"形花纹。他们还观察到,每个小朋友鞋底的花纹也不一样。室外游戏时,墨墨发现树叶上的花纹很漂亮,想把花纹保留下来。大家在尝试了很多办法后发现,画出来的花纹不真实,拓印出来的花纹不完整。在教师的支持下,他们决定用草木染的方式保留树叶的花纹。他们选择了形状、颜色、纹路各异的树叶,用白布包好,再用小木槌仔细敲打,让树叶的汁液渗透在白布上。在一次次的反复敲打之后,树叶的纹路逐渐清晰起来。待白布晒干后,孩子们将布上的花纹与真实的树叶进行比较,发现捶打在白布上的树叶的脉络更加清晰了。他们惊奇地赞叹:每一片叶子的花纹都是不一样的。

与花纹相识这么久,孩子们也想按照自己的想法设计专属花纹。在热烈地讨论和交流之后,他们拿起画笔开始了自己的创作。他们把自己在前期探究花纹过程中获得的经验融入设计过程中,展现了各具特色的创意和智慧。

孩子们创作的花纹

——山东省潍坊市奎文区第二实验幼儿园　林丽燕、王钰伟

（3）引导幼儿自主创造富有艺术气息的美好生活

幼儿园是教师和幼儿共同生活的地方，必然也是教师和幼儿共同创造美好生活的地方。教师应充分尊重幼儿，把幼儿当作共同生活的主人，支持幼儿自主创造富有艺术气息的美好生活。在本书第五章《"搬"出来的成长》案例中，教师和幼儿一起协商并共同开展"搬空活动室"和"让物品归位"的浩大工程，在师幼共同努力之后，幼儿看到教室又重新变得温馨干净，由衷发出了"让教室变得整洁，把东西放回原位很幸福"的感叹。幼儿只有经历了自主创造美好生活的过程，才能有如此深刻的体会！要支持幼儿自主创造富有艺术气息的美好生活，教师可以采取如下做法。

※ 让环境从"我的"变成"我们的"，支持幼儿成为自主创造美好生活的主人。
※ 引导幼儿用自己的双手创造充满艺术气息的美好环境，体会有美感的环境为生活带来的美好滋味。
※ 鼓励幼儿变废为宝，体会自主创造美好生活的神奇与欣喜。
※ 让幼儿在寻常时刻里用心感受美，精心创造美好生活。例如，幼儿可以自己做点心、晒萝卜干、做山楂酱、煮水果茶，体会用双手创造出来的美好生活的甜蜜。

广东省深圳市龙岗区龙城街道公园大地第一幼儿园

用双手创造的美好生活格外甜蜜

山东省潍坊市奎文区第二实验幼儿园

油菜花"变废为宝"，成为班级里一抹生机勃勃的美

山东省潍坊市寿光世纪幼儿园　用甜菜榨出的汁液和面制作小饼干，与同伴一起享受生活的甜蜜

山东省商务厅幼儿园　创造充满艺术气息的环境

过有品质的生活，是让人有尊严、有力量、有期待地活着，"即便在尘埃里，也要开出花来"。因此，自主创造美好生活并不是大城市高端幼儿园的专利，只要园长和教师具备美好生活的意识和自主创造美好生活的能力，幸福而美好的生活就会展现在我们眼前。

案例　创造属于我们的美好生活

创造属于我们的美好生活

2022年夏天，我从一所城市的幼儿园考编到街道中心幼儿园任职。两所幼儿园不论是教育理念、园所环境还是教学设施等都存在着巨大差异，这让我产生了一些心理落差。但也正因为如此，更加坚定了我平等、尊重地爱孩子，把先进的教育理念融入工作的信念。另外，我也开始思考：在现有的条件下，我可以带着孩子们过怎样的幼儿园生活？我希望这些孩子拥有什么样的未来？如何用我最好的生命状态去影响身边的孩子和家长？带着这些思考，我和孩子们开始了创造美好生活之旅。

在带班过程中，我发现孩子们每次吃水果、进餐时都是由班级教师将分好食物的餐盘摆到桌子上，孩子们坐下来直接就吃，完全没有为自己和其他伙伴准备餐具和自我服务的意识。在进餐过程中，他们把餐桌弄得脏乱不堪，残渣剩饭撒得到处都是。于是，我组织孩子们进行了一次关于"幸福餐厅"的谈话："大家喜欢怎样的进餐环境？""吃水果、进餐的时候，我们需要做些什么？如何做到自己照顾自己？""餐桌礼仪有哪些？我们想拥有一张怎样的餐桌？"

围绕上述问题，我和孩子们一起讨论、表征、分享，虽然他们的表达还不够清晰流畅，表征记录也显得稚嫩，但是从孩子们的眼神和话语中，我可以感受到他们对美好生活的渴望。经过讨论，大家最终达成了共识：要听着音乐、桌子上摆着鲜花进餐，可以选择跟自己的好朋友一起自主取餐和用餐。于是，我又抛出问题："摆在桌上的鲜花从哪里来呢？"孩子们纷纷回答："我家里有杏花、桃花可以带来。""我家外面的地里有很多野花。"

接下来的几天，我从网上购置了垃圾盘、清洁布、食物夹，和孩子们一起布置餐桌，"幸福餐厅"的模样一点点呈现在我们面前。孩子们在上学路上看到野花会主动采下带到幼儿园，也会把家里的杏花、桃花带来分享，他们在户外活动时看到幼儿园里的荠菜花同样会采下带回教室。我带着孩子们一起学习插花，布置我们的餐桌。

现在，孩子们自主取餐，并在音乐和鲜花的陪伴下和自己的好朋友共进午餐，已经成为进餐时的寻常时刻，插花也成为每天孩子们的晨间活动之一。他们会讨论今天桌子上摆了什么花，会小心翼翼地照顾着每桌的花束……美好惬意的幸福生活流淌在我们的班级里。在这样的环境影响下，哪怕没有像样的花器，只用碗作为花瓶，孩子们回到家也会在餐桌上摆放一束鲜花，和家人围坐在一起享受幸福生活的美好滋味。

孩子们在餐桌上放置自己剪插的小野花，感受自主创造美好生活的幸福滋味

我想，不管是城里的孩子还是农村的孩子，他们都有权追求有品质的生活。童年时光中对美好生活的追求，会帮助孩子们积蓄创造美好生活的内在力量，让他们对未来抱有更大的希望和期待。孩子们也会懂得，只要用心去发现、去体验，生活中到处蕴藏着美。

我们创造美好生活的行动还在继续，相信会有更多美好的事物等待我们去发现、创造和享受！

——山东省滨州市惠民县何坊街道中心幼儿园　朱美玲

除了支持幼儿在幼儿园自主创造美好生活之外，教师还应引导家长与幼儿一起定期整理家庭环境，让家变得干净整洁、简单美好。教师可以鼓励家长时不时地制造一些"小确幸"时光，比如：在一些特殊的纪念日里，为家庭成员悄悄准备一份期待已久的礼物；全家人一起看展览、演出，一起旅游、逛街，增进亲子关系，营造温馨有爱的家庭氛围；认真投入地为家人做一顿饭；等等。这些"小确幸"的时光可以让幼儿亲眼看见幸福生活的样子，为他们积蓄未来创造美好生活的不竭动力。

实践链接： 看了朱美玲老师的案例，你最想引导幼儿开展的自主创造美好生活行动是什么？与孩子们一起计划并行动起来，希望所有的教师都能和孩子一起体验共同创造美好生活的幸福感。

（三）在专门的艺术活动中感受与体验、表达与创造

当我们回忆童年生活的时候，脑海中常常浮现出这样的场景：奶奶戴着老花镜，拿着老式的铁剪刀，弯过来绕过去，一会儿工夫，一幅漂亮的剪纸作品就跃然眼前，然后自己和奶奶一起把剪纸贴在窗户上，过年的气息瞬间扑面而来；自己和小伙伴拿着两块手帕，将手帕的一头绑在袖子上，另一头飘散在空中，然后模拟京剧里青衣的样子哼唱几句，同时甩动着"水袖"走几步圆场步……这些幸福的、留在记忆深处的美好童年生活，是伴随着艺术活动而来的。因此，鼓励幼儿自主参与和体验丰富多样的艺术活动，对于幼儿感知和发现生活中的美、陶冶热爱生活的美好情感以及自主创造美好生活具有非常重要的意义和价值。

反观当前幼儿园的艺术活动，普遍存在下列问题。

* 与幼儿的日常生活割裂。当前幼儿园的艺术活动内容大量来源于各类教材，与幼儿的生活严重脱节，与幼儿的经验完全割裂，既无法让幼儿从生活中汲取艺术的源头活水，也无法让幼儿将自己获得的审美经验用于创造美好生活。
* 忽视幼儿的主体性。在艺术活动目标的制定、活动内容和材料的选择、活动方法的使用、活动结果的评价等方面，不少教师按照既定的标准和计划进行，完全不考虑幼儿的想法，只把幼儿当作被动接受的容器，忽视了幼儿的主体性，导致幼儿丧失了参与艺术活动的兴趣。
* 重技能、轻美育，艺术活动的功利化现象严重。《幼儿园教育指导纲要（试行）》指出："艺术是实施美育的主要途径……要避免仅仅重视表现技能或艺术活动的结果，而忽视幼儿在活动过程中的情感体验和态度的倾向。"当前，在很多幼儿园中依然存在标准化的要求和强调技能技巧的训练，比如：为幼儿提供已经画好轮廓的底板，让幼儿机械地练习涂色；严格要求幼儿按照成人规定的方法和步骤来表达表现，呈现出工厂流水线般的作品。
* 忽视幼儿的感官体验和个性化表达，作品千篇一律、缺乏创造力。蒙台梭利强调，幼儿的感官体验对其感受与欣赏艺术活动中的美，进而创造属于自己的个性化表达至关重要。当前，幼儿园艺术活动普遍缺乏对幼儿感官体验的重视，忽视幼儿

多感官经验的输入与个性化输出,导致作品千篇一律、缺乏创造力。
* 缺乏富有美感的整体环境渗透和熏陶。幼儿的艺术素养是在整体感知、多维渗透的过程中逐步培养起来的,幼儿园在整体环境上缺乏系统规划和精心设计,忽略了幼儿日常生活环境本身就是最好的美育熏陶这一重要的培养路径。

那么,如何让幼儿在丰富的艺术活动中感受生活之美,自主创造美好生活呢?《幼儿园教育指导纲要(试行)》给出了清晰的答案——"幼儿艺术活动的能力是在大胆表现的过程中逐渐发展起来的,教师的作用应主要在于激发幼儿感受美、表现美的情趣,丰富他们的审美经验,使之体验自由表达和创造的快乐。在此基础上,根据幼儿的发展状况和需要,对表现方式和技能技巧给予适时、适当的指导。"

1. 艺术欣赏活动

每个幼儿心里都有一颗美的种子。幼儿园艺术活动的关键在于充分创造条件和机会,在大自然和社会文化生活中萌发幼儿对美的感受和体验,丰富其想象力和创造力,引导幼儿学会用心灵去感受和发现美。教师可以通过引导幼儿阅读美好的绘本,欣赏高质量的音乐和绘画作品,以及鼓励家长带领幼儿外出旅游,领略各个地方不同的风土人情和建筑特点等,增强幼儿感受与体验美好生活的意识和能力。

要想提升幼儿感受美的能力,教师可以遵照《3—6岁儿童学习与发展指南》采取以下做法。

* 带领幼儿多接触大自然,感受和欣赏美丽的景色与好听的声音。
* 经常带领幼儿参观园林、名胜古迹等人文景观,讲讲历史故事、传说,与幼儿一起讨论和交流对美的感受。

四川省绵阳市花园实验幼儿园
趣味观展

* 引导幼儿观察常见的动植物及其他物体，鼓励幼儿用自己的语言、动作等描述它们美的方面，如颜色、形状、形态等。
* 引导幼儿倾听和分辨各种声音，鼓励幼儿用自己的方式表达对音色、音调、音量的感受。
* 支持幼儿收集喜欢的物品并和他们一起欣赏。
* 经常让幼儿接触适宜的、各种形式的音乐作品，丰富幼儿对音乐的感受和体验。
* 和幼儿一起用图画、手工制品等装饰和美化环境。
* 带领幼儿观看或共同参与传统民间艺术活动和地方民俗文化活动，如皮影戏、剪纸和捏面人等。
* 有条件的情况下，带领幼儿去剧院、美术馆、博物馆等欣赏文艺表演和艺术作品。
* 理解和尊重幼儿在欣赏艺术作品时的手舞足蹈、即兴模仿等行为。
* 当幼儿主动介绍自己喜爱的舞蹈、戏曲、绘画或工艺品时，要耐心倾听并积极给予回应和鼓励。

案例　走近格子画大师——蒙德里安①

在幼儿园组织的名画欣赏活动中，孩子们认识了蒙德里安——荷兰抽象画派艺术家。他善于运用垂线、水平线以及红黄蓝三原色来表达内心的世界。

孩子们在感受和体会了蒙德里安格子画的特点后，开始了自己的尝试。他们有的选择用红黄蓝三色水粉颜料棒在自己贴好黑色条纹的色块上涂色，感知鲜艳的三原色借助不同的位置和组合产生的神奇效果；有的在矿泉水瓶身上贴上红黄蓝色橡皮泥，制作一个富有"蒙德里安"气质的花瓶；还有的把马赛克贴在房子模型的屋顶上，再用笔刷蘸上红黄蓝水粉颜料刷房子的墙面。

在贴好黑色条纹的色块上涂色

给房子模型的墙面刷颜料

---

① 节选自"深圳市公园大地第一幼儿园"微信公众号 2023 年 3 月 10 日发表的文章《我和色彩有个约会》。

从认识、模仿再到创作，孩子们在充裕的时间中，在班级的每一个角落里，自由地表达着遇见蒙德里安、探索三原色创意的想法。

完成好的作品，放在哪里合适呢？孩子们找到一个小角落铺上美丽的桌布，把作品摆在上面，让更多的人和他们一起走进美丽的蒙德里安格子画世界。

展示自己的作品

——广东省深圳市龙岗区龙城街道公园大地第一幼儿园　陈瑶、张思

2. 艺术创造活动

幼儿对事物的感受和理解不同于成人，他们表达自己的认识和情感的方式也有别于成人。幼儿独特的笔触、动作和语言往往蕴含着丰富的想象和情感，成人应对幼儿的艺术表现给予充分的理解和尊重，不能用自己的审美标准去评判幼儿，更不能为了追求"完美"的结果而对幼儿进行千篇一律的训练，以免扼杀其想象力与创造力的萌芽。教师应为幼儿提供丰富多元的材料，鼓励幼儿拥有自己独特的想法，提升幼儿的创造性表达或表现能力。具体来说，教师可以这样做。

（1）关注常规性艺术活动中幼儿的自主表达与创造

教师可以引导幼儿在音乐、美术、文学等常规的艺术活动中自主表达与创造，比如，可以引导幼儿自主选择某一类观察对象进行户外写生，可以开展丰富多样的借形想象活动，也可以开展文学作品表演活动等。

案例　扎染围服

扎一束时光，染一抹情怀，扎染是我国民间传统的染色艺术，从扎到染具有丰富的创造性。扎染，在带给孩子们快乐的同时，也让他们感受到随机变化的自然美，体验使用不同的方式创作出多元作品。"六一"国际儿童节前夕，孩子们做了一回园服设计师，拥有了属于自己的园服。

在扎染活动开始之前，老师和孩子们做了大量的前期工作，一起欣赏扎染、感受扎染。孩子们对美的表达与理解各不相同，在欣赏了各种风格的扎染作品后，他们决定给自己设计一款独一无二的T恤衫。

活动开始了，孩子们选择了合适的场地一起布置，借助攀爬架、轮胎、木桩、围栏、绳子等多元化的工具搭建了晾衣架，为扎染后快速地晾晒衣服做好了充分的准备。因为孩子们有了前期经验的积累，对扎染的步骤和方法也有所了解，所以在准备工作就绪后，他们便迫不及待地开始了实践操作。每个班都挑选出一种主色调作为班服的颜色，有绿色的、黄色的、蓝色的……他们先将衣服浸湿，再拧干水分，又尝试了捆扎、扎揪、螺旋、折叠等不同的捆绑方法，接着开始给自己的衣服上色。他们设计了不同的花纹，染着不同的颜色，完成后将衣服装进袋子里，两小时后洗去多余的染料进行晾晒。

有条不紊的扎染工作

园服随风飞舞，成为我园一道靓丽的风景线。晾干后，孩子们看着自己亲手设计的一件件风格迥异、花样丰富的园服，内心无比兴奋，不停地与老师、伙伴交流着，体验着扎染的喜悦和快乐。随着动感的音乐响起，孩子们化身为一个个小模特，向大家展示充满个性化的扎染园服。

展示个性化的扎染园服

在这场有趣的扎染"旅途"中,一件件白色T恤衫和几滴染料带来了数不尽的欢喜与快乐。教师和孩子们共同享受着因不同颜色、花纹与工具组合而带来的艺术盛宴。每一件独一无二的园服留给孩子们的都是美好童年记忆,启发了他们的无限创造力。

——山东省潍坊市奎文区第二实验幼儿园 柴丽君

山东省淄博市汇英幼儿园

孩子们在温暖的阳光下进行户外写生

(2)在松散而自由的艺术活动中支持幼儿大胆创造

在音乐区、涂鸦区、建构区、沙水泥巴区等,幼儿自主敲击节奏,使用树枝、石子、生活材料进行创意想象,利用积木搭建自己想要的建筑物,或使用泥沙开展各类塑形活动。

山东科技大学幼儿园

孩子们在户外享受创造音乐的快乐

第六章 自主创造美好生活 · 257

山东省潍坊市寿光世纪幼儿园

幼儿为透明的雨伞穿上了美丽的"花衣裳",而俏皮的阳光透过"花伞"照射在幼儿的脸上,仿佛在和他们捉迷藏

广东省深圳市龙岗区龙城街道公园大地第一幼儿园

光影、沙子叠加各种彩色半透明材料,会有怎样神奇的变化

案例 "泥"真好玩①

泥,是大自然送给孩子的最好的礼物,它因其湿润柔软、可塑性强的特性而深受孩子们的喜爱。小手伸向泥浆蘸一蘸、印一印,"哈哈,我的手掌好像一棵树!""看我的,像不像一只孔雀?""我从草丛里捡一根树枝当笔刷,蘸上泥土还可以画画哦。"

孩子们把水粉颜料刷在泥巴画上,颜料和泥巴混合在一起又变成了另外一种颜色。他们发现,用泥巴画画感觉颗粒粗粗的,水粉颜料则是细细滑滑的。

将水粉颜料和泥巴混合在一起

最后,就连幼儿园里的清扫用具都成为孩子们创作的工具。谁说玩色彩或涂鸦一定要用画笔?孩子们的创作,最重要的是好玩。泥土,是大自然赠给孩子们的礼

---

① 节选自"深圳市公园大地第一幼儿园"微信公众号 2023 年 3 月 10 日发表的文章《我和色彩有个约会》。

物，是颜料；水枪是玩具，也是工具；画画，是创作，更是享受！我们应鼓励孩子们打破材料、工具的局限，在玩中乐，在乐中创造！

——广东省深圳市龙岗区龙城街道公园大地第一幼儿园　陈瑶、张思

（3）让幼儿在综合性艺术活动中自主表达与创造

教师可以引导幼儿在童话节、戏剧节等综合性艺术活动中大胆表现，发展他们的综合艺术能力，提高他们创造性解决问题的能力。

案例　童话节——开启浪漫的童话之旅

每年的冬天，幼儿园都会举行童话节。自从童话节开幕那一刻起，幼儿园就变成了浪漫的童话世界，孩子们是活跃其间的白雪公主、小老鼠、孙悟空、拇指姑娘、小精灵……童话气息弥漫着整个幼儿园。

童话节——开启浪漫的童话之旅

童话节的第一个环节是阅读童话——孩子们在与教师、家长的共读活动中感受童话的诗意与浪漫。近一个月的童话阅读活动滋养了孩子们的心田，给生活增添了浪漫的气息，也温暖了所有人。孩子们深深地迷上了童话，读童话成了孩子们每天的必需。在一遍遍阅读童话后，孩子们投票选出了最喜欢、最想演绎的童话。

和妈妈一起阅读童话

孩子们投票选择最想演绎的童话

将喜欢的童话变成舞台上的"童话剧"，是一个多感官参与创造的过程，也是一个把想象变成现实的过程，更是孩子们表达、表现、合作、成长的过程。在这一过程中，孩子们自主竞选角色，和老师一起改编剧本，自己制订计划进行童话剧排练……从剧情到语言、动作、表情等，每一个孩子都全身心投入其中反复研磨，思考如何能更好地演绎每一个角色。

第六章　自主创造美好生活

豆丁:"《老鼠娶新娘》中的大黑猫很凶猛,但是我老想笑,太难了,还是演一个适合我的大黑猫吧。"

叮当:"我要仔细听小矮人上场的音乐,音乐一响,我就出发。"

小杜:"今天的排练虽然完成了,但是我还需要把每个字都说清楚,声音再大一些。"

糖糖:"我的动作要做得更好看一些。"

孩子们全身心地沉浸在童话剧里,幼儿园里随处可见"念念有词"的孩子,他们每天聊天的内容也是围绕着自己的角色展开。

从准备童话剧到演出的整个过程,让我们看到了一群自主的孩子、一群认真做事的孩子、一群为了目标持续努力的孩子、一群被童话滋养了的孩子!这就是童话的力量、艺术的力量和美好生活的力量。

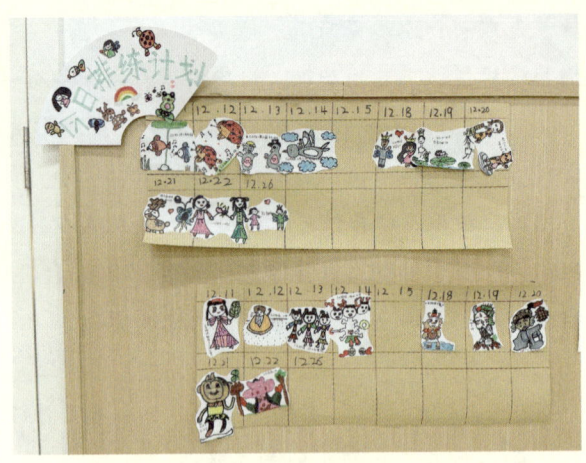

孩子们自主制订排练计划

孩子们在演出现场的精彩表现

——山东省淄博市汇英幼儿园　史丛丛

在艺术活动中,让幼儿感受喜悦并兴致勃勃地投入其中很重要,即使幼儿只是咿咿呀呀地哼唱、手舞足蹈地表演、随意地涂涂画画!成人不必用自己的标准去要求幼儿,如好不好听、规不规范等,重要的是允许幼儿拥有心头的那一份欢喜。

在艺术活动中,当教师引导幼儿进行表达与创造时,还应遵照《3—6岁儿童学习与发展指南》注意以下方面。

我们的光影展

* 提供丰富的便于幼儿取放的材料、工具或物品,支持幼儿自主开展绘画、手工、歌唱、表演等艺术活动。
* 经常和幼儿一起唱歌、表演、绘画、制作,共同分享艺术活动的乐趣。
* 欣赏和回应幼儿的哼哼唱唱、模仿表演等自发的艺术活动,赞赏他们独特的表现

方式。
* 在幼儿自主表达和创造的过程中，不做过多干预或把自己的意愿强加给幼儿，只在幼儿需要时给予具体的帮助。
* 了解并倾听幼儿的艺术表现想法或感受，领会并尊重幼儿的创作意图，不用"像不像""好不好"等成人的标准来进行评价。
* 展示幼儿的作品，鼓励他们用自己的作品或艺术品布置环境。
* 鼓励幼儿在生活中细心观察、体验，为艺术活动积累经验与素材，如观察不同树木的形态、色彩等。
* 提供丰富的材料，如图书、照片、绘画或音乐作品等，让幼儿自主选择，用自己喜欢的方式模仿或创作，成人不做过多要求。
* 根据幼儿的生活经验，与幼儿共同确定艺术表达的主题，引导幼儿围绕主题展开想象，进行艺术表达。
* 在幼儿绘画时，不宜提供范画，不要求幼儿完全按照范画来画。
* 肯定幼儿作品的优点，用表达自己感受的方式引导其提高艺术表现力。比如，"你的画用了这么多红颜色，感觉就像过年一样喜庆""你扮演的大灰狼声音真像，要是表情再凶一点就更好了"等。

实践链接：你所在的幼儿园或班级开展过哪些能够让幼儿自主感受与体验、表达与创造的艺术活动？其中，幼儿的表达与表现带给你怎样的体会？还有哪些方面需要调整与完善？请与你的班级教师一起行动起来吧。

拥有艺术素养的人总能在生活中找到乐趣，用美的方式去经营生活，从而更好地享受生活，反过来也更有可能激发自己的想象力与创造力。法国思想家、文学家罗曼·罗兰（Romain Rolland）曾说："艺术是所有的享受中最迷人的享受。"通过和成人一起带着艺术的视角享受生活，幼儿将会调整看待生活的视角，从而萌发自主创造美好生活的意识和能力，更好地提升生活品质和韵味，在未来每一天拥有幸福的生活。

本 章 小 结

本章核心内容如下。
* 节庆活动既是幼儿园教育的重要手段和方法之一，又是幼儿自主创造美好生活的重要活动。
* 现阶段幼儿园节庆活动面临诸多挑战，如成人本位、缺乏价值判断、功利主义导

向、深度文化内涵缺失以及节庆活动与生活、课程脱节等。所有这些挑战，都将成为幼儿园节庆活动质量提升的关键。

- 幼儿园管理者和教师要学会根据幼儿的年龄特点和发展需要，有目的地选择一些适合幼儿的、有意义的节日开展活动。
- 节庆活动之后的"回顾与分享"，不但可以帮助幼儿整理零散的经验，延续节庆活动的快乐，还可以引导幼儿提出、分析和解决问题，拓展和提升幼儿节庆活动的经验，帮助其获得成就感与满足感。
- 每个传统节日都有自己独特的文化内涵，教师应结合幼儿的年龄特点，把文化传承的目标蕴含在幼儿节庆活动的经历和体验之中，让幼儿在感知、体验、操作等具体活动中感受文化、了解文化、传承文化。需要注意的是，节日中的文化传承更需要发挥家庭的作用。
- "美好生活"一定包含"美的生活"和"好的生活"。好的生活是美的生活的基础，美的生活则是好的生活的升华；好的生活无疑是有质量的生活，而美的生活有更高的标准，因为它是有品质的、富有审美韵味的生活，即"用艺术点亮的生活"。
- 艺术之美蕴含在广阔的生活中，对幸福生活的影响无比强大。
- 教师应在不断提升自身生活美学素养的基础上，创设美好的环境滋养幼儿，引导幼儿关注周围环境的变化，支持幼儿自主创造富有艺术气息的美好生活。
- 充分利用艺术欣赏、艺术创造等艺术活动帮助幼儿感受与体验美、表达与创造美，提升幼儿的审美素养。

山东省商务厅幼儿园

第七章

从园内到园外：
在大自然和大社会中体验更丰富的生活

小种子，大发现

秋天是一个丰收的季节，各种各样的果实和种子引发了孩子们的关注。"所有的植物都有种子吗？""种子长什么样？长在什么地方？"……一系列疑问促使孩子们走进自然、走向社会、联动家庭，开启了一场探索种子之旅。

一、在大自然里找种子

活动前，老师和孩子们围绕以下问题展开了调查和讨论。

▲ 哪里有种子？

▲ 采集种子需要工具吗？需要什么工具？

▲ 种子有毒吗？如果有毒怎么办？

经过调查和讨论，孩子们决定去幼儿园户外场地、社区绿化带和周围居民家的院子里寻找种子。他们带上手套、放大镜、镊子、筷子等采集工具，兴致盎然地出发了。

他们一边走，一边寻找和观察：鸡冠花的种子太小了，需要用放大镜才能看到；月季的种子藏在果肉里，需要抠开才能发现……原来，种子不光大小、形状、颜色、气味不同，就连生长的位置都不一样。在寻找种子的过程中，孩子们还在老师的帮助下通过微信扫一扫，知道了许多没见过的种子名称。

二、在农贸市场寻种子

孩子们对种子的兴趣和探究欲望越来越浓。有一次,晴天拿着从家里带来的瓜子说:"瓜子也是种子,还可以吃呢!""可以吃的种子?"孩子们一下子瞪大了眼睛,纷纷围着晴天讨论起来。到底还有哪些可以吃的种子?老师决定带领孩子们去楼下的农贸市场看一看、找一找。

在农贸市场里,孩子们自由分组,找到自己喜欢的商铺进行调查。他们发现:蓝莓、草莓、波罗蜜的种子能吃;早餐店里的豆浆、豆腐脑,炸货店里的花生米,药店里的莲子、芡实等都是用种子做的……有关种子的学问真多啊!

三、家园合育探种子

为了感知种子是如何生长的,孩子们在班级里开展了种豆子的活动。在种植过程中,他们遇到了各种各样的问题,如豆芽变黑、变绿、长得太慢等。这可怎么办呢?孩子们一方面查阅资料,寻找问题背后的原因,一方面邀请有经验的家长走进班级,给他们讲一些有关种植的小妙招。一段时间后,豆芽渐渐地长高了、长粗了、长大了,孩子们也每天观察、记录着种子的生长变化。

终于到了收获的时刻,孩子们满心欢喜地将豆芽摘下、清洗、装袋带回家,和爸爸妈妈一起制作成美味的菜肴。品尝着自己的劳动成果,他们的心里乐开了花,自豪感和成就感油然而生。

——山东省商务厅幼儿园 卢雅欣

从以上案例可以看出,幼儿天生就对大自然和大自然中的各种生命、现象充满好奇和探究的欲望。一粒种子、一朵悄然盛开的鲜花、一条爬动的虫子甚至一片飘落在地上的树叶,都会吸引幼儿驻足观察、一探究竟。以儿童为本的幼儿教育一定离不开自然和社会。陈鹤琴先生认为"大自然、大社会都是活教材",因此,高质量的幼儿教育应该支持儿童走向自然,聆听鸟鸣风啸,观察千姿百态的自然世界;走入社会,感受人间温暖,体验多样的民俗文化;走进家庭,构建一致理念,支持幼儿享受自主成长的快乐生活。只有与自然、社会链接并融入家庭的幼儿教育,才能真正为儿童的一生幸福奠基。

一、与自然链接:积蓄幸福生活的内在力量

伴随着城市化进程的加速发展,幼儿与自然建立深度链接的时间和机会越来越少;与之相反的是,幼儿与电子产品接触的时间越来越多,由此产生的"自然缺失症儿童"[①]和"塑料儿童"也越来越多。幼儿与大自然的疏离,会导致他们减少感官的使用,并患上注意力缺失障碍、肥胖症、抑郁症以及其他身体和情绪疾病。因此,只有与自然建立深度链接,幼儿才能获得健康的身体和有韧性的心理,从而支持他们自己在未来的漫长人生中获得强大而蓬勃的内在力量。

(一)唤醒和点燃教师对自然的热爱

要帮助幼儿与自然建立链接,教师首先应该具有对自然的敏感和热爱。唯有教师的热情和投入,才能更好地带动幼儿走进自然,一同感受自然的奇妙之处。

案例 体验式教研让教师爱上自然

要让孩子爱上自然,教师首先要热爱自然。幼儿园通过调查发现,有些年轻的教师从小与自然接触得少,对自然无感。为此,幼儿园组织了"爱上自然"系列体验式教研活动,引领教师打开自己的感官,在自然中充分地感受和体验,例如:邀请老师们躺在草地上,感受阳光照在身上的感觉;用帽子把脸遮住,再把帽子拿开,感受皮肤上温度的变化;分别用手掌和手背去触摸草坪,感受触觉的细微差别;分辨空气中的各种气味;闭上眼睛,倾听周围的声音;等等。此外,幼儿园还会组织老师们一起玩与自然亲密互动的游戏,如

躺在草地上感受自然

---

① 洛夫. 林间最后的小孩:拯救自然缺失症儿童[M]. 自然之友,王西敏,译. 北京:中国发展出版社,2014.

"我的树朋友"。在该游戏中,两个教师一组,其中一个教师蒙住眼睛,由另一个教师牵引着她来到一棵树旁抱一抱、摸一摸,充分感受这棵树,然后再由这个教师牵引着她回到出发点。之后,她摘掉眼罩,寻找刚刚触摸过的那棵树。当教师找到"自己的那棵树"时,她不禁发出了喜悦的欢呼声。

通过游戏,老师们充分感受到与自然深度链接带来的丰富体验和内心的安宁,深刻理解了为什么幼儿教育要如此强调儿童与大自然的链接。

——山东省淄博市汇英幼儿园　石娜

在以上案例中,幼儿园通过一系列有趣的亲自然活动,唤醒和点燃了教师对自然的热爱,由此启发教师思考如何更好地带领幼儿走进自然,与自然建立深度链接。除了上述做法,幼儿园还可以运用多种方式持续培养教师对自然的敬畏之心,不断提升他们感官的敏锐度,深化他们对自然的认知。比如,鼓励教师打开多种感官体验沙、水、泥巴紧贴皮肤的感觉,捡拾自然材料进行创意制作,走进森林观察、记录动植物,认养一株植物或动物进行照料等。

在引导幼儿与自然建立链接之前,教师还应该了解和把握幼儿在走进自然过程中可能获得的学习和发展,具体可参考表7.1中的内容。

表7.1　幼儿在自然中可能获得的学习与发展

维度	可能获得的学习与发展
情感态度与价值观	• 对大自然怀有探索的热情,充满好奇心。 • 享受自然之美和大自然带来的感官体验,将自己看作自然的一部分,体会与自然融为一体的感觉。 • 愿意积极主动地探索自然。 • 惊叹于自然界的美丽和多样性,在探索自然中获得兴奋感和创造力。 • 愿意保护所处的自然环境,关心和尊重自然。
能力与技能	• 观察——用多种感官感受并收集信息。 • 比较——观察自然界中动植物和无机物之间的异同。 • 分类——根据自然物的特性对它们进行分组和排序。 • 测量——对自然物和自然现象进行定量描述。 • 交流——交换观点和口头描述,用文字或绘画的形式进行表征,用立体的方式进行表达,如泥塑、手工等;也可以运用歌唱、形体表演、小戏剧等方式进行表达和交流。 • 推理——在观察的基础上对自然界进行判断,并基于某个情境进行有逻辑的推理。 • 预测——基于观察、已有知识和经验对自然物或自然现象做出合理的猜测。
知识与经验	• 了解人类是自然的一分子,需要依靠自然而生,明晰我们的饮食、衣着等大多来自自然。 • 感知人类的行为会对大自然产生重要且长远的影响。 • 认识到自然界中的一切事物都是相互联系和不断变化的。 • 了解大自然中的所有生物都有基本的生存需求,尝试尊重不同的生物。

以上内容能够帮助教师清楚地了解带领幼儿开展自然体验活动的意义、目标和可能性，并基于这样的认知创设充满自然气息的幼儿园环境，在推动幼儿与自然建立链接方面更好地发挥自己作为支持者、合作者和引导者的作用。

（二）园内的环境尽可能保持自然

"幼儿园之父"福禄贝尔认为，"儿童的花园"是最恰当的幼儿教育场所。幼儿园室内外的环境和活动应当被精心地计划和安排，聚焦于儿童与自然界的互动。现阶段，有些幼儿园管理者认为，所谓先进的幼儿园必须有铺满户外场地的塑胶地面，地表若裸露着泥土则代表着落后；必须有高档的大型综合玩具，原始的木制玩具和枯木桩体现不出办园的"档次"。还有一些幼儿园管理者认为，受限于幼儿园所处的地域、场地面积、空间结构等因素，他们无法建设一个亲自然的幼儿园。上述观点其实是对"高质量的幼儿园和幼儿教育""让幼儿园充满自然气息，满足幼儿与自然链接需要"的误读。要让幼儿更好地与自然链接，我们首先应该让幼儿园环境保持自然，在园内富有生机的小的自然生态环境中支持幼儿的亲自然活动。尽管户外场地面积较大、气候相对湿润的幼儿园具有一定的优势，但是面积小、自然生态环境没那么优越的幼儿园也可以突破局限，创设一个亲自然的幼儿园。

1. 创设充满自然气息的、可亲近的幼儿园户外环境

学前儿童的绝大多数时间是在幼儿园里度过的，如果幼儿园充满自然气息，让幼儿随时可以走进自然、探究自然、与自然游戏，那么就为幼儿链接自然提供了最为便利的场域和条件。创设幼儿园自然环境的主阵地是户外场地，因此，优化幼儿园户外环境就显得尤为重要。幼儿园应该强调和突出具有自然性的户外环境设计，重新审视和关注幼儿身边最为重要的 500 米自然空间。

（1）为户外环境保留尽可能多的自然元素

在创设户外环境时，幼儿园应尽可能保留其自然风貌，扩大绿化种植面积，利用自然元素如沙、石、泥、土、水、木、竹、藤、草、花等。当幼儿徜徉在充满自然气息的户外环境中时，他们的身体会得到舒展，心灵会变得柔软，大脑也会被多样的感官刺激吸引。春天，百花开放，小草、树木发芽；夏天，蝉鸣虫叫，蛙声一片；秋天，落叶纷飞，果实飘香；冬天，万物肃杀，枝叶凋零……这一切都有助于幼儿获得丰富的感官体验与多方面发展。

春华秋实——你喜欢可以摘果子的幼儿园吗？

山东科技大学幼儿园

为了给幼儿创设充满自然气息的体验性活动空间,幼儿园种植了 60 多种树木,包括 14 种果树。秋天的石榴成熟了,幼儿开心地结伴采摘,感受丰收的喜悦

中华女子学院附属实验幼儿园

如同大部分城市里的幼儿园,花草园的户外场地局限于一栋大型建筑和四周的院墙之间。为了给幼儿创设更有意义的自然环境,花草园人在每一个角落都种下植物

（2）提供有助于幼儿打开多种感官通道的环境

幼儿园户外环境应尽可能多样，包括空间多样、地貌多元、材质多种等，以帮助幼儿打开多种感官通道。比如，可以运用鹅卵石、竹子、木桩、花岗岩、小草等设计多种材质的小路，鼓励幼儿光脚踩在上面，感知不同质地带来的触觉体验；在规划户外植物的种类时可以选择散发不同气味的植物，如桂花树、栀子树、丁香、天竺葵、薄荷等，让幼儿的嗅觉体验不同的气味。

（3）构建有助于形成相互依存关系的生态环境

幼儿园应尽可能让户外环境中的各种生物形成自给自足的生态系统，比如：松软的泥土孕育着蚯蚓、西瓜虫等各种小虫子，生长着小草等绿色植物；低矮的灌木、高大的乔木给鸟类提供了多元栖息空间，而鸟类以各种植物的果实、种子和小虫子为食，它们的粪便又为植物提供了养分。此外，幼儿园还可以提供厨余垃圾回收设备，将日常食物残渣变废为宝，成为可供植物和微生物生存的养料。有的幼儿园在户外场地上开辟了一片荷花塘，构建了一个由莲藕、水草、鱼儿、小虾和淤泥组成的微生态系统。

（4）精心设计和利用户外种植区、养殖区

幼儿园可以选择生长周期短、适合幼儿种植的植物，或者选择适合幼儿养殖的小动物，让幼儿在参与照料动植物的过程中感知它们的生长特点、生活习性和照料方式，体会照料动植物的辛苦，与大自然建立深度链接。

孩子们种植的土豆丰收了，他们捧着自己亲手种出来的土豆，兴奋地和同伴比较谁的土豆更大，脸上洋溢着快乐、幸福的笑容

山东省潍坊市奎文区第二实验幼儿园

山东省淄博市博山区实验幼儿园

幼儿园的养殖区有一位"明星"小动物——一只通体黑色的小羊。为了探究小羊喜欢吃什么,幼儿牵着它尝遍了幼儿园种植区里的各种植物以及他们从家里带来的各种食物

(5) 幼儿是环境的主人,让幼儿自主参与户外环境的创设与使用

户外环境不仅仅是一个让幼儿置身其中游戏和锻炼的空间,更是一个供他们探索与实验、想象与创造、和他人互动以及生发意义的地方。动态、开放的户外环境为幼儿参与和体验各种自然活动提供了更多的可能性。赫林顿(Herrington,1997)指出,开放、包容的"抱持性"户外环境空间应该"想让它是什么就是什么"。当户外空间充满无限可能性时,它就会激励幼儿成为环境的主人,创设自己的游戏场所。布罗德黑德(Broadhead,2004)的研究也表明,"相比预先准备好的主题式活动区,'想让它是什么就是什么'的空间可以促进幼儿与同伴间复杂的社会互动,增进更亲密的身体接触,并推动他们之间的游戏走向深入"[1]。

> **案例 我有一棵树**
>
> 走进自然的教育是我园教育中不可或缺的一部分,每周我们都会有一天利用园内和社区的自然资源开展有意思、有意义的"自然日"活动。结合园里树多的优势,我们开展了"我有一棵树"的自然体验活动。
>
> 一、数一数幼儿园里的树
>
> 幼儿园里的树很多,孩子们想要数清楚到底有多少棵树。由于数来数去总是数不清楚,中四班的孩子就建议缩小范围,只数一片地方。尽管如此,对于中班的孩

---

[1] 托维. 幼儿园户外游戏:支持儿童在探索与挑战中学习[M]. 张晖,译. 北京:中国轻工业出版社,2022.

子来说，要准确地数清楚到底有多少棵树难度也不小，数着数着他们就数迷糊了。老师问："怎么数才能做到既不会重复数又不会漏掉呢？"琛琛想到了一个办法："可以做标记。"老师回应道："好呀，怎么做标记？你用你想到的办法试一试吧。"琛深立刻行动起来。他在每棵树的旁边都放了一个玉米芯，再把所有的玉米芯收集起来，数数有几个玉米芯就是有几棵树。

"26 个。"他很开心地告诉大家自己数的结果。

"你确定是 26 棵树吗？到底对不对呢？"老师追问道。

"不太确定，还可以再数一遍。"接下来琛琛数出 26 个松果，让小伙伴帮忙在每棵树的旁边都放了一个松果。结果，有两棵树的旁边没有松果。

"我知道了，刚才数的不对，应该是有 28 棵树。"为了再次确认结果，在老师的帮助下，琛琛让班里的小朋友每人抱住一棵树。正好 28 个小朋友一人一棵树，这也说明真的有 28 棵树。孩子们开心地说："这次错不了了，就是有 28 棵树。"

用各种办法数一数幼儿园里的树

二、给自己的树做标记

接下来，孩子们想给自己的树做一个独特的标记。怎么做？用什么做？标记牌上写什么呢？……经过一番讨论，孩子们觉得牌子上应该写树的名字。可是问题来了，春天刚到，树还没有发芽，不仅孩子们不认识自己的树是什么树种，就连老师们都不知道。这可怎么办呢？

"问问园长妈妈，园长妈妈肯定知道。"

"问问王叔叔，王叔叔经常给树浇水。"

"瞿伯伯肯定知道，他是我们幼儿园里年龄最大的人。"

……

于是，幼儿园里的园长妈妈、王

给大树做的标记牌

叔叔、翟伯伯忙了起来，他们被每一个前来咨询的孩子都拉到自己的树旁聊个不停。幼儿园的大朋友和小朋友因为一棵树有了更亲密的互动。

三、向自己的树提问

"树为什么要长叶子？""我的树有几岁了？""我的树有多高？将来会长多高？""早春的时候，为什么有的树上没有叶子，有的树上却有叶子？""秋天落叶的时候，树会难过吗？""为什么有的树开花，有的树不开花？""为什么树皮上会有不同的条纹？""为什么要给树干刷上白色的东西？"……

孩子们针对"一棵树"提出了无数个问题。我们希望每一个孩子都成为会提问的人，因为科技高度发展的今天需要的不是死记硬背"知识"的人，而是会发现问题、提出问题的人。

四、更多与树的链接活动

老师和孩子们还一起开展了很多有意义的活动，比如：设计并制作一个饲鸟器挂在树枝上，吸引小鸟前来觅食；给自己的树制作一个"保护神"，希望它健康成长；给自己的树建立观察档案，记录第一片叶子、第一朵花、第一个果子长出来的时间；使用大树提供的资源进行艺术创作，包括用树皮、果实、树叶拓印；利用树叶、果实等进行计数、测量、称重活动；给大树写生和拍照；请好朋友爬自己的树，与好朋友交换树叶、果实；等等。

这些树不仅成为幼儿学习、探索的资源，更给他们带来了丰富的感受和体验，滋养了他们的心灵。

与树的链接活动滋养了孩子的心灵

五、"我有一棵树"展览

在每个季节的最后一周，老师都会和孩子们一起布置"我有一棵树"的展览。不论是观察日记还是用树叶、花朵创作的"艺术品"，它们都吸引着每一个人流连忘返，大家津津有味地谈论着幼儿园里的树以及与树发生的有趣故事。

和一棵树的互动远没有结束，也许它会延续到孩子们毕业的时候。"我有一棵树"

的故事让老师们更深入地思考自然教育的意义,在引领孩子们感受自然、爱上自然的同时也带动了家长。更多的家庭开始关注身边的环境,一起寻找"消失的附近500米"。

有人说,即使幼儿园只有一棵树也能开展自然教育。在我们看来,即便没有树,只要有蓝天、阳光、风、土、水、雨、雪,就可以开展自然教育。

——山东省淄博市汇英幼儿园　董乃凤

2. 充分挖掘和利用"四季"这一自然元素

幼儿园户外环境中的自然元素除了地貌、植被、场地、材料外,还有与四季变化同频的气候状况、天气情况、空气质量、风力风速、光线明暗等,它们是大自然的"使者"且总处于变化之中。例如,下雨天,幼儿可以倾听雨滴落在不同物体上的声音,穿上雨衣、雨鞋到院子里接水、踩水、蹚水玩,观察泥地上形成的小水洼并看着它因太阳的炙烤而消失,关注需要准备的各种雨具等;下雪天,幼儿可以堆雪人、打雪仗,观察雪花的形状,体验雪花落在手心上带来的冰凉触感以及雪花遇热融化的特性,知道需要增加厚衣服御寒等。幼儿还可以观察不同时期的阳光透过高低不同的树木留在地面上的影子,在探索光影变换规律的同时懂得如何防晒遮阳……设计良好的户外环境有助于幼儿感知四季的变化。

山东省潍坊新华幼儿园

下雪天,孩子们兴奋地来到户外又蹦又跳,迎接雪花的到来。他们抓起一把雪团成雪球,和小伙伴来一场酣畅淋漓的雪仗

3. 珍视幼儿的需要，将自然元素融入室内环境

将自然元素融入室内环境，让自然的气息始终萦绕在幼儿身边，不仅是为了使活动室更美观，营造生机勃勃的氛围，还是为了让幼儿有更多的机会体验生命与生命的对话。同时，这些自然元素也是幼儿探究和游戏的对象，是幼儿园课程生发的源泉之一。

具体来说，教师可以采取以下做法。

* 活动室和走廊的窗户光线明亮且视野开阔，方便幼儿随时随地观察室外的天空、动植物和自然现象。
* 幼儿园的门厅、走廊、活动室、功能室可以选择用木头、竹子、藤条等制作的家具和器物。
* 尽量用布等自然物装饰室内环境。
* 提供鹅卵石、木块、树枝、树叶、羽毛、松塔等作为幼儿计数、拼摆、搭建、创意制作的材料。

孩子们将户外散步时收集的木块、松塔、落叶、芦苇等自然物带到活动室，作为区域活动的材料

* 在班级里提供与自然有关的诱导性材料。伴随四季的更替和幼儿探究兴趣的变化，教师应不断地调整班级内的布置和玩具材料，如四季桌、昆虫桌、植物种子和果实桌等。以主题方式呈现的自然材料，更有助于幼儿在一段时间内聚焦探究主题，从多方面支持幼儿经验的拓展和深化。
* 春生、夏长、秋收、冬藏，让这些随手可及的自然元素与幼儿的生活、课程相融。
* 珍视幼儿与自然积极互动的点滴行为，为幼儿收集的自然物（如石头、贝壳、羽毛、树叶等）提供存储用的"百宝箱"或"宝贝瓶"。

广东省深圳市龙岗区龙城街道公园大地第一幼儿园

教师结合幼儿的探究兴趣在活动室的一角提供了相关主题的绘本、动物标本、饲养盒、放大镜、记录用的纸和笔等诱导性材料,支持幼儿探究动物的形态特征、习性和繁殖方式等

山东省潍坊市奎文区第二实验幼儿园

结合潍坊的萝卜特产,幼儿园组织孩子们开展了种萝卜、尝萝卜、切萝卜、晒萝卜、腌萝卜条等一系列与萝卜相关的体验活动

中华女子学院附属实验幼儿园

在花草园,每个孩子都有一个专属于自己的"宝贝盒",里面放着的可能是他们最宝贵的东西,也可能是他们最想守护的秘密;"宝贝盒"不仅仅是一个物质的盒子,更是一种能够"珍视"的能力

实践链接:分析你所在的幼儿园和班级的自然环境创设情况,梳理其优点和不足,思考如何更好地完善幼儿园和班级自然环境,并针对这些环境开展适合本班幼儿的自然探索活动。

(三)让幼儿有更多的机会走进自然

画家、作家蒋勋先生曾说:"最让人着迷的美在大自然中,它是风的声音,是泥土的味道,是露水从花瓣上滴落的那一瞬间。"尽管我们努力创建充满自然元素的园内环境,但是与真正的大自然相比,它能够让幼儿体验和感受到的自然元素还是极其有限的。幼儿园应提供充足的时间,让教师带领幼儿探索与感知更广阔的大自然。

1. 绘制园所周边的自然资源地图,充分利用周边的自然资源

幼儿园可以绘制周边的自然资源地图,梳理可能引发的自然体验活动内容和发展经验,利用周边的自然资源开展活动,如去公园游玩、社区散步、远足、春游、秋游等。有的幼儿园利用所处小区自然环境优越且相对封闭安全的优势,每周五组织幼儿到小区的湖心小岛、环湖绿地等开展"自然日"体验活动,让幼儿从相对封闭的幼儿园走向相对开放的社区绿地,享受在自然中放松、游戏和学习的乐趣。

2. 与园外的自然教育实践基地建立定期参访机制,拓展幼儿的体验空间

幼儿园可以与周边的菜园、果园、育种基地、农场、食育工坊、动物园等建立长期稳定的参访机制,定期组织幼儿到实践基地参观访问,体验各种活动,以拓展和深化幼儿与自然的深度链接。

走进山野,看一看、画一画,感受春意盎然和生命的勃发

山东省济南市童林堡幼儿园

到蔬菜大棚观察、采摘西红柿

山东省济南市童林堡幼儿园

第七章 从园内到园外:在大自然和大社会中体验更丰富的生活

绘制周边自然资源地图，建立保障自然体验活动稳定、持续开展的组织和运行机制，形成与园所整体课程联动的推进制度，幼儿园才能让走进大自然的活动更稳定、更持久且更有效地支持幼儿的发展。同时，幼儿园还应该帮助家长树立亲近自然的理念，鼓励家长利用节假日多带幼儿走进大自然。

山东省淄博市汇英幼儿园

为了更新家长的自然教育理念，改变家长因担心孩子弄脏衣服而不愿意让孩子玩泥巴的态度，幼儿园组织家长和孩子利用泥巴进行了一场别开生面的亲子扎染活动

那么，走进大自然的活动可以让幼儿做些什么呢？

* 在树林里、草坪上和泥地里散步、奔跑、跳跃、翻滚以及短途行走。
* 全身心地投入大自然的怀抱，体验闭上眼睛抚摸树叶和树皮的触感以及脚踩在不同物体上的感觉，聆听并模仿来自大自然的各种声音。
* 仔细地观察身边自然物的细节，向最远处的地平线眺望。
* 了解几种生物的名称，尝试观察它们的身体形态、生活习性、繁殖方式等，试图在同一片区域寻找几种不同的生物。
* 种植某一植物或饲养某一动物，并在一个相对长的时间里追踪观察它，记录它在不同时期的生长状态。
* 讨论自己及其他生物在自然界中的位置和关系，初步理解人与自然的关系。
* 尝试通过语言、绘画、建构、表演等方式表达自己与大自然在一起时的感受和体验。
* 体会大自然的美，选择使用身体动作、音乐、韵律舞、自然物等进行创作。
* 尝试力所能及地关心与保护自然，尊重共享自然环境的人和其他生物，感受自己与社会、世界的联系，体会贡献感。

实践链接：你所在的幼儿园是如何利用周边的自然资源开展活动的？与同伴一起评估这些活动的优点和不足。以你的幼儿园为中心，绘制10千米范围内的自然资源地图，并考虑在接下来的课程中如何合理地利用这些自然资源。

（四）和自然一起游戏比学习自然知识更重要

在走进大自然的过程中，部分教师总是更关心幼儿能从活动中学到什么，总是想把成人认为重要的知识一股脑儿地塞给幼儿，却忽略了吸引幼儿全身心投入的自然游戏本身就是目的。在自然中的沉浸式"深度游戏"不仅能滋养幼儿的身心，还能唤醒幼儿心底最本真的感动和喜悦，激发他们的创造力与想象力，并促使他们形成对自己、对他人和对世界的全新认识。

大量研究表明，与自然一起游戏能为幼儿带来丰富多元的发展和益处。

* 与自然一起游戏能激发更高水平的身体活动，让幼儿更健康。
* 与自然一起游戏能加速大脑的发展，让幼儿更聪慧。
* 与自然一起游戏能激发幸福感并增强社会纽带，让幼儿感觉所处的社会更加美好。
* 与自然一起游戏能让幼儿提前做好准备去关爱未来赖以生存的自然环境，有益于地球的可持续发展。[1]

根据游戏所指向的儿童发展领域的不同，我们可以将自然游戏划分为以下几类。

1. 科学探索类游戏

幼儿可以利用自然物进行观察、实验、测量和排序等活动，比如：尝试在成人的指导下用放大镜点燃树叶；探索树洞的秘密；感知沙、水的特性，并架桥引水；测量南瓜的重量、直径；为大小不一的木瓜进行排序；等等。

山东省淄博市汇英幼儿园
幼儿园里的木瓜成熟了，孩子们将掉落的木瓜摆放在一起，逐一进行点数

---

[1] 威尔逊. 幼儿园户外创造性游戏与学习[M]. 陈欢，译. 北京：中国轻工业出版社，2020.

广东省深圳市龙岗区龙城街道公园大地第一幼儿园

在探究和了解了各种昆虫之后，幼儿用纸箱、树枝、树叶、树皮等材料建造了一个"昆虫之家"，并热烈地讨论着小昆虫们可以住在哪里

2. 角色体验类游戏

利用自然物玩过家家游戏，假装烹煮食物等，几乎是所有儿童在幼儿期都很喜欢的游戏。此时，大自然就是孩子们的厨房，石头、树叶、花朵、松果、沙土等变成了美味的食物，木棍变成了搅拌汤用的勺子或筷子。

山东省潍坊新华幼儿园

山坡上，孩子们捡来鹅卵石、枯树叶和小草等自然物，再从建构区和沙水区找来细圆柱积木和小桶、小碗，一场别开生面的过家家游戏自然而然地发生了

3. 建构塑形类游戏

幼儿可以利用各种自然材料或生活材料，如树枝、木块、树叶、木板、果实、石头、瓶瓶罐罐等进行建构塑形活动。

282 • 自主生活——为幼儿一生幸福奠基

四川省绵阳市花园实验幼儿园

孩子们富有创意地使用矿泉水瓶制作小船,感受划船的乐趣

4. 创意艺术类游戏

各种自然物可以自然而然地带领幼儿进入艺术的世界,比如:用落叶进行拓印,或制作项链、手环;利用沙子、泥巴做出不同的造型,或开展泥巴扎染活动;运用树皮进行借形想象;利用自然物有韵律地摇摆身体;用木棍在大小不同的容器上敲击;等等。

广东省深圳市龙岗区龙城街道公园大地第一幼儿园

使用大地赋予的材料创作的作品,让我们发现了神奇的、富有想象力的"儿童之眼"

山东省淄博市汇英幼儿园

大自然是无言的智者,只要愿意沉浸其中,就会让人获益良多

5. 思维与语言类游戏

自然的美和奇妙不仅会引发孩子们的游戏，还会激发他们的强烈表达欲，触发他们的深层次思考。

案例　蜘蛛网

我们利用幼儿园周边的自然资源开展了徒步活动。在山中行走时，孩子们经常发现挂在草丛中、树枝上、山岩下的蜘蛛网，这引起了他们强烈的探究兴趣。他们针对野外和家里的蜘蛛网该不该清理的问题，进行了哲学审辨式的讨论，并根据讨论的结果创编了一首小诗。

啊……蜘蛛网

蜘蛛网，你长得可真好看。
雨后的你，身上挂满了水珍珠，
像公主的头纱，晶莹剔透。
阳光下的你，透露着点点金光，
像王子的头冠，闪闪发光。
你出现在美丽的山上，
也会出现在房间的墙角。
如果你出现在我的鼻子上，
我会跳得比树还高。
如果你出现在我的帽子里，
我可能会觉得柔软，但我也会害怕慌张。
如果你出现在我的家里，或者露台上，
我既喜欢又担心，
因为你可能会被妈妈清理掉。
你还是去院子里的大树上吧，
或者找一座美丽的山，
我想，你一定会觉得更自在，
我也会时常来看你。

——浙江省杭州市西湖区留下幼儿园

6. 运动挑战类游戏

教师可以利用不同的地形地貌、树桩、枝条等自然物和幼儿一起开展走、跑、跳、攀登、钻爬、投掷、平衡等活动。比如，教师可以将尼龙线绕过粗细各异、种类不同、树皮手感不同的大树若干，形成一条由尼龙线指引的"树径"，然后让幼儿戴上眼罩，顺着线的一端走到"树径"的另一端，沿途抚摸经过的每一棵树，并说说这棵树摸上去有怎样的感觉。

山东省淄博市汇英幼儿园

从"树径"的一端走到另一端

四川省绵阳市花园实验幼儿园

在自然中游戏的幼儿具有最蓬勃的生命力和灵性

大自然为幼儿提供了持续的学习契机、无尽的发现机会和进行批判性思维的无限理由。通过丰富多彩的自然游戏，幼儿增进了对大自然的体验与感受，验证了他们对自然界中各种生物之间关系的理解和猜测，体会了自然之美并运用自然物进行了创造。

在引导幼儿与自然一起游戏时，教师应注意以下方面。

* 每天给予幼儿充足的时间在自然中自由游戏。
* 让自然活动自然而然地发生。
* 幼儿的兴趣比教师的计划更重要。
* 聚焦体验而非教学。
* 看见每一个不一样的幼儿，尊重他们的选择和发展节奏。
* 提供具有发展适宜性的资源、材料和工具，为幼儿投入自然游戏做好准备。
* 在自然环境中为幼儿提供安静和沉思的机会。
* 支持幼儿在自然中进行适当的冒险和开展具有挑战性的游戏。
* 不过多地干预幼儿，不刻意设计过多、过细的环节，让幼儿充分感受自然，也让教师放松身心。
* 引导幼儿自主地关注天气、服装、工具、食物等，学会自己准备放大镜、望远镜等观察用品，并做好收拾与整理工作。
* 注重活动后的分享和交流。
* 为幼儿树立爱护自然的榜样，促进幼儿好奇心和环境管理意识的发展。

英国戏剧家莎士比亚（Shakespeare）曾写道："树有舌，溪有书，石有道，万事皆善。"大自然就像一位无言的智者，能带给人类源源不断的生命能量。带领幼儿走进自然，感受自然的美好，探索自然的奥秘，在自然中经受风风雨雨，建构人与自然的亲密关系，会让幼儿更容易感受到生活的乐趣，增强对环境的适应能力，更加敬畏生命和热爱生活，从而积蓄幸福生活的强大内在力量。

实践链接：对于身边婆娑的树叶、鸣叫的鸟儿以及皎洁的月光，你有什么样的感觉？只有教师自己被自然吸引，才能影响和带动幼儿关注身边的自然。

请你组织一次班级自然体验活动，和孩子们一起沉浸在自然中，体验与自然在一起的美好感觉，并分享给家长和同事。

二、与社会链接：成为开放的社会人

"养育一个孩子，需要一个村庄"，幼儿教育怎么可能孤立地在幼儿园里进行？陶行知先生倡导"社会即学校"，任何一个学段的教育都不应该局限于校园这一个小小的空间，再美丽的"金丝笼"对于活泼的鸟儿来讲都是一种桎梏。教师应尝试把社会当作课堂，把实际生活当作教材，将社会和幼儿园教育紧密联系起来，让幼儿不断地体验社会生活的丰富多元，在获得社会经验的同时，逐渐成长为有热情、有责任感、会生活的人。

（一）挖掘社会资源，打造没有"围墙"的幼儿园

社会资源在幼儿教育资源中占据非常重要的位置，是家庭和幼儿园教育的有效补充和延续。对社会资源的开发和利用，不仅能给予幼儿更多的实践场地和锻炼机会，扩大幼儿的视野，还有利于幼儿融入社会，成长为对社会有用的人。教师只要用心去挖掘，就会发现许多有价值的社会资源，以此发挥社会的独特价值，不断拓展幼儿无限探索的可能性。

1. 巧用社区资源

社区是社会环境中与幼儿园关系最密切的部分。幼儿园周边社区内的社会机构、设施和文化活动都属于社会资源（见表7.2），它们对幼儿的生活和发展有着巨大的影响。

表 7.2 社区资源调查与分析

种类	内容	对幼儿的影响
社会机构	1. 和幼儿日常衣食住行相关的社会机构，如医院、超市、农贸市场、甜品店、理发店、饭店、药房、宠物店等，以及这些机构中的从业人员，如医生、售货员、理发师等。 2. 和幼儿学习、娱乐相关的社会机构，如学校、图书馆、博物馆、科技馆、美术馆、书店、文具店、电影院、儿童乐园等。 3. 幼儿较少接触但与其生活密切相关的社会机构，如派出所、银行、社区中心、养老院、五金店、快递站、加油站等。	1. 了解不同社会机构的名称、功能、标识，知道不同的职业角色有不同的服装和工作要求。 2. 认识到社会机构及其工作人员与自己的生活息息相关，知道所有的工作都是平等的，学会尊敬和感激他们为我们提供的一切。 3. 了解不同机构和场所的行为规范并在日常生活中遵守，如在超市结账时要排队等。
建筑物及设施	1. 不同风格的建筑物。 2. 停车场、垃圾站、社区广场、公园等公共区域。 3. 消防栓等消防设施；信号灯、路牌、标志等交通设施；滑梯、健身器材等体育娱乐设施；废品回收箱、快递柜、社区净水机等便民设施。	1. 关注并了解不同风格建筑的特点。 2. 了解不同设施的名称、功能、使用方法等，并感知不同设施给生活带来的便捷。 3. 具有初步的道德行为和规则意识，如遵守交通规则、科学分类垃圾等。
社区活动	社区活动中蕴含的传统文化、民风习俗、道德价值观和乡土文化，以及社区中人们的生活方式、互动方式、艺术情趣等内容，为幼儿的社会性发展营造了浓厚的文化氛围，成为影响儿童社会性发展的潜在资源。常见的社会活动包括以下内容。 1. 节气、节日庆典活动。 2. 运动会、踢毽子等体育活动。 3. 跳蚤市场、年货集等交易活动。	1. 丰富对社会文化的认知，拓展文化视野，如风俗习惯、民间文化、艺术形式等。 2. 体会自己是社区的一员，感受到家庭的温馨和谐与邻里之间的互敬互爱，从而产生认同感和归属感。 3. 有更多社群交往的机会，学会处理与长辈、同伴之间的关系，掌握与他人进行交流、沟通的技巧。

如何将丰富但分散的社区资源梳理出来，让教师一目了然且便于使用呢？首先，幼儿园可以组织教师一起讨论并划定社区的范围，通常以幼儿园为中心，1千米半径内的范围比较适合；其次，通过组织教师集体讨论、实地体验、调查走访等方式收集社区资源；再次，根据幼儿的发展特点和兴趣需要对社区资源进行筛选；最后，通过绘制社区资源地图和社区活动日历等方式将这些有益的社区资源呈现出来，形成社区资源网络图，便于教师选择和使用，以丰富幼儿的生活和课程。

案例　社区资源调查与教研

社区中蕴含着哪些可以利用的社会资源呢？应该如何更好地打通全环境教育环节，巧用社区资源，提升教育效能呢？我们幼儿园以此为研究对象，开启了一场集调查与体验为一体的教研活动。

社区资源调查与教研

一、现场调查，挖掘资源

老师们以级部为单位走进社区，探寻幼儿园周边 1 千米内有价值的课程资源，以期更好地实现社区资源与教育的融合，为我们的园本课程找到新的生长点。

走进社区调查

1. 社会资源篇

▲ 菜市场里有哪些不同种类的蔬菜、水果？

▲ 微型消防站是用来干什么的？

▲ 路标、门牌号里隐藏着哪些科学和数学的小秘密？

▲ 各种各样的中草药是怎么来的？有哪些神奇的作用？

▲ 衣物回收箱要怎么使用？

▲ 不同颜色的垃圾箱，蕴含着哪些垃圾分类、环境保护的小知识？

▲ 我们的身边有哪些不同样式的路？

2. 人力资源篇

▲ 汽车维修店里的修理员是怎样修理汽车的？

▲ 售货员是怎么给商品称重、收款的？

▲ 牙医需要用到哪些器具？应怎样进行牙齿护理？

▲ 快递员是怎样给快递分类的？

社区资源地图

二、交流分享，总结提升

调查结束后，老师们围绕社区资源的种类、价值、如何利用等问题进行了热烈的研讨。教研组就"社区资源与课程相结合"这一话题进行了全面且详尽的梳理，形成了我园"社区资源地图"。

——山东省商务厅幼儿园 刘俊

实践链接：请你为自己所在的幼儿园绘制一幅"社区资源网络图"，明确身边可利用的社区资源以及不同社区资源给幼儿发展带来的不同影响。

2. 善用社会时事热点

社会上每天都发生着各种各样、千奇百怪的事件，这些热点事件通常会成为人们茶余饭后讨论的话题，同样会引起幼儿的兴趣和关注。对幼儿来说，关注社会热点，关心国家与社会事务，不仅能够提升他们的社会意识，还能促进他们的全面发展。

常见的社会热点分为以下几类。

* 社会新闻类：引起大众讨论的社会新闻，如奥运会、战争、神舟飞船发射、森林大火、抗震救灾、逃跑的金钱豹等。
* 热点人物类：社会上的各行精英、感动中国人物，如袁隆平、杨利伟、张桂梅等。
* 热门文艺作品类：热门影视剧、综艺节目、小说、歌曲等。
* 发生在身边的热门话题类：淄博烧烤、老师结婚了、小伙伴当哥哥姐姐了等。

环境保护、科技发展、社会公正、权利问题……都是需要我们关注的社会热点。若能从教育的视角看待和巧用这些社会热点，将有助于唤醒幼儿的社会意识，培养他们关爱国家与社会的情怀。比如，山东省淄博市齐悦花园幼儿园的老师们发现，淄博人们的生活随着"淄博烧烤"的火爆发生了不少变化，昔日里寻常的便民市场变得人山人海，媒体关于淄博的报道也层出不穷。于是，老师们深入挖掘了"淄博烧烤"这个社会热点，组织幼儿探讨了以下问题："最近，淄博为什么受到了这么多人的关注？""很多地方都有烧烤，为什么大家就是喜欢淄博烧烤？""当我们的家乡出名后，作为淄博人，你的感受是什么样的？""你想为游客推荐淄博的哪些好玩的、好吃的？""作为淄博人，为了让家乡变得更美好，我们可以做些什么？"围绕这些问题进行的讨论，进一步引发了老师和孩子们更深入的思考。孩子们用最质朴的语言表达着内心的自豪感和荣誉感，萌发出对家乡的认同感和归属感。

幼儿在思考和讨论社会热点的过程中，逐渐学会理解很多社会现象和其中蕴含的道理，甚至会主动参与到问题解决的过程中。幼儿思考的深入与否，在很大程度上受教师如何看待这些社会热点以及教师如何引导他们进行思考的影响。那么，教师应如何引导幼儿展开讨论呢？下面的案例会给予我们很好的启示。

案例　金钱豹出走之后……①

2021年4月19日，杭州野生动物世界的三只金钱豹外逃，引起了人们的热议。我们幼儿园的老师们围绕"在儿童主动学习的过程中，教师的作用到底在哪里？""我们应该如何与儿童在学习的过程中展开对话？"进行了研讨。我们认为有两个关键点是非常重要的：一是如何设计出值得讨论的问题；二是如何与儿童展开有意义的对话。由此，我们设计了五次与幼儿的讨论和对话。

序号	讨论的话题	教师的思考
第一次讨论	动物园的存在是"合理"的吗？	激发幼儿不仅要关注自己的健康，也要关注周围世界特别是人和动物的关系。
第二次讨论	为什么三只金钱豹要从动物园逃出来？	教师在确定问题时应设想"如果我是小朋友，我会喜欢讨论这个问题吗？"，以便问题更具冲突感，更符合幼儿的认知特点。此外，教师还要思考，问题的答案是不是多元的，是否给予孩子们足够的想象、表达空间来展现自己的思想世界。
第三次讨论	教师提出问题："既然动物园并不那么好，那我们为什么要建立动物园？" 幼儿在讨论过程中提出了很多新的问题： 1. 逃出的动物还能找到回家的路吗？ 2. 野生动物在动物园生活久了还是野生动物吗？ 3. 三只小豹子真的被狗咬伤了吗？它们为什么打不过狗呢？ 4. 它们都逃出来了，为什么我们还要把它们抓回去呢？ 5. 我可以带小豹子回家吗？ ……	成人更关心的是自身的利益，幼儿则更关心动物们的感受，思考问题时也有更宽广的空间。幼儿看待问题的角度总是含有更饱满的情感，也充满了哲学的意味。面对复杂的世界，如何保持敬畏和谦逊之心，是我们需要向孩子们学习的。和孩子们共同讨论的过程，也是我们共同完成价值澄清的过程。提出这些问题的是教师，但最后让这些问题变得蓬勃和厚重起来的是儿童。

---

① 改编自"胡华名师工作室"微信公众号2021年5月14日发表的文章《"提问与对话"，让儿童的学习深度发生》。

（续表）

序号	讨论的话题	教师的思考
第四次讨论	1. 为什么三只豹子要从动物园出走？ 2. 如果你是它们，离开动物园后你会去干什么？ 3. 面对从动物园出走的动物，我们可以做些什么？ 4. 动物住在动物园之前是怎么生活的？ 5. 如果你是动物，你喜欢住在哪里？	这五个问题不仅具有开放性，符合儿童的生活经验，而且有着自己的态度与导向，形成了一个完整的闭环结构。
第五次讨论	我们是想让世界变得更好的人。	儿童的情感朴素、真挚，他们的表达虽然直白，但能直击我们的心灵。我们希望，我们和儿童一样，都是想让世界变得更好的人。

——中华女子学院附属实验幼儿园

实践链接：请你结合自身教育经历，思考自己是否会有意识地捕捉社会热点对幼儿实施教育。什么样的社会热点可以被纳入幼儿园课程？请你结合一个社会热点开展教研活动，与同事共同讨论它对幼儿生活和发展的价值，并设计与幼儿讨论的主要问题。

（二）开展丰富多彩的社会实践活动

社会是幼儿最好的课堂，社会实践活动是促进幼儿到大社会中进行探究性学习的有效途径。近年来，让幼儿"走出去"、把社会资源"请进来"等社会实践活动在幼儿园日益受到重视，令人欣慰。

1. 走出去，外面的世界更精彩

教师和幼儿一起走出幼儿园，到一些适宜的场所，让幼儿在与社会的直接接触中获得有益的经验。比如，走到十字路口，认识红绿灯及相关的交通规则；参观消防队和警察局，听消防队员和警察讲解安全知识；走进社区，了解社区的公共设施和文化传统，加深对社区的认识。此外，教师还可以带领幼儿积极参与社区的活动，如种树、捡拾垃圾、慰问社区内的独居老人、参加社区组织的各种文娱活动等。

案例 跳蚤市场

我们幼儿园所在的社区要组织以"快乐交换，快乐生活"为主题的"跳蚤市场"

公益大集活动，孩子们听说后跃跃欲试，提出也要去摆摊。

活动前，孩子们精心挑选了家里闲置的玩具、图书、手工艺品，并认真地清洗和擦拭好；自主寻找大小合适的地垫、毯子用来摆放商品；用图符设计、绘制自己的宣传板；构思物品交换时的介绍语；准备好零钱和微信付款二维码，为期待已久的跳蚤市场做好了全面的准备。

大集这天，孩子们根据前期的计划布置好自己的摊位，将物品整齐有序地摆放好。期待已久的交换开始啦！孩子们变身为"宣传员"，使出浑身解数努力推销自己的"宝贝"，耐心

为跳蚤市场做准备

地为小伙伴解答疑问。孩子们的摊位吸引了许多小顾客，他们游走在各个摊位之间，认真地挑选自己喜欢的"宝贝"，有模有样地讨价还价，尽情地享受玩具交换的乐趣。

一件件"好"物，从一个孩子的手里"跳"到了另一个孩子的手里，闲置的物品在新主人的手上重新焕发出生机。在本次"跳蚤市场"活动中，家庭、幼儿园和社区协调一致，真正实现了资源共享，有力推动了协同育人活动的深入、有效、可持续开展。

跳蚤市场开始了

——山东省商务厅幼儿园　王卫

教师在组织此类社会实践活动时，需要注意以下几点。

（1）外出前

外出前，教师应做好以下工作。

* 提前规划外出的行动路线，考察活动场所的安全隐患，并思考：需要与幼儿一起做哪些准备工作？如何预防安全隐患？需要哪些家长资源和社会力量参与其中？教师只有细致规划，才能确保幼儿自由、自主、安全地开展活动。教师需要根据活动目标和内容，制定切实可行的活动方案。
* 鼓励幼儿自主查阅资料，简单了解外出活动的地点、内容等，并引导幼儿收集相关问题，小组或集体讨论外出活动时的规则和注意事项。
* 支持幼儿自主做好相关的准备工作，如设计路线、绘制地图、准备所需物品等。中、大班幼儿可以适当地承担力所能及的事务性工作，如在成人的帮助下提前与参观地点的工作人员进行沟通，拍摄照片、视频，以及制作班牌和安全提示牌等。

案例　冬日早市

教师和幼儿在去早市前进行了讨论，孩子们根据自己的已有经验表达了对早市的认识，如早市上有很多东西，有好吃的，有好玩的……孩子们对于即将开启的早市之旅充满期待。

教师问道："你们知道去赶早市应该怎么走吗？"这个问题引发了幼儿对早市具体地址的关注，经过几个住在早市旁边的幼儿的介绍，孩子们把去早市的路线图画了出来。

去早市的路线图

出发前，孩子们既期待又喜悦。那么，去早市的路上应该注意哪些问题呢？有的孩子提出："早市上的人多，千万不能乱跑，要跟在老师身边。"有的孩子说："早市上的车也很多，过马路的时候，要左看看、右看看，没有车才能过去。"还有的孩子说："老师看不过来怎么办？"他们后来想出了请其他老师帮忙的办法。

出发前，孩子们还制订了逛早市的计划。比如，淑然说："早市上应该有很多漂亮的衣服，我要给弟弟看看衣服。"天睿说："到了早市上，我要看一看有没有我最喜欢的糖葫芦。"

逛早市的计划

充满烟火气息的早市对幼儿充满了吸引力，从他们出发前的谈话和计划来看，个个都是生活经验极其丰富的"高手"。

——山东省潍坊新华幼儿园　刘晓冰

（2）外出过程中

在外出过程中，教师应鼓励幼儿主动观察、自主询问、积极互动、大胆交流，并记录自己的感受和发现。在开展社会实践活动时，教师应尽可能给予幼儿参与活动的机会，而不只是让他们看看而已。比如，在关于超市的社会实践活动中，单纯的参观只能让幼儿对超市的功能、人员、货品等信息获得简单的认识。如果幼儿可以独自购物，那么他们就可以根据自己所带钱的金额制订购物计划，寻找所需物品的位置，自己排队付款，而这样的实践更有助于提升幼儿的问题解决能力和人际沟通能力。

案例　小学采访团

小学备受大班幼儿的关注，他们对小学生活或憧憬、或焦虑。关于小学，孩子们的脑海中有许许多多的疑问。为了帮助幼儿对小学建立积极的期待、了解小学与幼儿园的不同以及满足他们对小学生活的探究欲望，我引导幼儿收集了关于小学的问题与困惑，制作成采访提纲，并组建了采访团。

问题1：小学的食堂在哪里？小学生中午都吃什么？

问题2：小学的饮水机在哪里？

问题3：小学中午能不能睡觉？

问题4：小学有没有篮球课？

问题5：小学的桌子和我们的桌子有什么不同？

采访团来到了附近的小学,他们通过实地观察以及采访小学老师和哥哥姐姐们了解小学。孩子们礼貌、勇敢地提出了自己心中的疑问,还用多种多样的图符进行了记录。参观结束后,孩子们围坐在一起,以一场"小学见闻发布会"的方式表达自己的所见、所闻。

小学见闻发布会

参观和访问小学的活动,不仅解答了幼儿心中的困惑,还加深了他们对小学的认识,萌发了入小学的期待。

——山东省商务厅幼儿园 吕乐乐

(3) 外出后

外出后,教师应引导幼儿进行集体或小组讨论,并鼓励他们利用符号、语言、游戏等方式表征自己外出活动的收获,丰富和拓展幼儿的经验。

案例 "亭"有趣

社区中亭子独特的造型引发了幼儿的兴趣,他们通过摸一摸、坐一坐、看一看、抱一抱和亭子来了一次"亲密"接触,并发现了许多关于亭子的秘密。

佳玲:"我发现,亭子里的座位都是用木块搭起来的。"

宣辰:"我发现,亭子边上的部分是用石头做的,上面部分是用木头做的。"

星星:"亭子上面有很多弯弯的瓦片,一片一片的像鱼鳞一样。"

昕妍:"我和亭子的柱子抱一抱,这根柱子圆圆的,像我们的身体一样。"

发现了亭子的秘密

参观活动让幼儿对亭子有了初步的印象,回到幼儿园,他们用手中的画笔将亭子搬到了画纸上,用形态各异的积木将亭子搬到了建构区里,于是一座座生动有趣的"亭子"呈现在眼前,体现了孩子们独特视角下的古街风貌,也在潜移默化中激发了孩子们对家乡的热爱之情。

用各种各样的方式表征亭子

——浙江省杭州市西湖区留下幼儿园　姚晟

实践链接：现阶段，很多幼儿园都会组织外出参观活动，通常情况下教师带着幼儿排好队走走看看，流于形式。此外，还有一些幼儿园因为安全等因素，减少或不组织外出参观活动。对此，你怎么看？

2. 请进来，使围墙内的教育资源更多元

将园外资源请进幼儿园，与幼儿进行零距离接触，不仅可以弥补幼儿园教育资源的不足，而且可以让幼儿的生活更丰富、更有意义。教师可以鼓励幼儿与园内的保安、医生、厨师等工作人员进行交流，也可以邀请家长、各行各业的劳模、精英、非物质文化遗产传承人等入园分享。若有机会，教师还可以邀请合唱团、地方剧团、木偶戏团等社会团体进入幼儿园和孩子们分享，同样意义非凡。

山东省潍坊市奎文区第二实验幼儿园

老师们把老式爆米花的手艺人请到幼儿园，引导幼儿观察、了解中国传统的美食文化

在邀请园外人员入园前，教师需要提前了解被邀请人的相关信息、职业特点等，自主查阅资料，收集相关问题。在有条件的情况下，教师可以鼓励幼儿自主讨论邀请谁来、怎么邀请以及如何作为主人招待客人，以更好地发挥幼儿的主人翁意识。

> **案例　劳模姥姥，您好！**
>
> "五一"国际劳动节前夕，孩子们通过主题活动了解了社会中各行各业劳动者们的工作，决定寻找周围的劳动者。于是，我鼓励他们自主调查。乐乐带来了妈妈工作的照片，分享了妈妈作为护士照顾病人的辛苦；皮皮拿来了叔叔的奖牌，讲述了作为网球运动员的叔叔日常训练的艰苦；菲儿介绍了自己在飞机场工作的舅舅和舅妈，他们不分节假日地辛苦劳动……孩子们生活中的亲人都在自己的岗位上兢兢业业地发光发热。
>
> 望着孩子们崇拜的眼神，我决定邀请一名劳动者来我们班做客。听到我的提议，孩子们兴奋极了！可是，邀请谁呢？经过大家的讨论和投票，最终绍熙的姥姥胜出。在我的帮助下，孩子们拨通了绍熙姥姥的电话，并礼貌地向她发出了邀请。绍熙姥姥欣然接受了邀约。
>
> 绍熙姥姥是一名退休教师，她带来了许多奖章，其中一枚闪闪发光的"劳模奖章"引起了孩子们的好奇。绍熙姥姥向孩子们讲述了自己的"劳模故事"，在和姥姥的交流中，孩子们逐渐明白什么是劳模，并近距离感受到了劳模精神。
>
> ——山东省商务厅幼儿园　孔庆莉

此外，被邀请人有时候并不了解幼儿的年龄特点和发展需要，容易出现说教、灌输以及传递的信息与幼儿的实际情况相脱节的现象。因此，教师不能简单地将自己的教育主体责任转移，化身为"旁观者"的角色，而是应该提前与被邀请人进行沟通，根据幼儿的年龄特点与被邀请人共同选择有趣的活动内容，制定合理的活动方案，创设良好的活动氛围，从而实现共同育人的目标。

> **案例　消防车开来了**
>
> 教师决定邀请附近的消防员开着消防车进入幼儿园，这个消息令孩子们无比兴奋。消防员叔叔来到幼儿园后，向孩子们详细讲解了消防水炮等各种设施的使用方法和作用。在消防员叔叔的邀请下，孩子们走进消防车驾驶室，近距离观察消防车的部件与设备，满足了好奇心，获得了不一样的体验。
>
> 消防员叔叔还与孩子们进行了穿衣比赛，他们穿消防衣的速度向我们每一个人诠释了"时间就是生命"。孩子们在消防员叔叔与老师的帮助下试穿了消防隔热服、试戴了消防头盔，体验了消防员叔叔的辛苦。

消防员叔叔帮助幼儿试穿消防服

最后，消防员现场进行了灭火实战演练，详细讲解了火灾的危害，指导老师们发生火灾时如何正确使用灭火器、如何正确扑灭初期火灾、如何正确从火场逃生等，并请老师们亲身体验，以增强全员消防安全意识，提升自防自救能力。

——山东省潍坊市奎文区第二实验幼儿园　李亚楠

实践链接：请分析以上案例并思考，这个活动采用了哪些符合幼儿发展特点的方法？请你利用自己所在幼儿园周围的社会资源，设计一份"请进来"的活动方案。

3. 积极参与园内的事务性工作

教师用心思考就会发现，幼儿园内的许多事务性工作都可以邀请幼儿参加，如去伙房帮忙、为户外的植物浇水、喂养小动物等。参与这些事务性工作，可以让幼儿在愉悦的体验中增强主人翁意识和责任感，养成不畏困难、坚持不懈、敢于挑战的良好品质。

案例　客人老师，您好！

孩子们无意间了解到，过几天会有成都的老师来幼儿园参观学习。"成都在哪里？""它离我们的家乡有多远？需要坐飞机吗？""成都有什么好吃的、好玩的？"……教师引导孩子们把有关成都的问题收集起来，并鼓励他们思考："作为小主人，应该怎样招待客人老师？"于是，"来自成都的客人老师要参观我们幼儿园"一下子成为孩子们近期生活最关注的话题。他们自主查阅关于成都的资料，并制作了欢迎卡。教师也有意识地在大厅的墙面上悬挂了一幅中国地图。

在客人老师来到幼儿园的那天，无论是在走廊里、大厅里还是在院子里，只要孩子们遇到客人老师就会主动上前打招呼、问问题，如"四川人都吃辣吗？""四川有许多大熊猫吗?"。他们还会主动向客人老师介绍自己的幼儿园。客人老师也会积极地与幼儿互动,解答幼儿的问题,有的老师还在大厅的地图上标注了成都的位置。

在参与"接待客人老师"的社会实践活动中,幼儿不但丰富了自己的地理知识,了解了四川的风土人情,还体验了做小主人的乐趣,增加了责任感和对自己幼儿园的自豪感。

——山东省淄博市汇英幼儿园 臧冬玲

当下,社会实践活动越来越受到幼儿园的重视。在让幼儿参与接待客人老师的活动中,我们看到一些幼儿园让幼儿披上绶带,站在门口或走廊像木偶一样向客人老师鞠躬问好,这样的做法违背了"以儿童为本"的教育理念,体现了成人的功利性目的,值得我们反思。

幼儿园开展社会实践活动,旨在丰富幼儿的生活,加强幼儿与社会和文化的链接。所以,基于幼儿的发展水平和兴趣需要,增强活动的实践性、趣味性和体验性,确保幼儿在活动中获得真实的感受和有意义的体验非常重要。

三、与家庭相融:构建幸福完整的生活

家庭是幼儿最初的生活场所,父母的人生观、价值观、生活观、育儿理念、育儿方式以及父母与幼儿园的教育理念是否一致或互补等,是影响幼儿一生能否幸福生活的重要前提。

(一)家园理念一致,教育相融

幼儿园应把自主生活的理念、科学的育儿观等信息传递给家长,与家长建立一致的生活教育观念,从幼儿自主性发展的视角看待生活的意义和价值,以实现家庭教育和幼儿园教育相融和同步的目标。比如,江苏省南京市鹤琴幼儿园以"活教育"理念为引领,以培养活教师、活家长、活儿童为目标,形成了"共同生活、共同成长"的活教育园所文化。鹤琴幼儿园的官方公众号设有"活家长"专栏,定期发布一些家长对"活教育"的认识,如与孩子一起成长,相信孩子、解放孩子,做父母要以身作则等,家长会结合自己的教育实践分享自己的感受,让"回到儿童、回归生活"的理念真正成为家庭和幼儿园共同的信念,达成教育上的一致。

幼儿园可以通过开设家长学校,组织家长会、家长开放日、家长沙龙、好书共读、专家讲座、幼儿成长案例分享等方式,与家长充分沟通,转变家长在育儿方面的错误认

识,实现共同培育幼儿、共同成长的目标。

实践链接:《3—6岁儿童学习与发展指南》指出:"要培养幼儿基本的生活自理能力,鼓励幼儿做力所能及的事。"请你以"幼儿生活自理能力的提升"为主题组织一次家长会或家长沙龙,并反思活动效果和影响因素。

(二)在家庭中引导幼儿自主生活的策略与方法

首都师范大学家庭教育研究中心特聘教授孙云晓提出:"父母应自觉承担起家庭教育的主体责任,让家庭教育回归美好生活。"家庭教育是幼儿形成自主生活意识和获得自主生活能力的重要基石。那么,父母在家庭中引导幼儿自主生活的策略和方法有哪些呢?

1. 营造和谐、平等、相互尊重的家庭氛围

家庭中的氛围取决于父母的儿童观,即父母是否从心底里认为孩子是一个独立的、有尊严的、有自由意志的、有自主生活能力的人。比如,在孩子将户外玩时捡到的树枝、石头带回家后,父母有没有先征得孩子的同意再处理他眼中的"宝贝"?要搬新家了,父母有没有征求孩子对新家装修与布置的意见,有没有听听他对新家的期待?孩子正在做自己感兴趣的事情,父母需要打断他时有没有说声对不起?当女儿喜欢汽车玩具或儿子想要布娃娃时,父母是否会武断地告诉孩子女孩应该玩什么或男孩应该玩什么?……父母应该像尊重成年人一样尊重孩子、相信孩子,敢于放手,营造和谐、平等、相互尊重的家庭氛围,不断激发幼儿形成独立、自主、创造的精神特质。

> **案例 家庭中的"1小时自主"体验**
>
> 在幼儿园的一日生活中,我们一直在思考和探索如何更好地为孩子的自主成长赋权和赋能,同时我们也意识到家长对孩子自主性培养的重视以及在家庭中给孩子赋权和赋能的重要性。于是,就有了这样一场在家庭中开展的关于"自主"的讨论和一次家庭中的"1小时自主"体验活动。
>
> 一、每个家庭围绕"什么是自主"组织家庭讨论会
>
> 在家庭讨论会中,家长和孩子可以尽情地表达自己的观点。
>
> 小班的诺诺:"自主就是自己自由了。"
>
> 诺诺妈妈:"自主就是自己有能力去规划自己的时间,想好做什么并按照计划执行下去。"
>
> 诺诺爸爸:"自主就是对自己的行动、思想有一个主观的判断,有自己的主见,是一种能力和心理强大的表现。"
>
> ……

二、父母和孩子自主制订"1小时活动计划"

▲ 要求：1小时内互不打扰，每个人都独立地做自己想做的事情。

▲ 讨论：你打算怎么安排1小时的活动？

▲ 孩子和爸爸妈妈讨论之后，各自制订了活动计划。

三、按照计划自主活动

请家长观察1小时内，孩子有没有按照自己的计划来做事，有什么样的表现，以及出现过什么样的问题。

四、家长和幼儿交流自主体验的感受

孩子自主性的培养是一个长

1小时活动计划

期的、不断推进的过程。通过"1小时自主"的体验，我们在给予幼儿自主机会的同时，也有了更多的思考。接下来，我们希望家庭中的"1小时自主"体验活动继续延续下去，在家长放手的过程中，培养孩子成为一个独立、自主、有思想、有能力、有计划、有责任感的人。

——山东省淄博市汇英幼儿园　康玉晓

2. 引导幼儿自我管理并参与家务劳动

古人云："一屋不扫，何以扫天下？"父母应从小培养孩子自己的事情自己做、自己的物品自己管理、自己的生活自主安排等自我管理的能力，适当地引导幼儿参与家务劳动，帮助幼儿形成自主生活的意识，获得自主生活的能力。

（1）逐步提升幼儿自我管理的意识和能力

自我管理赋予了幼儿对自己生活的更多控制权，增强了他们的归属感和价值感，并提升了他们自主做事的意愿。自我管理能力的培养对幼儿来说并非易事，也不可能一蹴而就，需要父母循序渐进地引导和日复一日地坚持。那么，如何引导幼儿学会自我管理呢？

首先，父母可以就某一个环节和孩子展开讨论，如"从幼儿园回家后到吃晚饭前的时间，我们需要做什么？"父母可以和孩子一起找出在这个时间段需要做的事情，如换拖鞋、换家居服、放书包、洗手、和爸爸妈妈说说悄悄话、阅读图画书、玩玩具或看动画片等。

其次，把这些需要做的事情用拍照、表征等方式制作成一张作息表，并张贴在幼儿能看到的地方。最好将这些事情按照顺序排列，并标上序号，以帮助幼儿建立做事的秩序感。

山东省商务厅幼儿园
小朋友和妈妈讨论确定回家后要做的事情并制作成作息表

最后，适当鼓励或提醒幼儿。比如，当幼儿忘记做某件事情的时候，父母可以提醒他："下面该做什么？自己去看看作息表吧。"此外，父母还可以在日历上记录幼儿每天自主做事的情况，以帮助幼儿获得成就感并养成自我管理的习惯。

（2）保护幼儿对家务的热情

幼儿天生对成人手中的扫把、面板上的面团等充满兴趣，但是每当他们跃跃欲试的时候，父母往往因为担心他们搞破坏而把他们从家务劳动中驱赶走。美国哈佛大学在对400多名儿童进行了20年的跟踪调查后发现，从小就善于做家务的孩子与不善于做家务的孩子相比，失业率是1∶15，犯罪率是1∶10，同时，他们的收入高出20%，家庭生活更美满，心理疾病患病率更低[①]。因此，父母应鼓励幼儿主动承担能胜任的家务劳动。在幼儿分担家务劳动时，父母应充分引导幼儿认识到作为家庭的一分子，这是他们应尽的

---

① 蚂小蚁. 教孩子学整理：从收拾玩具到管理自己［M］. 北京：化学工业出版社，2020.

义务，只有这样才有助于增强幼儿的责任意识和自主意识。

那么，如何引导幼儿充满热情、积极主动地参与家务劳动呢？

首先，给予幼儿选择权，鼓励他们做力所能及的家务劳动。父母应根据孩子的年龄特点和实际能力，和孩子一起讨论他能做些什么、想做些什么，并制订相应的计划。

其次，教会幼儿相关的劳动技能，收获成功感。做家务劳动需要掌握相关的技能，因此家长应该耐心细致地讲解示范，帮助孩子了解怎样做和为什么这样做，掌握使用劳动工具的简单方法。家长还可以通过游戏的方式帮助孩子提高劳动技能，比如，和孩子一起剥豆子、分类叠放衣服、送玩具回家等，激发幼儿参与劳动的积极性。

最后，和孩子一起做家务，体验亲子劳动的幸福感。和爸爸妈妈一起劳动，可以提高孩子的兴趣，增进亲子关系，培养协作精神。同时，父母与孩子一起做家务，还可以起到示范作用，帮助孩子通过模仿掌握劳动技能。此外，家庭中要营造互相夸奖劳动成果、表达感谢的氛围，如妈妈做的饭菜很可口等，让孩子意识到自己作为家庭的一分子承担家务劳动是在做有益的事情[1]。

山东省济南市教育局 2022 年 4 月印发了《济南市幼儿劳动启蒙教育实施方案（试行）》，并在其附件《济南市幼儿园幼儿居家劳动启蒙教育清单（试用）》中指出了小、中、大班幼儿居家劳动的主题、教育目标、劳动内容和教育建议，可供家长参考。

3. 与家人共同创造美好生活

生活不是日复一日无趣的重复，在一家人的共同创造下可以为平凡的日子增添色彩，如每天固定的睡前故事时间、家人心里话时间、晚饭后的散步、共同旅游、一起为爷爷奶奶做个礼物等。父母应多倾听孩子的想法和意见，肯定他的创意，并尽可能帮助他实现。这些美好的时光不仅能让孩子感受到亲人的爱，获得安全感和满足感，发展社交技能和认知能力，还能帮助他们在成长过程中体会生活的幸福与美好，感受到积极向上的力量。

此外，父母还可以有意识地引导幼儿和爸爸妈妈一起讨论周末、节假日如何安排；外出采购时，提前制作购物清单；通过家庭会议确定装修方案；和爸爸妈妈一起查阅资料，确定外出旅游的行程；积极参与家人生日的准备工作……父母要为幼儿自主选择、自主决定创设机会和条件。在参与这些活动的过程中，幼儿也逐渐感受到好的生活应该是家庭成员全部参与、各司其职、相互配合，只有这样，家庭才能更和谐，生活才会更美好。

---

[1] 节选自"中国教师发展研究中心"微信公众号 2022 年 11 月 7 日发表的文章《儿童做家务年龄对照表，越劳动越聪明！》。

案例　如何制订家庭旅行计划

随着生活水平的提高,很多家庭都会利用假期外出旅游。通常关于去哪里、怎么去、做哪些准备工作等都由成人来完成,孩子很少参与其中。其实,父母可以从以下几个方面入手,与孩子一起制订旅行计划。

一、共同讨论"去哪里"

关于旅行的目的地,父母可以和孩子一起讨论确定。当然,孩子的年龄小,经验不够丰富,有时候可能没有想法或提出的建议不现实,那么家长可以提前准备一些有关适合他们游玩的地方的视频、图片等,供孩子选择。确定好目的地后,每个人可以说出自己在旅行中最想做的事情,并将这些想法用绘画、文字、讲述的方式记录下来。

二、关于"怎么去"的问题

父母可以借助地图,引导孩子了解目的地的位置,并一起确定需要乘坐的交通工具。针对中、大班的幼儿,家长可以带着孩子一起查阅时刻表,了解每种交通工具需要的时长、出发时间和到达时间等信息,鼓励幼儿说出自己的理由。

三、共同讨论准备工作和分工

外出旅行需要做的准备工作有很多,如提前规划路线、购买景区门票、订酒店等,外出前还要准备好证件、衣物、洗漱用品、药品、旅行工具、行李箱、零食等。父母可以通过家庭会议将需要做的准备工作列出来,然后进行分工,比如爸爸负责规划路线、订酒店和门票等,妈妈负责准备证件、洗漱物品、药品等,孩子负责准备自己的衣物、生活用品和零食等。建议为孩子提供一个可以独立使用的行李箱及收纳袋,便于幼儿自主管理。

麦克小朋友要和爸爸妈妈开房车去草原旅游,出行前他制作了需要准备的物品清单

——山东省商务厅幼儿园　王烨蓉

4. 在培养幼儿的自主生活能力时需要注意的问题

父母都希望给予孩子最好的家庭教育,可实际状况是,由于父母对家庭教育的认识误区给孩子的成长留下不少遗憾。因此,父母在培养幼儿的自主生活能力时应注意以下

问题。

（1）示范、指导与放手相伴而行，不可分割

生活中，父母的包办代替会导致孩子缺乏独立性和责任感，放手可以为孩子提供更多自主的机会与条件，但是盲目放手往往会适得其反，因为有些生活技能的学习需要父母的示范和引导。

（2）允许失败和犯错，不指责、不抱怨

虽然我们倡导幼儿自主、独立，但受年龄的局限和能力的制约，幼儿独自做事时难免会出现失败和错误，父母要学会接纳，做到不指责、不抱怨。比如，当孩子把玩具扔到餐桌上时，告诉他："餐桌是吃饭的地方，请把你的玩具拿到地垫上玩。"又如，当孩子为家人倒牛奶却不小心将牛奶洒在桌子上时，告诉他倒牛奶的方法和窍门，而不是埋怨他弄得一团糟。

（3）放手让幼儿自主选择时，要切合实际

当有了选择权时，幼儿就会认为这是需要自己决定的事情，从而表现出更积极、更主动的状态。但是，在现实生活中，我们经常看到一些"假自主"的现象。比如，父母看似将权利交给了孩子，但是当孩子很认真地做出决定后，父母因为觉得孩子的想法不切实际而提出各种不能实现的理由，久而久之孩子就失去了自主决定的兴趣。因此，父母应根据孩子的年龄和发展水平，引导他切合实际地进行选择。比如，在《如何制订家庭旅行计划》案例中，对于旅行目的地的确定，父母提前准备了一些有关适合他们游玩的地方的视频、图片等，供幼儿自主选择。这样的做法，可以让幼儿感受到自己是被尊重、被认可的，从而萌发"我的生活我做主"的意识。

好的生活是最好的教养。父母作为孩子的第一任教师，对构建幼儿幸福完整的生活具有义不容辞的责任。家庭中的生活教育不应仅仅关注幼儿生活和劳动技能的训练，而是要让幼儿在一个能感受到爱和尊重的环境中生活，进而获得更有力的成长。

实践链接：在组织家长会或家长沙龙时，邀请家长分享幼儿在家的生活故事，并邀请家长一起讨论陪伴、放手、指导中存在的困难和问题，以及培养幼儿自主生活能力的小技巧和好方法。

本 章 小 结

本章核心内容如下。

- 走向自然、走入社会、走进家庭是为幼儿一生幸福奠基的幼儿教育的重要途径。因此，高质量的幼儿教育应该支持幼儿走向自然、走入社会、走进家庭。
- 儿童是自然之子。大自然不仅孕育了幼儿的生命，还蕴藏着塑造幼儿精神世界的巨大力量。只有与自然建立深度链接，幼儿才能获得健康的身体和有韧性的心理，从而在未来的漫长生活中获得强大而蓬勃的内在力量。

- 要帮助幼儿与自然建立链接，幼儿园可以将自然元素引入幼儿园内部；可以拓展幼儿园的边界，与周边的自然资源联动；还可以支持幼儿与自然一起开展游戏，充分体验与自然浑然一体的感觉。不管采取怎样的方式，我们都需要站在儿童立场，体察和关注他们的需要，邀请他们参与讨论和共建，从而支持他们自主创造美好生活。
- 幼儿的成长离不开家庭、幼儿园，更离不开社区和社会环境。与周围的社会环境建立和谐的关系，对幼儿的学习和发展具有重要意义。
- 教师要充分利用幼儿园周围的社会资源，帮助幼儿与社会建立链接，通过让幼儿亲自体验、亲身参与，引导他们在观察比较、动手操作、发现和解决问题的过程中发现自己的世界。
- 社会是幼儿最好的课堂，社会实践活动是促进幼儿到大社会中进行探究性学习的有效途径。通过采用"走出去"、把社会资源"请进来"、积极参与园内的事务性工作等方式，让幼儿体验生活的丰富性。
- 家庭是幼儿最初的生活场所，父母的人生观、价值观、生活观、育儿理念和育儿方式都是影响幼儿一生能否幸福生活的重要前提。
- 父母在家庭中应通过多种方式引导幼儿自主生活，如营造平等、和谐、相互尊重的家庭氛围，引导幼儿自我管理并参与家务劳动，与家人共同创造美好生活等。同时，父母要注意示范、指导与放手相伴而行，允许幼儿失败与犯错，放手让幼儿切合实际地自主选择等。